Deutsche Forschungsgemeinschaft

Krieg und Frieden im Horizont des Renaissancehumanismus

Acta humaniora

Deutsche Forschungsgemeinschaft

Krieg und Frieden im Horizont des Renaissancehumanismus

Herausgegeben von
Franz Josef Worstbrock

Mitteilung XIII
der Kommission für Humanismusforschung

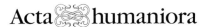

Deutsche Forschungsgemeinschaft
Kennedyallee 40
D-5300 Bonn 2
Telefon (02 28) 8 85-1
Telex 17 228 312
Teletex 22 83 12

CIP-Kurztitelaufnahme der Deutschen Bibliothek

Krieg und Frieden im Horizont des Renaissancehumanismus/Dt. Forschungsgemein-
schaft. Hrsg. von Franz Josef Worstbrock. – Weinheim: Acta Humaniora, VCH, 1986.
  (Mitteilung der Kommission für Humanismusforschung der DFG; 13)
  ISBN 3-527-17014-6

NE: Worstbrock, Franz Josef [Hrsg.]; Deutsche Forschungsgemeinschaft; Deutsche
Forschungsgemeinschaft/Kommission für Humanismusforschung: Mitteilung der
Kommission ...

Satz: Hagedorn-Satz, D-6806 Viernheim
Druck und Bindung: Krebs-Gehlen Druckerei, D-6944 Hemsbach
Printed in the Federal Republic of Germany

IV

Inhalt

V

VI

Vorwort

Die Senatskommission für Humanismusforschung der Deutschen Forschungsgemeinschaft, die seit ihrem Bestehen jährlich interdisziplinäre Kolloquien über zentrale Problemfelder der Humanismusforschung veranstaltet, hielt ihr Kolloquium 1984 über das Thema 'Krieg und Frieden im Horizont des Renaissancehumanismus' ab. Das Kolloquium, an dessen Vorbereitung Heinrich Lutz und Wolfgang Reinhard sich wirkungsvoll beteiligten, fand am 9. und 10. Oktober im Hause der Historischen Kommission zu Berlin statt. Die noble Gastfreundschaft der Historischen Kommission und ihres Vorsitzenden, Herrn Dr. Dr. h. c. Wolfgang Treues, bot den Teilnehmern die angenehmsten Bedingungen des Aufenthalts und des Gesprächs. Mit dem Kolloquium war brauchgemäß ein öffentlicher Abendvortrag verbunden: Wolfgang Wolters sprach im Großen Vortragssaal der Dahlemer Museen über 'Krieg und Frieden in den Bildern des Dogenpalastes'.

Das Thema des Kolloquiums entbehrte und entbehrt nicht einer vor Augen liegenden Aktualität. Krieg und Frieden, Kriegsverhütung und Friedenssicherung sind zum ernstesten Gesprächsstoff unserer eigenen Zeit geworden. Die greifbare Gefahr globaler Vernichtung des Lebens durch die Waffen hochgerüsteter Mächte hat weltweit einen Wandel des Bewußtseins erzwungen, welcher die definitive Überwindung kriegerischen Austrags politischer Konflikte fordert, zur geschichtlichen Beseitigung jeglichen Kriegsaktes im Bedingungsrahmen einer zu entwickelnden Weltinnenpolitik drängt.

Das Thema des Kolloquiums begründete sich freilich nicht erst aus Anstößen gegenwärtiger Friedensdiskussion und Friedensforschung. Es besteht auch ohne sie. Denn Krieg und Frieden waren, wenngleich unter sehr verschiedenen Zugriffen, herausragende Themen der humanistischen Epoche selbst. Im Laufe des 15. Jahrhunderts rückten sie mit einer zuvor nicht gekannten Intensität ins Interesse der politischen und moralistischen Reflexion, wurden als selbständige, für sich bedeutsame gedankliche Aufgaben erkannt, forderten publizistische Aktionen, leidenschaftliche Programme, utopische Konzeptionen heraus.

Die neuen erörternden, planenden, fordernden Engagements, denen der Buchdruck bald auch eine neue Dimension der Wirkung, erstmals den Raum einer virtuell unbegrenzten kommunikativen Öffentlichkeit schuf, reagierten auf verschiedene maßgebliche Zustände und Entwicklungen der politischen Wirklichkeit. Die Bedrohung der lateinischen Christenheit durch die osmanische Expansion wirkte seit dem Fall von Byzanz für mehr als zweieinhalb Jahrhunderte als der stärkste von außen eingreifende Faktor, der das europäische Friedensdenken bewegte, mit jenem Widerspruch, daß hier Frieden um des Kriegs willen gefordert wurde, die Propagierung europäischen Friedens durchweg dem Zweck des Krieges gegen die Ungläubigen verbunden blieb. So der Friedensaufruf Papst Nikolaus' V. an die abendländische Christenheit noch 1453, so scheinbar auch einer der bedeutenden Friedenspläne der Epoche, der 'Tractatus pacis toti christianitati conficiendae' König Georg Podiebrads von 1463/64. Doch dieser, beschwor er auch erneut die Türkengefahr als treibendes Argument für eine europäische Friedensordnung, tendierte über eine solche Zweckbindung bereits hinaus. Alles kam ihm an auf die Art und den Bestand der Friedensordnung selbst. Er sah ihre politische Basis nicht in einem vom Kaiser oder einer anderen Macht dominierten Staatenbündnis, sondern setzte auf eine Congregatio voneinander unabhängiger und gleichberechtigter Einzelstaaten, die in Konfliktfällen die Entscheidung gemeinsam bestellter und gemeinsam garantierter Institutionen anrufen. In welchem Maße hier der europäische Friede als selbständiges und letztlich primäres Gut betrachtet wurde, zeigte sich nicht zuletzt darin, daß Podiebrad bereits die Möglichkeit eines friedlichen Nebeneinanders von Türken und Christen mit ins Auge faßte.

Was schon Podiebrads Friedensplan in einem entscheidenden Maße zu neutralisieren trachtete, die Machtdynamik innerhalb der europäischen Staatenwelt, bezeichnet den für Krieg und Frieden sicherlich zentralen Problembereich der frühneuzeitlichen Entwicklung. Zwischenstaatliche Machtrivalitäten und ihre gewaltsame Austragung gewannen im Zuge der Formierung des souveränen zentralisierten Fürstenstaates an Ausmaß und grundsätzlichem Gewicht. Die Mobilisierung staatlicher Macht drängte ihrerseits zu überlegener Stärkung und Weiterentwicklung des Kriegswesens, trieb Verbesserungen und Neuerungen der Heeresorganisation, der Waffentechnik, des Befestigungswesens stetig voran. Die kriegerische Instrumentierung der Politik und ihre Folgen traten auf diese Weise nach außen und innen in steigendem Maße in Erscheinung und zogen immer weitere Bereiche der Gesellschaft in Mitleidenschaft. Diese Erfahrungen motivierten seit Erasmus, der den Kampf Frankreichs und Habsburgs um die europäische Hegemonie von Anbeginn vor Augen hatte, die pazifistischen Proteste führender Humanisten.

Eine die Pax christiana vollends zersetzende, innerchristliche Kriegsmotivationen erzeugende Konfliktlage trat schließlich mit Reformation und Gegenreformation ein. Verschränkt mit der Machtpolitik der einzelnen Staaten, wurde der Konfessionskonflikt zum kriegsträchtigsten Problem des europäischen Friedens, trieb mit dem Schmalkaldischen Krieg zum ersten europäischen Krieg auf deutschem Boden.

Die Konzeption des Kolloquiums schloß den Versuch, die europäische Krieg-Frieden-Problematik im späteren 15. und im 16. Jahrhundert in ihrer vollen Ausdehnung, mannigfachen Schichtung und Verflechtung auch nur paradigmatisch anzugehen, von vornherein aus. Mit dem Zusatz 'im Horizont des Renaissancehumanismus', den das Thema enthält, war eine entschieden selegierende, doch auch konzentrierende Richtung der Befragung angegeben. Sie blickt auf die herausragende Rolle, die der Humanismus für die Diskussion und Darstellung von Krieg und Frieden, immer dabei auch als Aneigner und Vermittler autoritativen antiken Schrifttums, in seiner Zeit über sie hinaus erfüllte. Unter dieser Blickrichtung gliederte sich das Kolloquium in drei Schwerpunkte der Erörterung: I. Theorien und Programme, II. Auseinandersetzungen mit politischer Praxis, III. Humanistische Wirkungen und Vermittlungen: Kunst, Architektur, Militärwesen. Die als Schwerpunkte der Erörterung genannten Themenbereiche wollen dabei nicht als strikt voneinander zu scheidende verstanden sein; sie überschneiden sich naturgemäß in mannigfacher Weise. So sind Theoriebildung und Programmatik bei den Humanisten stets von zeitgeschichtlichen Erfahrungen angestoßen, Antworten auf Herausforderungen, wie anderseits ihre Auseinandersetzungen mit politischen Ereignissen und Vorgängen der Zeit durchaus zu allgemeinem Diskurs über Krieg und Frieden aufsteigen können. Die Berufung eines 'Horizonts des Renaissancehumanismus' sollte nicht zu dem Schlusse verleiten, der Humanismus biete ungeachtet seiner sonstigen Vielgestalt eine letztlich einheitliche und ihm spezifische Spiegelung wenigstens der Problematik von Krieg und Frieden. Das Gegenteil ist der Fall. Humanistische Konzeption treten, nur an Erasmus und Machiavelli zu erinnern, nirgends in einem solchen Maße in Widerstreit wie auf dem Feld von Krieg und Frieden, und auch die dem Humanismus eigentümlichen Vermittlungen von Stoffen und Ideen können für dermaßen einander widerstreitende Erscheinungen wirksam werden, daß Anlaß besteht, die geschichtliche Bedeutung des Humanismus unter dem Gesichtspunkt seiner ambivalenten historischen Funktionen neu zu bedenken.

Die Referate des Kolloquiums, die sich den einzelnen Schwerpunkten des Programms zuordneten, sind in gleicher Reihenfolge, teils unverändert, teils überarbeitet, im vorliegenden Band veröffentlicht. Eingefügt wurde ihnen an der Stelle, die für ein Referat des erkrankten John R. Hale (London) über 'The Influence of Humanism on Pictorial Images of War in the Renaissance North and South of the Alps' vorgesehen war, der öffentliche Abendvortrag von Wolfgang Wolters.

Dem Verlag und Herrn Dr. Giesler, die für ein zügigeres Erscheinen des Bandes alles taten, habe ich viel Geduld abverlangen müssen. Bei den Korrekturvorgängen konnte ich mich auf die tatkräftige Hilfe von Margit Kortboyer stützen, für die ich ihr herzlich danke; sie hat auch den wesentlichen Anteil an der Erstellung des Index nominum.

Franz Josef Worstbrock

X

Machiavellis Dialog über die Kriegskunst

von AUGUST BUCK

Machiavelli verdankt seinen Ruhm als politischer Denker dem 'Principe'. Gegenüber dem 'Buch vom Fürsten' treten seine übrigen politischen Schriften in den Hintergrund, obgleich sie für ein Gesamturteil über seine politischen Theorien nicht weniger wichtig sind als das Buch, mit dem sein Name im Bewußtsein der Nachwelt fortlebt. Zweifellos bilden die in Machiavellis Schriften enthaltenen politischen Theorien insofern eine Einheit, als in ihnen gewisse Leitgedanken wiederkehren. Einer von ihnen betrifft das Verhältnis von Politik und Wehrverfassung. Das Thema begegnet bereits in den Memoranden, die im Zusammenhang mit Machiavellis Tätigkeit in der Florentiner Staatskanzlei entstanden sind, und wird dann in seinen drei bedeutendsten politischen Schriften erörtert, die gleichsam ein Triptychon darstellen: der 'Principe', die 'Discorsi sulla prima deca di Tito Livio' und der Dialog 'Dell'arte della guerra'. Im Dialog über die Kriegskunst werden die in den beiden anderen Abhandlungen dem Militärwesen gewidmeten Ausführungen zusammen mit Ideen aus den erwähnten Memoranden systematisiert und weiterentwickelt.

Das Prinzip, das nach Machiavelli das Verhältnis von Politik und bewaffneter Macht bestimmen soll, lautet, ausgedrückt mit einer Formulierung des 'Principe': "sanza avere armi proprie, nessun principato è sicuro, anzi è tutto obbligato alla fortuna, non avendo virtú che nelle avversità lo difenda"[1]. Dabei sind unter „armi proprie" Truppen zu verstehen, die sich aus Landeskindern, seien es Untertanen oder Bürger, rekrutieren und nicht – wie allgemein üblich – aus angeworbenen Söldnern, in denen Machiavelli eine latente Gefahr für den Staat erblickt. Von der Richtigkeit dieses Prinzips überzeugt, war er schon als Leiter der

---

[1] N. Machiavelli, *Il Principe XIII,* a cura di S. Bertelli. Milano 1960, 61.

„Seconda Cancelleria", einer mit der Erledigung innen- und außenpoliti-
scher Staatsgeschäfte befaßten Florentiner Behörde, bemüht gewesen, das
florentinische Heerwesen zu reformieren und die Anwerbung von Söldnern im Bedarfsfall durch die Aufstellung einer einheimischen Miliz zu
ersetzen. Es gelang ihm, den Kardinal Francesco Soderini, einen in
Florenz einflußreichen Politiker, für seine Pläne zu gewinnen, so daß
dieser bei seinem Bruder Piero, dem auf Lebenszeit gewählten „Gonfalo-
niere" der Republik, für Machiavelli die Erlaubnis erwirkte, mit der Aushebung von Rekruten im Herrschaftsbereich von Florenz zu beginnen.
Unter dem Eindruck einer Niederlage florentinischer Söldner bei der
Belagerung des aufständischen Pisa setzte sich in der politischen Führung
die Einsicht durch, daß eine Heeresreform notwendig war, und am
6. Dezember 1506 richtete man dafür eine spezielle Dienststelle ein, die
„Nove dell'ordinanza e milizia", zu deren Kanzler Machiavelli ernannt
wurde.

Im Zusammenhang mit dieser neuen Funktion hat Machiavelli
mehrere Denkschriften verfaßt[2] und sich für die Organisation und Ausbildung der Miliz tatkräftig eingesetzt. Auch nachdem diese bei einem
ersten Zusammenstoß mit spanischen Truppen in Prato kläglich versagt
hatte, blieb Machiavelli von der Richtigkeit seiner Idee überzeugt. Selbst
nach seiner Entlassung richtete er noch eine weitere Denkschrift über die
Miliz an Lorenzo de' Medici, den neuen Herrn von Florenz, in der Hoffnung, bei ihm Gehör zu finden[3]; eine Hoffnung, die sich jedoch nicht
erfüllte. Da ihm nunmehr die Möglichkeit genommen war, die Verwirklichung seines Planes weiter in der Praxis zu verfolgen, zog er sich in den
Bereich der Theorie zurück und schrieb zwischen 1519 und 1520 den
'Dialogo dell'arte della guerra', der sich an den bereits in den einschlägigen
Denkschriften geäußerten Grundgedanken einer umfassenden Militärreform inspirierte und diese bis in alle Details darstellte, ihre politischen
Prinzipien ebenso wie ihre technische Durchführung, ein theoretisches
und ein praktisches Handbuch zugleich.

Das Proömium enthält Machiavellis grundsätzliche Stellungnahme
zum Problem einer nationalen Streitmacht. Im Gegensatz zu der weitver-
breiteten Meinung, daß Politik und Militär zwei voneinander getrennte
Sphären sind, der Bürger und der Soldat nichts miteinander zu tun haben,

[2] Machiavelli, *Discorso dell'ordinare lo stato di Firenze alle armi; Provvisioni della repubblica di
Firenze per istituire il magistrato de'nove ufficiali dell' ordinanza e Milizia fiorentina; Provvisione prima per le fanterie, del 6 dicembre 1506; Provvisione seconda per le milizie a cavallo, del
30 di marzo 1512; Consulto per l'elezione del capitano delle fanterie di ordinanza fiorentina.*
[3] Machiavelli, *Scritto sul modo di ricostruire l'Ordinanza.*

verweist Machiavelli auf die Antike, in der beide Lebensbereiche eng miteinander verbunden waren aufgrund der Einsicht, daß alle staatliche Ordnung fragwürdig ist, sofern sie nicht verteidigt wird: „i buoni ordini, sanza il militare aiuto, non altrimenti si disordinano che l'abitazioni d'un superbo e regale palazzo, ancora che ornate di gemme e d'oro, quando, sanza essere coperte, non avessono cosa che dalla pioggia le difendesse"[4]. Abgesehen von der Aufgabe der Verteidigung erfüllt der Dienst in einem aus Landeskindern rekrutierten Heer noch eine pädagogische Funktion: Er erzieht zur Vaterlandsliebe, zur Friedensliebe und zur Gottesfurcht. Daher war in früheren Zeiten der Soldat geachtet und erschien als Vorbild: „la vita de' soldati dagli altri uomini era lodata e con ogni studio seguitata e imitata"[5].

Diesem Idealbild des Soldaten, bei dem ihm das römische Heer in der Zeit der Republik vorschwebte, stellte Machiavelli den Söldner seiner Zeit gegenüber. Wenn in der Gegenwart der Soldat verhaßt ist und man den Umgang mit ihm meidet, liegt der Grund dafür in einer allgemeinen Korruption, die er im zeitgenössischen Militärwesen, vor allem in Italien, konstatieren zu können glaubte. Bewußt entwarf er ein negatives Bild, um die Vorzüge einer nationalen Miliz besser ins Licht zu setzen. Bereits in seinen Denkschriften behauptete er, als Söldner ließen sich vor allem mißratene Söhne anwerben: „se alcuno non ha voluto ubbidire al padre, allevatosi su per i bordelli, diverrà soldato"[6]. Demgegenüber wird der Soldat, der eine gute Erziehung genossen hat und in einer aus einheimischen Rekruten bestehenden Truppe dient, seinem Vaterland zur Ehre gereichen.

Den Weg zur Organisation einer solchen Miliz weisen die in der eigenen Zeit gemachten Erfahrungen einerseits und die Lektüre der antiken Autoren anderseits. Diesen beiden Quellen, auf die sich Machiavelli auch im 'Principe' und in den 'Discorsi' beruft, verdankt er die Einsicht, daß die „Kriegskunst" erneuert werden kann, indem man sich auf ihre antiken Ursprünge besinnt und sie wieder mit der früheren Kraft („virtù") beseelt. Damit ist das Thema des Dialogs umrissen, der wie die beiden anderen politischen Reformschriften Machiavellis auf dem Gegensatz zwischen verderbter und daher reformbedürftiger Gegenwart und vorbildlicher Antike beruht. Wiederum erweist sich Machiavelli als

---

[4] Machiavelli, *Arte della guerra*, Proemio, in: *Arte della guerra e scritti politici minori*, a cura di S. Bertelli. Milano 1961, 325.

[5] *Arte della guerra* (wie Anm. 4), 326.

[6] Machiavelli, *Discorso dell'ordinare lo stato di Firenze alle armi*, in: *Arte della guerra* (wie Anm. 4), 100.

hervorragender Psychologe des Verfalls dort, wo er im Schlußkapitel die seelische Verfassung der italienischen Fürsten in dem Zeitpunkt beschreibt, als mit der Invasion Karls VIII. von Frankreich im Jahre 1494 die politisch-militärische Ohnmacht des Landes offenkundig wird. Es ist das Schlüsselerlebnis für Machiavellis politisches Handeln und Denken.

„Bevor unsere Fürsten die Schläge der von jenseits der Alpen kommenden Kriege verspürten, glaubten sie, es genüge für einen Fürsten, mittels der Lektüre der Schriftsteller eine geistreiche Antwort zu finden, einen schönen Brief zu schreiben, in Aussprüchen und Worten Scharfsinn und Geistesgegenwart zu zeigen, einen Betrug anzuzetteln, sich mit Juwelen und Gold zu schmücken, mit größerem Luxus als andere zu schlafen und zu essen, sich Ausschweifungen hinzugeben, über die Untertanen geizig und hochmütig zu herrschen, im Müßiggang zu verfaulen, die Offiziersränge als Gnadenbeweise zu verleihen, jeden zu verachten, der ihnen einen lobenswerten Weg weisen wollte, und zu beanspruchen, daß ihre eigenen Worte als Orakel angesehen würden"[7].

Angesichts einer solchen Einstellung kann der Zusammenbruch des italienischen Staatssystems im Gefolge der französischen Invasion nicht überraschen. Aber die italienischen Fürsten haben daraus keine Lehre gezogen; sie verharren in ihrer verfehlten Politik. Einen Ausweg aus dieser verzweifelten Situation zu finden, ist nur bei einer totalen Änderung des politischen Bewußtseins möglich. Diese Änderung wollte Machiavelli mit seinen drei großen politischen Schriften herbeiführen. Nur unter dieser Perspektive ist sein unbeirrbares Festhalten an der Militärreform verständlich, die als ein notwendiges Element einer allgemeinen Neuordnung der Politik erscheint. Machiavelli läßt das Gespräch über die Kriegskunst in den „Orti Oricellari" stattfinden, der Gartenanlage des Palazzo Rucellai, einem Treffpunkt Florentiner Intellektueller, die dort seit Beginn des 16. Jahrhunderts über sie interessierende Probleme, vor allem politischer und historischer Natur, diskutierten. Wenn nach der Aussage eines Teilnehmers an diesen Zusammenkünften, Filippo Nerli, Machiavelli in diesem Kreis aus seiner 'Arte della guerra' vorgelesen hat[8], so besteht eine enge Verbindung zwischen dem fiktiven Rahmen der Dialoge unter den schattenspendenden Bäumen des Gartens und der gesellschaftlichen Wirklichkeit. Die Szenerie ist jedenfalls echt, und es erscheint durchaus möglich, daß Machiavelli beim Vorlesen des

---

[7] *Arte della guerra* (wie Anm. 4), 518.
[8] F. Nerli, *Commentari de'fatti civili accorsi dentro la città di Firenze;* zit. nach Machiavelli, *Arte della guerra* (wie Anm. 4), 311.

Manuskripts manche Anregung aus dem Kreis seiner Zuhörer erhalten hat.

Zum eigentlichen Träger des Gesprächs erhebt Machiavelli Fabrizio Colonna († 1520), einen bewährten Heerführer, der u. a. in französischen und spanischen Diensten gekämpft hatte und schließlich zum „luogotenente generale" der spanischen Truppen in Italien ernannt worden war. Seine Gesprächspartner sind Cosimo Rucellai, der Hausherr, an erster Stelle und drei junge Florentiner Zanobi Buondelmonte, Battista della Palla und Luigi Alamanni. Ihre Funktion beschränkt sich darauf, Fabrizios zusammenhängende Ausführungen hier und da durch Zwischenfragen zu unterbrechen und dadurch den Sprecher zu einer Präzisierung seiner Aussagen zu veranlassen. Es ist das im humanistischen Dialog übliche Verfahren, die Argumentation aufzulockern und zugleich bestimmte Aspekte zu vertiefen.

Die sieben Bücher, in welche der Traktat gegliedert ist, behandeln jeweils einzelne Themen im Rahmen des Generalthemas[9], allerdings mit mancherlei Digressionen, welche den fortlaufenden Gedankengang unterbrechen. Im ersten Buch proklamiert der Wortführer der Gespräche Fabrizio das auch für die Militärreform verbindliche Grundgesetz der Renaissance: die Nachahmung der Antike. Freilich ist es nicht die Antike schlechthin; denn Machiavelli unterscheidet zwischen einer „antichità vera e perfetta" und einer „falsa e corrotta". Den Alten soll man nur nacheifern „nelle cose forti e aspre, non nelle delicate e molli"[10]; m.a.W. Machiavelli billigt nur die ethisch-politische, jedoch nicht die seiner Meinung nach die Sitten gefährdende ästhetisierende Antikerezeption.

Für die Reform des Militärwesens mittels der Rückführung auf die „antichi ordini" bediente sich Machiavelli durch Colonnas Mund verschiedener antiker Quellen. An erster Stelle steht das Handbuch der Militärwissenschaft des Vegetius, 'De re militari', auf das Machiavelli relativ häufig zurückgreift, allerdings ohne den Autor zu nennen. Außerdem schöpfte er aus den 'Strategemata' des Frontinus, einer Beispielsammlung von Kriegslisten, der Abhandlung 'De bello Judaico' des Josephus, der Römischen Geschichte des Livius, Plutarchs 'Viten', Caesars 'Bellum Gallicum' und vielleicht auch aus den 'Noctes Atticae' des Aulus Gellius. Der exakte Nachweis der von Machiavelli in der 'Arte della

---

[9] C. Hobohm, *Machiavellis Renaissance der Kriegskunst*, 2 Bde. Berlin 1913, enthält trotz des negativen Gesamturteils über Machiavellis Idee der Miliz die ausführlichsten Informationen über kriegstechnische Einzelheiten, denen hier nicht nachgegangen werden kann.

[10] *Arte della guerra* (wie Anm. 4), 331.

5

guerra' verwendeten antiken Autoren ist eine Meisterleistung positivistischer Quellenforschung[11].

Als Gegenbild zu dem vorbildlichen Rekrutierungssystem des römischen Heeres – wie es allerdings nur in der frühen Republik gehandhabt wurde – malt Colonna die von Machiavelli schon anderswo beklagten Nachteile eines aus Söldnern bestehenden Berufsheeres in düsteren Farben aus. Man hat mit Recht darauf hingewiesen[12], daß Machiavelli hier und an anderen Stellen in seiner Kritik der Söldner zu weit gegangen ist, deren Ausbildung und Kampfkraft er unterschätzte, ebenso wie er die negativen Erfahrungen mit den Söldnerführern, den „Condottieri", verallgemeinerte. Er verkannte, daß ein stehendes Heer aus Berufssoldaten ein unentbehrliches Machtinstrument für einen starken Staat war, wie ihn das Beispiel Frankreichs hätte lehren können, wo man nach einem mißglückten Versuch mit einem Aufgebot von Landeskindern die Anwerbung von Söldnern wieder aufgenommen hatte.

Wenn dagegen Colonna fordert, die aus Landeskindern rekrutierten Soldaten sollten, ebenso wie ihre Führer, nach Beendigung des Krieges ins Privatleben zurückkehren, waren dafür nicht in erster Linie finanzielle Erwägungen ausschlaggebend, sondern Machiavellis Glaube an den sich für sein Vaterland einsetzenden Bürger in Waffen, für den der Waffendienst keinen Beruf, sondern eine Ehrenpflicht darstellt. Daß die Aushebung als ein lästiger Zwang empfunden werden könnte, kommt ihm gar nicht in den Sinn. Eine Wehrpflicht besteht für die Bürger von 17 bis 40 Jahren. Bei der Neuaufstellung der Miliz soll man Rekruten zwischen 17 und 40 Jahren einziehen, später sich auf die Siebzehnjährigen beschränken. Was die Auswahl der Rekruten unter den Angehörigen der verschiedenen Berufe anbelangt, macht Machiavelli, hier von Vegetius (1,7) abweichend, keine prinzipiellen Unterschiede, hält jedoch die Bauern für besonders geeignet, „usi a lavorar la terra, sono più utili che niuno"[13]. Bauernsöhne aus dem „contado" waren ja auch die ersten von Machiavelli ausgehobenen Rekruten gewesen, jedoch aus einem anderen Grund: Man hatte sich gescheut, die Florentiner Bürger oder gar die Untertanen aus den unterworfenen Städten des „distretto" zu bewaffnen. Abgesehen von den Bauern empfahl Machiavelli auch die Rekrutierung

[11] L. A. Burd, *Le fonti letterarie di Machiavelli nell' 'Arte della guerra'*. Atti della R. Accademia dei Lincei V-VI (1895), 187–250.
[12] *L'Arte della guerra*, in: F. Gilbert, *Niccolò Machiavelli e la vita culturale del suo tempo*. Bologna 1964, 192–229.
[13] *Arte della guerra* (wie Anm. 4), 250.

von Handwerkern, die wie etwa Schmiede und Tischler kraft ihrer Fertigkeiten auch unter Waffen nützlich sein konnten.

Ganz allgemein stellte Machiavelli unter Berufung auf Vegetius bestimmte Anforderungen an die körperliche Leistungsfähigkeit der Rekruten. Diese sollten in ihrer Freizeit, an Sonn- und Feiertagen exerzieren, damit sie in Friedenszeiten nicht in ihrer beruflichen Tätigkeit behindert würden. Wenn ein häufiger Wechsel der obersten Offiziere der Miliz gefordert wird, so wird diese vom militärischen Standpunkt aus höchst bedenkliche Regelung politisch begründet. Ein Machtzuwachs eines Befehlshabers kann den inneren Bestand des Staates gefährden. Statt sich dabei auf das warnende Beispiel der auf Cäsar folgenden römischen Feldherren zu berufen, die nicht abtraten und dadurch immer neue Bürgerkriege verursacht haben, hätte es für Machiavelli näher gelegen, an die Vorschrift der Florentiner „Ordinanza" zu erinnern, die aus Furcht vor einem möglichen Staatsstreich die Amtsdauer der Kapitäne der Miliz auf möglichst kurze Zeit begrenzte.

Das zweite Buch behandelt zunächst die antike und die moderne Bewaffnung mit dem Schwergewicht auf den Waffen der Infanterie, deren Bedeutung für die modernen Armeen Machiavelli wohl als erster erkannt hat im Bewußtsein des Wandels, der in der Methode der Kriegsführung am Übergang vom Mittelalter zur Neuzeit einsetzte: die allmähliche Ablösung der während des Mittelalters dominierenden, sich fast ausschließlich aus dem Rittertum rekrutierenden Reiterei durch das aus anderen sozialen Schichten hervorgehende Fußvolk, das in Ausrüstung und Gefechtstaktik sich bereits vor Einführung der Feuerwaffen den schwerfälligen gepanzerten Reitern überlegen gezeigt hatte; eine Überlegenheit, die dann mit der Einführung der Muskete sich noch verstärken sollte. Die von Machiavelli für die Infanterie vorgesehenen Exerzierübungen sollten sie in ihren drei wesentlichen Funktionen ausbilden: Marschieren, Kämpfen, Biwakieren. Die Einteilung des Heeres in Einheiten in der Stärke von 6000 bis 8000 Mann, den „battaglioni", folgte der römischen Gliederung in Legionen. Jedes „battaglione", das von einem „capo generale" geführt wird, besteht aus zehn Untergliederungen, den „battaglie", den Kohorten entsprechend, jeweils unter dem Kommando eines „connestabole".

Im dritten Buch, dem Zentrum und dem Höhepunkt des Traktats, wird in großer Ausführlichkeit eine imaginäre Schlacht beschrieben. Wenn Machiavelli im Unterschied zu Vegetius diesem Thema ein ganzes Buch gewidmet hat, so deswegen, weil im Gegensatz zur Strategie der meisten „Condottieri", welche, um das „kostbare" Leben ihrer Söldner zu schonen, nach Möglichkeit Schlachten zu vermeiden suchten, Machiavelli mittels der Schlacht eine rasche Entscheidung im Krieg herbeiführen will. Bei den detaillierten Anweisungen über die Schlachtaufstellung und die Gefechtstaktik der einzelnen Waffengattungen äußert sich Machiavelli eingehend über die Verwendung der Artillerie und zwar, wie schon vorher in den 'Discorsi', vorwiegend negativ. Da er a priori die Wirkung der Artillerie unterschätzte, konnte er ihrer Rolle in der Schlacht nicht gerecht werden, obwohl er aus der historischen Erfahrung wissen mußte, daß Karl VIII. seine Erfolge bei der Invasion in Italien weitgehend seiner ungewöhnlich starken Artillerie zu verdanken gehabt hatte. Immerhin sollte man bei der Kritik an Machiavellis Fehleinschätzung der Artillerie nicht vergessen, daß die damalige Reichweite der Geschütze noch gering war. Sie schossen nicht weiter als 200 Meter, und während der sehr umständlichen Operation des Ladens waren sie ziemlich schutzlos gegnerischen Angriffen ausgesetzt.

In den folgenden Büchern vier bis sieben werden im Vergleich zur Schlacht Fragen der Kriegsführung von sekundärer Bedeutung erörtert: die Marschordnung des Heeres in einem feindlichen Gebiet, die Verproviantierung der Soldaten, das Aufschlagen und die Befestigung eines Feldlagers, jeweils mit ausdrücklichen Hinweisen auf das römische Modell. An diesem soll sich die Lebensweise der Soldaten orientieren; eine Rückkehr zur Anspruchslosigkeit der Römer in der Marschverpflegung, zu welcher die Eßgewohnheiten der modernen Heere in eklatantem Widerspruch stehen: „non si possono chiamare ordinati e sobrii come gli antichi, ma licenziosi e ebbriachi"[14]. Wie bei ihrer Verproviantierung verstießen die modernen Heere auch sonst in ihrer Lebensweise gegen die nachahmenswerte Disziplin der römischen Soldaten, indem sie Frauen den Zutritt zum Feldlager gestatteten und nutzlose Spiele erlaubten. Wenn die Römer beides verboten, fiel die Einhaltung des Verbots nicht schwer, denn die Legionäre waren stets so beschäftigt, „che non restava loro tempo a pensare a Venere o a' giuochi, né ad altre cose che facciano i soldati sediziosi e inutili"[15].

Angesichts der Bedeutung der „castra" als einer eigentümlichen Schöpfung der römischen Kriegstechnik ist der größte Teil des sechsten Buches der 'Arte della guerra' einer alle Einzelheiten genau regelnden Beschreibung über die Anlage eines weitgehend nach römischem Muster konzipierten Feldlagers gewidmet, das ein Heer von vier „battaglioni", d. h.

14 Ebd., 480.
15 Ebd., 478.

24 000 Fußsoldaten und 2000 Reiter aufnehmen kann. Was die Auswahl des am besten geeigneten Ortes für das Feldlager betrifft, gelten dafür ähnliche Bedingungen wie für die Anlage von befestigten Städten, über die am Anfang des siebten Buches gehandelt wird. Bei den detaillierten Angaben über die Befestigungsanlagen, Mauern, Türme, Tore, Bastionen, Kasematten und Gräben wird auch die Wirkung der Beschießung durch Artillerie berücksichtigt, der Machiavelli unter Zurückstellung seiner grundsätzlichen Bedenken eine wichtige Rolle bei der Belagerung von Festungen zuerkannte. Da in dieser Hinsicht sich die Belagerungstechnik seit der Antike grundlegend gewandelt hatte, überrascht es nicht, daß für die Befestigungsanlagen moderne Beispiele häufiger als sonst herangezogen werden.

Gegen Ende des letzten Buches faßt Machiavelli seine wichtigsten Erkenntnisse über die Kriegskunst, die er auf der Folie des römischen Vorbildes gewonnen hat, in kurzgefaßten Ratschlägen zu einer Art Brevier zusammen, einer Zusammenstellung in Form der in der Renaissance beliebten leicht einprägsamen Sentenzen. Dafür einige Beispiele: „Quello che giova al nimico nuoce a te, e quel che giova a te nuoce al nimico"[16]; oder eine auch für das politische Handeln gültige Empfehlung: „Sapere nella guerra conoscere l'occasione e pigliarla, giova piú che niuna altra cosa"[17]; schließlich „Può la disciplina nella guerra piú che il furore"[18], eines der wichtigsten Prinzipien, auf denen die Überlegenheit der römischen Kriegstechnik gegenüber der anderer Völker beruhte.

Dieses Brevier der Kriegskunst bestätigt, daß Machiavelli an die Praktikabilität seiner 'Arte della guerra' glaubte[19]. Er selbst freilich fühlte sich nicht mehr in der Lage, die große Militärreform durchzuführen, und so stellt er resignierend fest: „Ich klage die Natur an, weil sie entweder mir diese Erkenntnis hätte versagen oder mir die Möglichkeit hätte geben sollen, sie in die Wirklichkeit umzusetzen... Wahrlich, wenn Fortuna mir in der Vergangenheit einen Staat zur Verfügung gestellt hätte, der für ein solches Unternehmen geeignet gewesen wäre, so hätte ich – davon bin ich überzeugt – der Welt in kurzer Zeit gezeigt, was die alte Wehrverfassung noch wert ist"[20].

[16] Ebd., 511.
[17] Ebd.
[18] Ebd.
[19] Wir vermögen nicht einzusehen, daß die 'Arte della guerra' als von der Praxis radikal getrennte Theorie von Machiavelli konzipiert worden wäre und dementsprechend zu interpretieren sei; so G. Barberi-Squarotti, L' *Arte della guerra' o l'azione impossibile*. Lettere Italiane 20 (1968), 281–306.
[20] *Arte della guerra* (wie Anm. 4), 519 f.

Freilich bleibt die Frage offen, ob es einen solchen geeigneten Staat, d. h. einen starken Staat, im zeitgenössischen Italien hätte geben können. Aber gegenüber dem sonst in Machiavelli so lebendigen Bewußtsein der Dekadenz seiner Zeit überwiegt hier der humanistische Glaube an die regenerierende Kraft des Rückgriffs auf die Antike, welche der Moderne hilft, ihre neuen Probleme zu meistern. Warum sollte in bezug auf das Militärwesen nicht möglich sein, was in anderen Bereichen bereits geschehen ist? Denn „questa provincia pare nata per risuscitare le cose morte, come si è visto della poesia, della pittura e della scultura"[21]. So steht am Ende der 'Arte della guerra' Machiavellis Bekenntnis zur Wiedererweckung der Antike, d. h. zum epochalen Selbstverständnis der Renaissance.

Obwohl Machiavelli infolge der gewollten Abhängigkeit vom antiken Vorbild[22] in manchen Punkten der militärischen Entwicklung in seiner Zeit nicht gerecht wurde und ihm Fehlurteile unterliefen, enthält der Dialog eine Reihe grundsätzlicher Einsichten, die in die Zukunft weisen. Schon bei den Zeitgenossen erfreute sich der Dialog besonderer Beliebtheit. Außer der Editio princeps von 1521 verzeichnet die neue Machiavelli-Bibliographie zwölf weitere Ausgaben im Cinquecento[23]. Bereits im Erscheinungsjahr schrieb der Kardinal Giovanni Salviati aus Rom an den Autor: „ho visto diligentemente el libro vostro, il quale, quanto più l'ho considerato, tanto più mi piace, parendomi che al perfettissimo modo di guerreggiare antico habbiate aggiunto tutto quello che è di buono nel guerreggiar moderno, e fatto una composizione di esercito invincibile"[24].

Man war sich bewußt, daß der Dialog sich von den zahlreichen zeitgenössischen Traktaten über die Technik der Kriegsführung aufgrund der ihn charakterisierenden Verknüpfung von politischen und militärischen Vorstellungen wesentlich unterschied. Antonio Brucioli, ebenfalls ein Teilnehmer an den Gesprächen in den „Orti Oricellari", bekräftigt in einer Abhandlung über Moralphilosophie Machiavellis Prinzip, wonach ein Staat am wirkungsvollsten durch seine eigenen Bürger verteidigt wird, da diese im Gegensatz zu den angeworbenen Söldnern durch die Liebe zur angestammten Heimat, zur Familie und zum Besitz für den Kampf gegen

---

[21] Ebd., 519.

[22] Die zu enge Abhängigkeit von der Kriegskunst der Alten in der 'Arte della guerra' tadelt u. a. C. von Clausewitz, der im übrigen „bei Machiavelli in Kriegssachen oft ein überaus gesundes Urteil und manche neue Ansicht gefunden" hat (J. G. Fichte, *Machiavelli nebst einem Briefe Carls von Clausewitz an Fichte*. Kritische Ausgabe von H. Schulz. Leipzig o. J., 60, in: *Fichtes Staatsphilosophische Schriften*, hg. v. H. Schulz und R. Strecker).

[23] S. Bertelli/B. Innocenti, *Bibliografia Machiavelliana*. Verona 1979, 3–80.

[24] Machiavelli, *Lettere*, a cura di F. Gaeta. Milano 1961, 413.

den Feind motiviert sind[25]. Den gleichen Standpunkt vertritt, wiederum unter Machiavellis Einfluß, Aurelio Cicuta in seinem dem venezianischen Dogen gewidmeten Traktat 'Della disciplina militare' aus dem Jahre 1566.

Dank der Beliebtheit und der relativ frühen Drucklegung des Dialogs im Jahre 1521 – der 'Principe' erschien erst elf Jahre später – wurde der Autor der 'Arte della guerra' in Italien so bekannt, daß man ihn „il Fiorentino maestro di guerra" nannte und sein Buch einen „liber vere aureus"[26]. Das Interesse, das es außerhalb Italiens fand, bezeugen Übersetzungen bzw. Plagiate in Spanien, Frankreich und England, die in den der Veröffentlichung des Dialogs folgenden Jahrzehnten erschienen. Ins Deutsche wurde er erst 1619 durch Conrad Wieland aus einer französischen Vorlage übersetzt unter dem barocken Titel 'Kriegskunst … Darinnen die heutigs Tags in ubung stehende vornembste Kriegs Disziplin gegen der alten Römern und Griechen und Lacedaemoniern Kriegs Sitten verglichen und von beeden Ordnungen durch unterschiedliche Personen sehr lustige Gespräche gehalten …'[27].

Eine Weiterentwicklung erfuhr die 'Arte della guerra' in Frankreich[28], wo 1548, zwei Jahre nach der ersten Übersetzung des Traktats durch Jean Charrier, die Guillaume du Bellay zugeschriebenen 'Instructions sur le faict de la guerre' erschienen, die zwar in weiten Teilen mit der 'Arte della guerra' übereinstimmen, diese jedoch ergänzen, korrigieren und den französischen Verhältnissen anpassen: „ci pare … che risulti evidente come le 'Instructions'; lungi dall' esser una mera traduzione dell' 'Arte della guerra', ne siano invece una intelligente rielaborazione e come il loro autore non sia affatto un plagiario o pedissequo ripetitore, ma un autentico interprete del pensiero machiavelliano"[29]. In den wichtigsten Prinzipien einer Militärreform stimmen die beiden Autoren überein: Beide verachten die Söldner und fordern „eigene" Waffen, d. h. eine Armee auf nationaler Grundlage. Die 'Instructions' wurden nicht nur mehrmals neu aufgelegt, sondern außerdem ins Spanische, Englische, Deutsche und sogar ins Italienische übersetzt, so daß auf diesem Wege die 'Arte della guerra' in veränderter Gestalt zu ihrem Ausgangspunkt zurückkehrte.

Obwohl auch die 'Arte della guerra' im Zeichen des Antimachiavellismus suspekt erscheinen mußte – eine 1691 unter dem Titel 'Il soldato' ver-

---

[25] A. Brucioli, *Dialogi della morale philosophia* (1537); vgl. *Arte della guerra* (wie Anm. 4), 318.
[26] Bertelli/Innocenti (wie Anm. 23), Introduzione XVI.
[27] Bertelli/Innocenti (wie Anm. 23), 93.
[28] G. Procacci, *Studi sulla fortuna del Machiavelli*. Roma 1965, 123–172.
[29] G. Procacci (wie Anm. 28), 157 f.

öffentlichte purgierte Ausgabe bewahrte nichts mehr von der den Dialog beseelenden Konzeption[30] –, haben gewisse Ideen Machiavellis über die Militärreform bis in unsere Tage fortgelebt: 1. die Forderung nach einem schlagkräftigen Heer als der Basis für eine erfolgreiche Politik; 2. die Unterordnung der militärischen unter die politische Führung im Frieden wie im Krieg; 3. die Vorstellung vom Bürger in Waffen auf der Grundlage der allgemeinen Wehrpflicht. Die Wirkungsgeschichte dieser Ideen Machiavellis, die bisher nur unzulänglich erforscht worden ist, spricht für die nicht zeitgebundene Bedeutung der 'Arte della guerra', deren Stellenwert für die Würdigung des politischen Schriftstellers Machiavelli – nach dem kompetenten Urteil von Th. Schieder – „erst nach und nach neu entdeckt worden ist"[31].

---

[30] G. B. Mucci, *Il soldato, ovvero le politiche con le quali s'impugnano i documenti di Niccolò Machiavelli Cittadino e Segretario fiorentino ne'libri dell'Arte della guerra* (1691).
[31] Th. Schieder, *Niccolò Machiavelli. Epilog zu einem Jubiläumsjahr.* Historische Zeitschrift 210 (1970), 265–294, hier 270.

Érasme, la guerre et la paix

de LÉON-E. HALKIN

de LÉON-E. HALKIN

> *"Nul homme n'est assez dénué de raison pour préférer la guerre à la paix."*
> HÉRODOTE

Devant l'histoire, Érasme demeure un des plus grands, un des plus féconds écrivains de tous les temps. De ses œuvres si variées et si nombreuses, l'"Opus epistolarum' est la plus étendue et peut-être la plus significative. Nous trouvons sept souverains parmi ses correspondants: Charles-Quint, Ferdinand, François Ier, Henri VIII, Jacques V, Sigismond et Jean III. En tout, près de cent lettres si nous tenons compte aussi de la correspondance échangée avec les hommes d'État et les diplomates.

Un centaine de lettres, c'est peu et c'est beaucoup. Peu, en comparaison des trois mille lettres conservées de la correspondance érasmienne. Beaucoup, si l'on se souvient que l'activité principale d'Érasme est pédagogique, théologique et philologique. Bien sûr, la philosophie politique le passionne, mais comme par surcroît.

Attentif aux problèmes de son temps, Érasme a le souci de définir le présent à l'aide du passé. Son action ne devient politique que par accident. Lorsqu'il aborde les problèmes internationaux, il le fait en homme libre, sans être aveuglé par le conformisme, sans être égaré par les préjugés.

Ce 'citoyen du monde' ne cède pas au chauvinisme. Il n'est batave que de naissance et il n'est suisse que par le choix de son tombeau. Il est anglais de coeur sans être anti-français ou anti-allemand. Il est bien partout où il est aimé et tant qu'il est aimé.

Le thème de la paix a nourri sa correspondance avec les rois; ce thème a hanté sa conscience durant toute sa vie.

Érasme n'a jamais fait la guerre, mais il l'a vue de près, aux Pays-Bas et en Italie surtout[1]. Il en a mesuré les ravages et l'absurdité. Il peint les malheurs qui accompagnent même la guerre juste, même la guerre victorieuse.

---

[1] Érasme se tient au courant des événements politiques et militaires. Son information sur la guerre de Gueldre est remarquable. Cfr J. D. Tracy, *The politics of Erasmus.* Toronto

Il ne traite pas de la guerre en homme d'État, encore qu'il ait prôné l'arbitrage; il la condamne en moraliste chrétien car, pour lui, toutes les guerres sont fratricides.

Érasme a vingt ans, il est encore au monastère de Steyn, lorsqu'il écrit un 'Discours sur la paix et la discorde' vers 1489. Sans doute, est-il inspiré par les guerres civiles qui désolent la Hollande à cette époque. Son exposé est le plus ancien témoignage de son combat incessant pour la paix[2].

Il quitte Steyn pour suivre, en 1493, son premier mécène, Henri de Berghes, évêque de Cambrai. Par ce choix, il se rapproche des hommes politiques des Pays-Bas, car son patron est membre du Conseil de régence de l'archiduc Philippe le Beau.

Érasme sera déçu par Henri de Berghes, qui ne l'aide pas autant qu'il l'espérait, mais il peut compter sur l'amitié de Jacques Anthonisz, vicaire général de l'évêque, dont il préface, en 1503, un traité 'De la supériorité du pouvoir impérial'[3]. Ce livre, il est vrai, ne correspond guère aux idées d'Érasme: c'est pourquoi, il glisse dans sa préface un éloge mesuré de l'Empire "qui prend les armes en faveur de tous" et "qui préserve la paix chrétienne".

Après la mort de Henri de Berghes, Érasme s'attache à un nouveau protecteur, Nicolas Ruistre, évêque d'Arras et chancelier de l'Université de Louvain. Ruistre, comme Berghes, fait partie du Conseil de Philippe le Beau. Il appartient à la faction nationale qui s'oppose à la politique habsbourgeoise de l'empereur Maximilien. Érasme lui dédie le 'Panégyrique de

---

1978, 71–107. – Ajoutons qu'Érasme est encore en Italie lorsque Louis XII, en 1509, bat les Vénitiens à Agnadel. Il est en Grande-Bretagne quand, en 1513, le roi Jacques IV d'Écosse et son fils Alexandre (élève d'Érasme) trouvent la mort à Flodden. – Pour étudier la guerre et la paix dans l'œuvre d'Érasme, nous disposons de publications nombreuses, excellentes et souvent récentes. La correspondance d'Érasme est publiée par P. S. Allen et ses traités politiques par O. Herding. Les Adages qui concernent notre sujet sont rassemblés dans le beau travail de S. Seidel Menchi. J'ai publié, avec mes élèves, les Colloques. Enfin, pour les oeuvres érasmiennes qui ne figurent pas encore dans les nouveaux *Opera omnia* d'Amsterdam (= *A. S. D.*), il faut toujours recourir à la grande édition de Leclerc à Leyde (= *L. B.*). – Parmi les travaux les plus importants, citons: F. Geldner, *Die Staatsauffassung und Fürstenlehre des Erasmus.* Berlin 1930. – E. von Körber, *Die Staatstheorie des Erasmus.* Berlin 1967. – P. Mesnard, *L'essor de la philosophie politique au XVIe siècle.* 3e éd., Paris 1969. – J.-Cl. Margolin, *Érasme. Guerre et paix.* Paris 1973. – J. D. Tracy, *op. cit.*

[2] *L. B.,* t. 8, col. 545–552. – Cfr J. Chomarat, *Un ennemi de la guerre: Érasme.* Bulletin de l'Association Guillaume Budé, 4e série, 4 (1974), 446.

[3] Allen, *Opus epistolarum Des. Erasmi Roterodami,* t. 1, 381 (n° 173), 13 février 1503. – Tracy (note 1), 16.

Philippe le Beau'[4] et, avec ce petit livre, il fait son entrée dans le monde de la politique internationale, car il a été chargé du périlleux honneur d'accueillir Philippe le Beau à Bruxelles, le 6 janvier 1504, et de lui lire un discours de circonstance en latin devant les États de Brabant. A cette date, Érasme n'est pas encore un personnage connu. Il porte encore le costume et le titre de chanoine régulier. Son 'Panégyrique' consacrera la reconnaissance de sa valeur et le début de sa célébrité aux Pays-Bas. Le discours, quelque peu remanié et considérablement augmenté, est publié quelques semaines plus tard par Thierry Martens.

Le 'Panégyrique' mérite bien son nom car l'éloge de l'archiduc y occupe une place importante. Toutefois, Érasme se défend d'être un flatteur. Ce courtisan peu empressé ne craint pas de dire à son prince: "Nous t'aimons mieux pacifique que victorieux"[5]. En disant cela, il exprime sa pensée profonde tout en favorisant les idées politiques de ses patrons du moment. Avec eux, il préconise le maintien de la paix avec l'Angleterre et surtout avec la France[6]. Au début d'un règne, il est de bonne politique de tenir des propos pacifiques. Érasme accepte volontiers un rôle qui correspond à ses convictions personnelles.

Il s'élève au-dessus de l'actualité en brossant un sombre tableau des maux issus de la guerre. En contraste, il exalte les avantages inappréciables de la paix et conclut qu'une paix injuste est meilleure que la plus juste des guerres[7]. Il fait exception pour la guerre défensive dont il établit indirectement la légitimité[8]. Enfin, il développe sa conception religieuse de la paix. "Le monde chrétien est une seule patrie."[9]

Érasme ne renonce en rien à son idéalisme lorsque, au cours de la même année 1504, il publie le 'Manuel du chevalier chrétien'[10]. Le miles

---

[4] Édition critique, introduction et notes de O. Herding, dans *A.S.D.*, t. IV 1. Amsterdam 1974, 23–93. – Voir aussi V. de Caprariis, *Il Panegyricus di Erasmo a Filippo di Borgogna*. Rivista storica Italiana 65 (1953), 199–211. – Tracy (note 1), 17–22.

[5] Allen, *Opus*, t. 1, 397, l. 39–41 (n° 179), à Ruistre, préface, s.d.; 399, l. 29–34 (n° 180), à Jean Desmarais, postface, s.d.; t. 2, 93, l. 89–91 (n° 337), à Martin Dorp, fin mai 1515. – Même idée dans *A.S.D.*, t. IV 1, 72, l. 500–501; 76, l. 608, 611–617.

[6] *A.S.D.*, t. IV 1, 56, l. 935–947. – Érasme n'a pas toujours été francophile, comme en témoigne sa 'Prosopopeia Britanniae' de 1499. Cfr C. Reedijk, *The poems of Desiderius Erasmus*. Leyde 1956, 248 (n° 45). – Il retrouvera les mêmes sentiments en 1513 dans son 'In fugam Gallorum' qui rappelle la défaite française de Guinegate. Cfr Reedijk, *op. cit.*, 304 (n° 93).

[7] *A.S.D.*, t. IV 1, 74, l. 560–561.

[8] *A.S.D.*, t. IV 1, 76, l. 617–627.

[9] *A.S.D.*, t. IV 1, 75, l. 596.

[10] Texte dans H. Holborn, *Desiderius Erasmus. Ausgewählte Werke*. Munich 1933, 1–136.

christianus n'a rien de militaire, il n'est militant que du Christ, encore qu'il ne soit en rien un croisé.

De 1506 à 1509, Érasme est en Italie. Ce voyage, consacré essentiellement aux belles-lettres, est troublé par la guerre. Toute cette activité militaire, Érasme la condamne en chrétien, mais aussi en travailleur intellectuel que la guerre agace et distrait. L'université de Bologne est fermée et ses professeurs dispersés. "L'étude chôme et la guerre progresse", écrit-il, "frigent studia, fervent bella"[11]. Et encore: "Je maudis les guerres qui m'empêchent de jouir de ces régions d'Italie que j'aime chaque jour davantage"[12].

C'est à cette époque qu'Érasme rédige deux dissertations, aujourd'hui perdues, à la demande du cardinal Riario. L'une justifiait la guerre du pape Jules II contre Venise; l'autre, plus conforme aux idées de son auteur, montrait pourquoi il ne fallait pas faire la guerre. Ne nous étonnons pas trop de ce double langage, c'est un artifice familier de la rhétorique[13].

Le 15 novembre 1506, Jules II entre à Bologne en 'imperator' romain, passant sous les arcs de triomphe, coiffé d'une "tiare persique" ornée de pierres précieuses. Dans la foule, Érasme assiste à ce spectacle étonnant qui l'effraie et le scandalise. C'est Jules II qui fera de lui un pacifiste ardent et convaincu. La fameux dialogue 'Jules interdit au ciel' traduit bien les sentiments de l'humaniste à l'égard du pape-gladiateur. "Jules fait la guerre, gagne, triomphe, c'est un second Jules César", "Iulius belligeratur, vincit, triumphat, planeque Iulium agit"[14].

On est en droit de s'étonner que l'"Éloge de la Folie' (1511) n'ait pas suggéré à son auteur de plus longs développements sur la guerre. La Folie inspire tous les maux, il est vrai, mais la guerre et les guerriers ne sont évoqués qu'en quelques phrases, d'ailleurs sévères et méprisantes.

> "Où trouver pire folie que d'engager, pour on ne sait trop quel motif, une pareille lutte d'où les deux parties retirent toujours plus de mal que de bien. Il y a des hommes qui tombent, mais, comme les gens de Mégare, ils ne comptent pas. Quand s'affrontent les deux armées bardées de fer et que retentit le son rauque des trompettes, à

[11] Allen, *Opus,* t. 1, 433, l. 3–4 (n° 203), 1498.
[12] Allen, *Opus,* t. 1, 449, l. 1–2 (n° 213), 1508.
[13] Allen, *Opus,* t. 1, 37, l. 7–14 (n° 1). – Chomarat, *Grammaire et rhétorique chez Érasme,* t. 2. Paris 1981, 933.
[14] Texte dans W. K. Ferguson, *Erasmi opuscula.* La Haye 1933, 38–124. – C. Reedijk, *Een schimpdicht van Erasmus op Julius II,* dans: *Opstellen aan F. K. H. Kossmann.* La Haye 1958, 186–207. – J. Mac Conica, *Erasmus and the Iulius,* dans: *The pursuit of holiness* (éd. C. Trinkhaus et H. A. Oberman). Leyde 1974, 444–471.

quoi seraient bon sur le terrain ces sages exténués par l'étude, dont le sang pauvre et refroidi nourrit péniblement le souffle? Ce qui convient en l'occurrence, ce sont ces gens gros et gras, ayant beaucoup d'ardeur et fort peu d'esprit. A moins qu'on ne préfère des guerriers comme Démosthène qui, docile au conseil d'Archiloque, jeta son bouclier pour fuir dès qu'il aperçut l'ennemi: aussi lâche soldat que sage orateur. Mais on m'objectera qu'à la guerre l'intelligence est d'un grand secours. C'est peut-être vrai pour le chef: encore s'agit-il en ce cas d'une intelligence militaire et non pas philosophique. Ce sont en effet des parasites, des débauchés, des voleurs, des assassins, des rustres, des abrutis et des escrocs, en un mot la lie de la société qui vont s'illustrer dans cette carrière glorieuse, plutôt que des philosophes courbés sous leur lampe studieuse"[15].

L'année suivante, Érasme écrit de Londres à son ami anversois Pierre Gilles: "Je ne saurais dire combien je déplore que les nôtres [les habitants des Pays-Bas] soient irrésistiblement engagés dans ces conflits, alors qu'ils ont été éprouvés déjà par tant de guerres ou, pour mieux dire, par tant de brigandages"[16].

C'est entre 1514 et 1517 que se situent les compositions majeures d'Érasme sur la guerre et la paix. Au cours de ces quatre années, le thème est copieusement repris dans la correspondance, dans les 'Adages' et dans deux traités importants. Pour Érasme, apôtre et chantre d'un nouvel Âge d'Or, c'est le moment béni où tout paraît possible. Appelé à faire partie du Conseil du futur Charles-Quint, il est au centre d'un courant d'idées généreuses et il croit pouvoir endiguer la guerre par ses écrits. Cette exaltation ne survivra pas à la rivalité des rois.

La lettre à Antoine de Berghes, abbé de Saint-Bertin, est envoyée de Londres le 18 mai 1514. Érasme y exprime avec netteté son idéal pacifiste: "Je me suis souvent étonné, je ne dis pas que des chrétiens, mais simplement des hommes, en arrivent à ce point de folie de mettre tant d'efforts, d'argent, de courage à s'assurer leur perte mutuelle. Que faisons-nous durant toute notre vie, sinon nous combattre? Toutes les bêtes ne se battent pas mais seulement les fauves; elles ne se battent pas à l'intérieur d'une même espèce; elles se battent avec

---

[15] *A.S.D.*, t. IV 3 (éd. Cl. H. Miller), 96, l. 464–471. – Traduction de P. Mesnard, *Érasme. La philosophie chrétienne.* Paris 1970, 53.

[16] Allen, *Opus*, t. 1, 518, l. 6–7 (n° 265), 1512.

leurs armes naturelles et non, comme nous, avec des machines nées d'un art diabolique; elles ne se battent pas pour n'importe quoi, mais pour leurs petits et leur nourriture. La plupart de nos guerres naissent de l'ambition ou de la colère ou de la luxure ou d'une autre maladie de l'âme. Enfin, les animaux se vont pas à leur mort par troupeaux compacts, comme nous. Nous qui portons le nom du Christ, lequel ne nous a jamais enseigné que la bonté, et par son propre exemple; nous qui sommes les membres d'un seul corps, une seule chair; nous qui nous nourrissons du même esprit, des mêmes sacrements; nous qui sommes appelés à la même immortalité; nous qui aspirons à la communion suprême où nous serons unis au Christ comme lui-même est uni au Père; peut-il y avoir au monde une chose d'un prix si grand qu'elle nous amène à faire la guerre? La guerre est si néfaste, si affreuse, que même avec l'excuse de la justice parfaite, elle ne peut être approuvée d'un homme de bien. [...] S'il s'agit de la gloire, il est beaucoup plus glorieux de fonder des villes que d'en démolir. C'est le peuple qui construit et entretient les villes; c'est la folie des princes qui les détruit."[17]

Cet émouvant plaidoyer ne passe pas inaperçu. Il est bientôt traduit et publié en allemand. Il occupe une place de choix dans l'édition de la correspondance d'Érasme. Enfin et surtout, il sera développé dès 1515 sous le titre 'Que la guerre est douce à ceux qui ne l'ont pas faite'[18].

'La douce guerre' ('Dulce bellum inexpertis') ouvre glorieusement la quatrième chiliade des 'Adages'. La guerre est une monstruosité que ses victimes ne peuvent supporter. Elle est une folie aussi dont aucun éloge n'est pensable. Enfin, lorsqu'elle est faite par des chrétiens, elle est un défi à Dieu. Les apologies de la guerre sont sans valeur sinon sans force.

C'est avec indignation et même avec colère qu'Érasme décrit les atrocités de la guerre et les crimes des belligérants. La guerre n'est pas conforme à l'ordre de la nature mais, depuis qu'elle sévit entre les nations, elle a envahi leur vie. "La guerre engendre la guerre." "Bellum e bello seritur"[19]. Deuils, destructions, misère, démoralisation, tyrannie, infirmités, maladies et mort, enfin, accompagnent la guerre, même la guerre victorieuse.

[17] Allen, *Opus*, t. 1, 552, l. 21–38 (n° 288). – Traduction de M. Delcourt.
[18] Édition critique par S. Seidel Menchi, *Erasmo da Rotterdam. Adagia. Sei saggi politici.* Turin 1980, 196–285. – J'utilise la traduction de Y. Remy et R. Dunil reproduite par J.-Cl. Margolin (note 1), 112–148.
[19] Seidel Menchi (note 18), 206.

Contre les juristes et les théologiens qui ont trahi le droit et la religion pour justifier la guerre, Érasme démontre que toujours le remède est pire que le mal. La paix est sans prix comme l'aveuglement des chrétiens est sans borne.

"Personne ne s'en étonne, personne ne s'en indigne! Il en est qui approuvent, portent aux nues, appellent sainte une chose plus qu'infernale et excitent des princes, déjà enragés, en versant, comme on dit, de l'huile sur le feu. Du haut de la chaire sacrée, l'un promet la rémission de tous leurs péchés à ceux qui auront combattu sous les enseignes de leur prince. L'autre clame: 'Prince invincible entre tous, demeure dans les dispositions où tu te trouves, elles sont favorables à la religion: Dieu combattra à tes côtés'. Un autre promet une victoire certaine en appliquant à une action impie les paroles des Prophètes qu'il défigure, en interprétant, pour aider à commettre un acte vil, ces mots admirables: Tu n'auras pas à craindre la frayeur nocturne, la flèche volant vers toi, le démon de midi; et ceux-ci: Ils tomberont mille à ton côté et dix mille sur ton flanc droit; et encore: Tu marcheras sur l'aspic et sur le basilic, et tu fouleras aux pieds le lion et le dragon. Bref, tout le sens de ce psaume mystique est gauchi pour servir les fins profanes des princes de l'un et l'autre partis. Et les deux camps ne manquent pas de prophètes de ce genre, ni ces prophètes de partisans. Nous avons entendu des discours aussi belliqueux de la bouche de moines, de théologiens, d'évêques. Ainsi la guerre est faite par des vieillards décrépits, elle est faite par des prêtres, elle est faite par des moines et nous mêlons le Christ à une entreprise aussi diabolique! Les armées marchent l'une contre l'autre, brandissant des deux côtés le signe de la croix, alors qu'à elle seule elle pourrait indiquer à des chrétiens comment il leur convient de vaincre. Sous cet emblème divin qui représente la communion parfaite et ineffable des chrétiens, on court au meurtre mutuel et, grâce à lui, on fait du Christ le spectateur et le garant d'une action aussi sacrilège!"[20]

Par leur servilité, les théologiens des rois couvrent d'un manteau de silence ou d'un déguisement de mensonge les impératifs de la charité. Scandalisé jusqu'au fond de l'âme, Érasme formule avec fermeté les devoirs des conseillers ecclésiastiques en ce domaine. "On soupçonne d'hérésie celui qui prêche avec coeur contre la guerre, mais ceux qui énervent l'enseignement évangélique par leurs interprétations abusives et

[20] Seidel Menchi, 222.

fournissent aux princes des occasions de justifier leurs passions, ceux-là passent pour orthodoxes et docteurs en piété chrétienne! Un docteur véritablement chrétien ne loue jamais la guerre; exceptionnellement, il la tolère malgré lui et avec regret"[21].

Cette dernière citation nous amène à la question délicate de la guerre juste. Érasme y vient sans enthousiasme et avec réserve. Il accepte malaisément les théories scolastiques en la matière. Il parle avec ironie des théologiens qui déclarent légitime toute guerre, pourvu qu'elle soit déclarée par un prince, même si ce prince n'est pas un adulte ou n'a pas sa raison. "Iustum autem esse definiunt bellum quod indictum sit a principe, quamlibet puero out stulto"[22]. Et encore: "Qui ne croit pas sa cause juste?" ("Cui autem sua causa non videtur iusta?")[23]. Érasme conclut: "Celui qui est responsable de la guerre est un impie." ("Impius autem est quisquis bellum accersit.")[24]

Sa pensée politique n'a jamais l'aspect d'une théorie intemporelle. C'est pourquoi il n'a pas développé le schème thomiste de la guerre juste. Pour des raisons psychologiques et morales, Érasme, sans le dire, s'écarte de saint Thomas, parce que les rois, même légitimes, ne peuvent légitimer la guerre. Il lui suffit de répéter inlassablement l'éloge de la paix et la condamnation de la guerre, de réfléchir sur des données concrètes en même temps que sur de grands principes. Sa morale politique est une morale de situation. Opposé par son caractère à toute espèce de subversion ou de désordre, Érasme a critiqué Charles le Téméraire comme il a critiqué Savonarole. La guerre et la paix sont choses trop importantes pour être laissées aux mains d'un seul. Tous les hommes devraient partager les responsabilités de la décision.

La croisade serait-elle une guerre juste? Érasme en doute et souhaite une autre politique à l'égard des Turcs en cas de légitime défense.

"Il me semble", dit-il, "qu'on ne doit pas même approuver la guerre que nous ourdissons contre les Turcs. La religion chrétienne est bien mal en point si son salut dépend de défenses semblables. Et il n'est pas logique de créer de bons chrétiens sous de pareils auspices. Ce qui a été gagné par le fer est perdu à son tour par le fer. Vous voulez amener les Turcs au Christ? Ne faisons donc pas étalage de

21 Seidel Menchi, 254–256.
22 Seidel Menchi, 242. – C'est une addition de 1526: elle montre qu'Érasme n'a guère atténué ses positions idéologiques.
23 Seidel Menchi, 254.
24 Seidel Menchi, 228.

richesses, de troupes, de forces. Qu'ils voient en nous non seulement le nom mais aussi ces marques certaines du chrétien: une vie pure, le désir de faire du bien même à des ennemis, la patience inaltérable devant toutes les offenses, le mépris de l'argent, l'oubli de la gloire, le peu de prix accordé à la vie; qu'ils apprennent l'admirable doctrine qui soutient une existence de ce genre. C'est par des armes comme celles-ci que les Turcs sont le mieux soumis. [...] Nous nous préparons, nous, à écraser par le fer l'Asie tout entière et l'Afrique, alors qu'il s'y trouve une majorité de chrétiens ou de demi-chrétiens. Pourquoi ne les reconnaissons-nous pas plutôt, ne les encourageons-nous pas et ne les amendons-nous pas avec clémence? Si nous nous appliquons à étendre notre empire, si nous convoitons leurs richesses, pourquoi dissimuler sous le nom du Christ une entreprise aussi profane? Pourquoi, pendant que nous attaquons les infidèles avec nos seuls moyens humains, entraînons-nous tout ce qui nous reste du monde dans une situation manifestement périlleuse? C'est un si petit bout de monde qui nous est laissé! Quelle multitude de barbares défions-nous, alors que nous sommes si peu nombreux! Quelqu'un dira: "Si Dieu est pour nous, qui pourra quelque chose contre nous?" Et il aura raison de parler ainsi, celui qui se contente de l'aide de Dieu seul. Que dit, en effet, notre général Jésus-Christ à ceux qui s'appuient sur d'autres moyens? "Qui frappe par l'épée périra par l'épée." Si nous voulons gagner la bataille pour le Christ, ceignons-nous du glaive de la parole évangélique, coiffons le casque du salut, couvrons-nous du bouclier de la foi et, pour le reste, de la panoplie des apôtres. Il arrivera que plus nous serons vaincus plus nous vaincrons. Mais supposons que le sort de la guerre nous soit favorable: qui a jamais vu qu'on pouvait être rendu vraiment chrétien par le fer, le meurtre, les incendies, le pillage? C'est un mal moindre d'être un Turc ou un Juif déclaré qu'un chrétien hypocrite. [...] Je ne dis pas cela parce que je condamne absolument une expédition qu'on ferait contre les Turcs s'ils nous assaillaient, mais pour que nous fassions la guerre que nous prétendons mener au nom du Christ, dans un état d'esprit chrétien et avec des moyens chrétiens. Qu'ils sentent qu'on les invite à faire leur salut et non qu'on les attaque pour les piller"[25].

Revenant sur ce problème difficile, Érasme fait bien quelques concessions. Il admet, avec peine, une guerre défensive, très éloignée de l'image

[25] Seidel Menchi, 266–274.

de la croisade, mais il l'assortit de tant de conditions morales qu'il la rend presque impossible. Parfois même, on devra acheter la paix: jamais on ne la paiera trop cher!

'La douce guerre' se termine sur une dernière exhortation et est couronnée par un vibrant éloge de Léon X, pape pacifique: "Embrassons la cause de la paix pour que le Christ, en retour, nous reconnaisse pour siens. C'est sur ce point que les papes, les princes, les États doivent faire porter leurs délibérations. On a déjà répandu assez de sang chrétien jusqu'à ce jour. Nous avons fourni aux ennemis du nom chrétien assez de spectacles étonnants. Si le peuple est agité par des séditions, selon sa coutume, il appartient aux papes de calmer les agitations par leur prudence et leur autorité"[26].

L'adage que nous venons d'analyser est d'une longueur et d'une richesse extraordinaires. Réédité en un volume distinct, il connaîtra un succès durable et, surtout, il servira d'esquisse à un livre plus célèbre encore, la 'Complainte de la Paix persécutée', que nous retrouverons sur notre route.

D'autres adages figurant dans l'édition de 1515 ont servi de banc d'essai à Érasme pour l'exposé de ses conceptions politiques. Le 'Silène d'Alcibiade'[27] rappelle en plusieurs endroits le fameux dialogue 'Jules interdit au ciel', tandis que l'adage 'Naître roi ou fou'[28] annonce déjà l'"Institution du prince chrétien'. Le 'Scarabée tenant tête à l'aigle'[29] dessine le portrait du tyran, l'aigle, cruel, odieux, fourbe, que le misérable scarabée met en échec par la ruse. L'adage intitulé 'Tu as obtenu Sparte'[30] rappelle au prince que son devoir absolu est de bien administrer son État, sans chercher à l'agrandir aux dépens des voisins. En passant, il égratigne Charles VIII, Louis XII et même Charles le Téméraire et Philippe le Beau, tous victimes de leur ambition.

S'il est des hommes qu'Érasme loue durant ces années exceptionnelles, c'est d'abord Léon X dont il approuve la politique pacifique, c'est ensuite Jean Le Sauvage, grand chancelier de Bourgogne. L'un et l'autre figurent au nombre de ses protecteurs.

Érasme écrit au pape Médicis, de Londres, le 21 mai 1515, pour le féliciter de son attitude dans les conflits internationaux et il l'incite à récon-

[26] Seidel Menchi, 282–284.
[27] Seidel Menchi, 60–119; *A.S.D.*, t. II 5, 159–190.
[28] Seidel Menchi, 2–27.
[29] Seidel Menchi, 120–195; *A.S.D.*, t. II 6, 395–424.
[30] Seidel Menchi, 40–59.

cilier les rois. "De même que le Christ avec ses apôtres et ses martyrs, a conquis le monde par sa bonté, par sa patience, par sa sainte doctrine, nous devons vaincre les Turcs par la pureté de notre vie plutôt que par la force des armes. [...] Le monde n'a pas tardé à comprendre que par l'élection du pape Léon X, ce siècle pire qu'un siècle de fer était soudain changé en un siècle d'or. [...] Si Jules II a été acclamé par une foule acquise à la guerre, Léon X s'est révélé encore plus grand dans la paix retrouvée. [...] Enfin, qu'y a-t-il de plus doux que la paix?"[31] Érasme écrit cela quatre mois avant la victoire de François Ier sur les Suisses. Il lui faudra alors un robuste optimisme pour croire aux intentions pacifiques du vainqueur de Marignan.

Léon X est le dédicataire de l'édition gréco-latine du 'Nouveau Testament' publiée par Érasme en 1516. Dans une note de cet ouvrage, à propos du verset de Matthieu, 5, 39 ("Non resistere malo"), Érasme définit le code de la non-violence: "Le Christ interdit absolument de résister au mal [...] et de répondre à la guerre par la guerre"[32]. Jamais Érasme n'a été aussi radical dans sa condamnation de la guerre.

Devant l'histoire, Charles, roi d'Espagne et bientôt empereur, n'est pas un modèle de prince chrétien et pacifique. En 1516, toutefois, Érasme peut encore espérer que le souverain écoutera ses conseils, car il est jeune et bien entouré. A cette époque, Érasme le salue du titre de 'prince des Bourguignons', mais il n'y a là aucun appel à la revanche: dans le langage du temps, les habitants des Pays-Bas en général s'appellent Bourguignons[33]. La perspective lointaine de l'"Institution" est d'ailleurs plus impériale que bourguignonne ou espagnole. C'est au "petit-fils de l'empereur", qu'Érasme dédie l'"Institution du prince chrétien', décrivant la formation idéale d'un prince idéal[34].

---

[31] Allen, *Opus*, t. 2, 82, l. 76–77; 83, l. 109–110, 133 (n° 335). – Érasme publie cette lettre dès 1515. Cfr L.-E. Halkin, *Erasmus ex Erasmo*. Aubel 1983, 29.

[32] *L.B.*, t. 6, col. 30 C. – Ce texte est reproduit dans les 'Annotationes' (p. 25) publiées par Érasme à Bâle en mars 1519, comme j'ai pu le constater dans l'exemplaire de cette édition rarissime conservée à la Bibliothèque de l'Université de Liège. – Par contre, en 1522, la 'Paraphrasis in Evangelium Matthaei' donne le même sens général, atténué par l'absence du mot "bellum". Cfr *L.B.*, t. 7, col. 33 E-F. – Voir les commentaires de E.V. Telle, *Le Chevalier de Berquin. La Complainte de la Paix*. Genève 1978, 7.

[33] C'est dans la préface au 'Nouveau Testament' qu'Érasme appelle Charles "princeps Burgundionum". – Cfr L.-E. Halkin, *Érasme entre François Ier et Charles-Quint*. Bulletin de l'Institut historique belge de Rome 44 (1974), 309. – Voir aussi Pasquier de le Barre, *Journal d'un bourgeois de Tournai* (éd. G. Moreau). Bruxelles 1975, 193.

[34] Édition critique par O. Herding, dans *A.S.D.*, t. IV 1, 136–219.

Dès la préface de ce bréviaire d'un prince fidèle à la doctrine du Christ, Érasme annonce sans ambages son dessein. Il dit à Charles qu'il est plus heureux qu'Alexandre et il continue: "Autant tu surpasses Alexandre en bonheur, glorieux prince Charles, autant nous espérons te le voir surpasser aussi par la sagesse. Car Alexandre s'était rendu maître d'immenses territoires, mais il ne craignit pas de verser le sang et son empire ne devait pas durer. Toi, tu es né dans l'empire le plus beau, tu es destiné à un pouvoir plus grand encore. Alexandre a dû peiner pour conquérir; toi tu devras peut-être faire autant d'efforts pour céder volontairement une partie de tes biens plutôt qu'en annexer d'autres. Tu dois à Dieu d'obtenir un empire sans verser de sang et sans nuire à personne: ce sera déjà un premier devoir de sagesse de le conserver dans la paix"[35].

Il n'y a, dans ce traité de philosophie politique, aucune théorie de la conquête, aucun appel aux 'leçons de l'histoire' pour justifier des annexions, pas même une réflexion sur la défense nationale. Érasme récuse et réfute le machiavélisme[36] comme la politique réaliste, au nom de l'Évangile. Il s'élève contre la toute-puissance de la raison d'État et il s'efforce de dessiner le modèle d'un prince sincèrement épris de la paix. Celui-ci doit être soumis aux lois du Christ car, si le sang du Christ a été répandu pour les petits comme pour les grands, les lois du Christ sont obligatoires pour les grands comme pour les petits.

Au fond, Érasme ne dépasse guère cette argumentation qui ne peut toucher que quelques chrétiens convaincus. Il la répète avec insistance et n'accorde aucune part à l'enseignement civique de l'Antiquité, qu'il connaît pourtant mais qu'il repousse comme périmé, comme païen. Il va même jusqu'à reprocher à son cher Xénophon de donner aux rois de bien mauvais exemples. "Quand", dit-il au prince, "on te parle d'Achille, de Xerxès, de Cyrus, de Darius, de César, ne te laisse pas séduire par ces noms prestigieux: ce sont ceux de terribles, de furieuses canailles"[37].

Le dernier chapitre de l'"Institution" est entièrement consacré à la guerre. Après avoir rappelé qu'il est plus malaisé de construire que de détruire, Érasme suggère le recours à des arbitres et condamne toute guerre qui ne serait pas uniquement défensive. Dans sa conclusion, il s'adresse

[35] Allen, *Opus*, t. 2, 206, l. 41–49 (n° 393), vers mars 1516. – Érasme n'hésite pas à qualifier Alexandre de "héros du banditisme international". Cfr Allen, *op. cit.*, t. 3, 129, l. 24–25 (n° 704), 4 novembre 1517.

[36] Il semble étonnant qu'Érasme et Machiavel ne se citent jamais l'un l'autre. Cfr Telle (note 32), 43. – Sur les rapports de l'"Institution" et de l'"Utopie" de More, voir Herding, *A.S.D.*, t. IV 1, 129, n. 103.

[37] *A.S.D.*, t. IV 1, 180, l. 460–462. – J'utilise la traduction de J.-Cl. Margolin.

une dernière fois au roi Charles pour lui dire: "Je n'ai aucun doute, ô le plus illustre des princes, que tu sois animé de ces intentions: ta naissance le veut, comme ton éducation, confiée à des hommes aussi bons qu'intègres. Quant au reste, je prie pour que le Christ très bon et très grand persiste à faire prospérer tes efforts si méritoires. Il t'a donné un empire où le sang n'a pas coulé: veuille-t-il qu'il en soit toujours ainsi! Il se réjouit d'être appelé le Prince de la Paix. Qu'il fasse en sorte que la paix puisse enfin régner, à l'abri des guerres insensées, grâce à ta bonté et à ta sagesse. Il n'est pas jusqu'au souvenir des malheurs passés qui ne nous fassent apprécier la paix, et les calamités des temps révolus redoubleront la faveur de tes bienfaits"[38].

La 'Complainte de la Paix' ('Querela pacis') est, comme l''Éloge de la Folie', une audacieuse prosopopée[39]. Alors que la Folie crie victoire et se félicite du nombre de ses fidèles, la Paix clame ses échecs, montre ses plaies, déplore sa solitude et mobilise en sa faveur toutes les forces saines, c'est-à-dire les forces morales: la raison, l'humanité, la charité fraternelle.

La 'Complainte' est imprimée par Froben, à Bâle, à la fin de l'année 1517. L'époque est bien choisie pour rallier les amis de la paix. La politique du gouvernement de Bruxelles, sous l'impulsion de Jean Le Sauvage, est une politique de main tendue à la France, politique pacifique donc, dictée sans doute par l'intérêt national plus que par l'évangélisme, mais dont un ami de la paix peut légitimement espérer une heureuse issue, surtout lorsque, comme Érasme, il n'est nullement séduit par la notion d'Empire[40].

Cet ouvrage n'est pas un écrit de propagande et, si ses intentions coïncident avec celles du chancelier de Bourgogne qui en est l'inspirateur, on ne peut suspecter la sincérité d'Érasme, pacifiste convaincu et chevronné.

Dès la préface, adressée à Philippe de Bourgogne, évêque d'Utrecht, Érasme affirme que la paix avec la France, de tout temps désirable, est

---

[38] *A.S.D.*, t. IV 1, 219, l. 643–650.

[39] Édition critique par O. Herding, dans *A.S.D.*, t. IV 2, 59–100. – Sur les sources stoïciennes et patristiques de la 'Querela': R. H. Bainton, *The Querela Pacis of Erasmus*. Archiv für Reformationsgeschichte 42 (1951), 32–48. – J'utilise la traduction de E. Constantinescu Bagdat, *La Querela Pacis d'Érasme*. Paris 1924. – En 1535, Berquin publie une belle traduction de la 'Querela': E. V. Telle (note 32), 65.

[40] La même année, Érasme dédie aux ducs Frédéric et Georges de Saxe son édition de Suétone. Dans la préface, il met en question l'idée même de l'Empire. Cfr Allen, *Opus*, t. 2, 585, l. 208–216 (n° 586), 5 juin 1517.

aujourd'hui plus que jamais nécessaire[41]. Malgré toutes les menaces de conflit, il veut croire encore à la bonne volonté du roi François Ier. Il lui a écrit le 21 février de la même année 1517: "Après ta victoire sur les Suisses, tu as consacré toutes tes forces à apaiser les dissenssions nées de la guerre et tu as voulu unir les premiers princes de la Chrétienté dans une paix perpétuelle"[42]. Il y a là une forte dose d'illusions, mais l'optimisme d'Érasme passe outre. D'ailleurs, le traité de Cambrai, du 11 mars 1517, a provisoirement rapproché la France des Pays-Bas et proclamé une réconciliation générale.

C'est dans ce climat relativement favorable que la 'Complainte' est publiée. La guerre est un fléau condamné par la morale chrétienne; elle est toujours fratricide et il faut la mettre hors la loi. La Paix, trahie et reniée par tous, ne sait où chercher refuge. "La religion, dit-elle, reste mon seul espoir. Elle s'offre comme une ancre de salut à mon espérance car sa pratique est commune à tous les chrétiens, quoique chacun la professe à sa manière, se différenciant par l'étiquette et les exercices de piété, par les cérémonies confiées à ceux qu'on nomme communément prêtres. En contemplant de loin ces chrétiens, l'espoir de trouver au milieu d'eux un refuge sûr et tranquille paît en moi. Leurs habits blancs ornés de couleurs me sourient. Je vois le signe de la croix qui est le symbole de la paix. Je les entends employer entre eux ce nom si doux de frère qui est une preuve de l'amour parfait qui les unit. J'entends les voeux de paix qui sont d'un augure favorable. Je vois qu'ils ont tout en commun: le même collège de prêtres, le même temple, les mêmes lois, le même lieu de réunion quotidienne. Pourrait-on croire qu'il n'y a pas ici de place pour la paix? Mais, ô comble de malheur: il n'existe pas de collège qui vive en bonne intelligence avec son évêque. Cela serait toutefois peu important, si les prêtres, eux, n'entretenaient pas de luttes intestines. Quel est le prêtre qui n'ait pas de motif de dispute avec un confrère? Paul n'admettait pas qu'un chrétien fût en contestation avec un autre chrétien, et voilà qu'un prêtre prend position contre un autre prêtre, un évêque contre un autre évêque!"[43]

Par ailleurs la foi est odieusement exploitée jusque dans les rangs des soldats et sur leurs bannières. Il y a là une manière de sacrilège. "Les drapeaux portent le signe de la croix [...] et la croix, qui seule aurait pu désapprendre la guerre, en devient le symbole"[44]. La satire est impitoyable et on y reconnaît l'anticléricalisme qui colore la religion d'Érasme.

[41] *A.S.D.*, t. IV 2, 60, l. 25–26.
[42] Allen, *Opus*, t. 2, 477, l. 8–11 (n° 533).
[43] *A.S.D.*, t. IV 2, 66–67, l. 158–170.
[44] *A.S.D.*, t. IV 2, 83, l. 524–526.

Les disciples du Christ ont oublié l'enseignement de leur maître, alors que "celui qui annonce le Christ, annonce la paix, celui qui prêche pour la guerre, choisit le parti opposé"[45]. "Que les chrétiens se décident enfin à suivre la doctrine du Christ et à vivre dans la paix qu'elle enseigne; sinon qu'ils cessent de se glorifier du nom de chrétien"[46]!

Érasme tient suffisamment compte des réalités pour ne pas condamner la guerre défensive contre les incursions des barbares[47]. Il ne fera pas d'autres concessions.

Érasme s'adresse aux princes parce que le principe monarchique est alors la règle commune. Il analyse les causes et les occasions des guerres. Parmi les occasions, il cite les mariages dynastiques qui préparent le terrain des guerres futures[48]. Il place l'envie au nombre des causes et il donne l'exemple de la France. "Aujourd'hui, le voisinage d'un royaume un peu trop florissant est presque un motif légitime de guerre. En effet, si nous voulons être justes, quelle autre cause a poussé et pousse encore maintenant tant de peuples à prendre les armes contre la France, sinon le fait que ce pays est le plus florissant de tous?"[49] Et il ajoute: "L'Anglais hait le Français parce qu'il est Français. [...] Jadis le Rhin séparait le Gaulois du Germain, mais le Rhin ne peut séparer le chrétien du chrétien" ("Separabat olim Rhenus Gallum a Germano, at Rhenus non separat christianum a christiano".)[50]

Les prêtres soldats font horreur à Érasme presque autant que les mercenaires, maudits même par ceux qui les emploient[51]. Comment les combattants, quels qu'ils soient, pourraient-ils réciter sans honte le 'Pater Noster'?[52] Comme Zwingli à la même époque, Érasme se refuse à voir dans tout mercenaire autre chose qu'un homme doué d'une conscience responsable. Tuer par obéissance, c'est participer au crime.

---

[45] *A.S.D.*, t. IV 2, 70, l. 237–238.
[46] *A.S.D.*, t. IV 2, 76, l. 340–341.
[47] *A.S.D.*, t. IV 2, 90, l. 671–673.
[48] En 1501, le futur Charles-Quint est fiancé à Claude, fille de Louis XII. En 1504, le même est fiancé à Marie d'Angleterre. En 1513, Louis XII épouse Marie d'Angleterre. En 1515, projet de mariage entre Charles et Renée, autre fille de Louis XII. En 1526, Charles-Quint épouse Isabelle de Portugal. Cfr E. V. Telle, *Érasme et les mariages dynastiques.* Bibliothèque d'Humanisme et Renaissance 12 (1950), 7–13. – Tracy (note 1), 90 sv.
[49] *A.S.D.*, t. IV 2, 80, l. 436–450. – Plus loin, p. 92, Érasme précise: "E Gallis Germanos faciunt".
[50] *A.S.D.*, t. IV 2, 92, l. 706–708.
[51] F. Bierlaire, *Les Colloques d'Érasme*, 179, 182.
[52] *A.S.D.*, t. IV 2, 84, l. 540–550.

La 'Complainte' se termine par un appel vibrant et solennel à tous les puissants de ce monde et à chaque chrétien:

"J'en appelle à vous, Princes, qui gouvernez les affaires du monde et qui représentez parmi les mortels l'image du Christ. Reconnaissez la voix de Notre Seigneur et Maître qui vous exhorte à la paix. Dites-vous que l'humanité entière, accablée par les maux qu'elle endure depuis si longtemps, vous la demande avec ardeur. Que ceux même qui se croient lésés et qui se sentent frustrés de ne pas faire la guerre, protègent cependant la paix, pour le bonheur de tous. Cette tâche est trop importante pour que des arguments futiles puissent l'entraver.

J'en appelle à vous, prêtres consacrés à Dieu, afin que vous prêchiez de toute la force de votre âme ce que vous savez être le plus agréable à Dieu, et afin que vous combattiez ce qui lui fait horreur.

J'en appelle à vous, théologiens, prêchez l'évangile de la paix, faites-le sans cesse retentir aux oreilles du peuple.

J'en appelle à vous, évêques, à vous, hauts dignitaires ecclésiastiques, afin que votre autorité soit assez influente pour fonder la paix sur des bases indestructibles.

J'en appelle à vous, magistrats et puissants de la terre, vous qui occupez le premier rang dans le royaume, afin que vous aidiez de toute votre intelligence la sagesse des princes et la piété des papes.

J'en appelle à tous ceux qui se glorifient du titre de chrétien, pour qu'ils luttent, d'un commun accord et de toutes leurs forces, contre la guerre. Qu'ils montrent quel poids, dans un État, possède l'union de tous contre la tyrannie des puissants. Que chacun apporte ses conseils en vue de la paix. Que la concorde éternelle unisse ceux que la nature et le Christ ont unis par tant de liens. Que tous tendent leurs efforts afin de réaliser cette paix qui est la source de toutes les richesses."[53]

Dans tous ses écrits sur la guerre, Érasme en vient à des conclusions semblables et convergentes. On peut les résumer en disant que, selon lui, pour sauver la paix il faut réconcilier les rois et leur enlever le droit exhor-

---

[53] *A.S.D.,* t. IV 2, 98, l. 872–888. – Érasme se faisait des illusions sur le succès de la 'Querela'. Cfr Allen, *Opus,* t. 3, 67, l. 30–31 (n° 645), 31 août 1517. – Clichtove et Dolet, parmi d'autres, critiquèrent la 'Querela'. Cfr J. Hutton, *Erasmus and France.* Studies in the Renaissance 8 (1961), 103–127. – W. F. Bense, *Paris théologians on war and peace. 1521–1529.* Church History 41 (1972), 168–185.

bitant de décider seuls de la guerre; il faut aussi faire prendre conscience aux hommes de leur solidarité profonde et stabiliser les frontières; enfin, – et c'est ici l'originalité d'Érasme, – il faut organiser l'arbitrage. Certes, il n'a guère précisé sa pensée sur ce dernier point; il a lancé une idée qui fera lentement son chemin[54].

Les rois ont-ils entendu la voix de la Paix, la voix d'Érasme? Ont-ils compris son message? A cause du succès de ses livres, Érasme peut le croire, car les Maisons de France et d'Espagne se sont réconciliées. Il est tenté d'ajouter foi à l'accord des princes comme au progrès des belles-lettres et à la rénovation de la théologie. Sa déception sera prompte et totale!

Lorsque Charles part pour l'Espagne, à la fin de 1517, sa politique change: elle n'est plus celle des Pays-Bas mais elle devient dynastique et anti-française. Quelques mois plus tard, la mort du chancelier Jean Le Sauvage atteint Érasme dans ses espoirs d'une paix durable.

La mort de l'empereur Maximilien, en 1519, ouvre la voie à la sanglante rivalité de son petit-fils Charles, roi d'Espagne, et de François Ier, roi de France. Après l'élection impériale, la guerre reprend, implacable, impardonnable. "Je vois", écrit Érasme, "et j'en suis au supplice, que cette guerre entre Allemands et Français devient de jour en jour plus violente. Quelle terrible calamité pour la chrétienté tout entière que les deux monarques les plus puissants du monde s'opposent l'un à l'autre en un conflit aussi désastreux! Le mal serait plus supportable si les choses se bornaient à un combat singulier entre les intéressés. Mais en quoi les citadins et les paysans ont-ils mérité d'être dépouillés de leurs biens, chassés de leurs demeures, traînés en captivité, massacrés et torturés? Ô, coeurs de pierre des princes, s'ils jugent clairement tout cela et le tolèrent! Ô, esprits stupides, s'ils ne le comprennent pas! Ô, êtres apathiques, s'ils n'en prennent pas souci! Notre nouveau pape nous apportait quelque espoir, comme théologien d'abord, ensuite à cause de son intégrité, admirée dès ses débuts. Mais, je ne sais comment, l'autorité des papes réussit bien mieux à provoquer des guerres entre les princes qu'à les apaiser"[55].

Dans un esprit irénique, Érasme dédie à Charles-Quint, Ferdinand d'Autriche, Henri VIII et François Ier ses 'Paraphrases' des Évangiles. Chacune d'entre elles contient des exhortations pour la paix et contre la

[54] *A.S.D.*, t. IV 2, 86, l. 578–581.
[55] Allen, *Opus*, t. 5, 64, l. 38–49 (n° 1284), 25 mai 1522. – On comparera cette lettre à la célèbre lettre au cardinal Laurent Campegio. Voir Allen, *Opus*, t. 9, 13–15 (n° 2366), 18 août 1530.

guerre. "Il n'est aucune guerre, si juste que soit sa cause et si modérément qu'elle soit menée, qui n'entraîne avec elle un immense cortège de crimes et de calamités"[56]. A François Ier: "Alors que j'avais dédié la 'Paraphrase' de Matthieu à Charles, mon empereur, celle de Jean à Ferdinand, son frère, et la 'Paraphrase' de Luc au roi d'Angleterre, il m'est apparu que la 'Paraphrase' de Marc t'était destinée, afin que les quatre Évangiles fussent consacrés aux quatre plus grands princes de la terre. Et puisse l'esprit des Évangiles unir vos coeurs dans une concorde pareille à l'harmonie qui unit vos noms dans le recueil des Évangiles! [...] Maintenir une paix même injuste vaut mieux que de poursuivre la plus juste des guerres"[57].

On le voit, Érasme ne craint pas de réprimander les souverains. Il n'ébranlera pas leur bonne conscience ou leur indifférence. S'il y a une chose sur laquelle les souverains sont d'accord, c'est bien la nécessité de déclarer la guerre à la paix. Ils sont plus proches du païen Alexandre que du sage Salomon.

Érasme pourtant ne se lasse pas d'espérer la réconciliation des rois ennemis[58]. Il invite le pape Clément VII à rétablir la paix[59], mais il ne croit pas que l'Église puisse écarter les rois indignes de leurs trônes[60], pas plus qu'il ne rêve d'une théocratie pontificale.

Lorsque éclate la Guerre des Paysans, en 1525, son émotion est intense. Il ne peut approuver ni le soulèvement ni la répression. "Ici se joue une pièce sanguinaire et sanglante. Les paysans se jettent au-devant de la mort. Chaque jour ont lieu des engagements furieux entre nobles et croquants, si près d'ici qu'on entend le fracas des machines de guerre et des armes, et presque le râle des blessés"[61].

Le traité de Madrid en 1526 et le sac de Rome l'année suivante lui inspirent à peine moins de réprobation. D'une part, les conditions imposées à François Ier par son vainqueur lui paraissent trop dures[62]. D'autre part, Érasme ne peut accepter sans protestation que les soldats de l'Empereur mettent au pillage la capitale de la chrétienté[63].

[56] Allen, *Opus*, t. 5, 7, l. 113–115 (n° 1255), 13 janvier 1522.
[57] Allen, *Opus*, t. 5, 353, l. 14–21, 43–44 (n° 1400), 1er décembre 1523. – Les préfaces à Ferdinand et à Henri VIII dans Allen, *Opus*, t. 5, 163 et 312 (n°s 1333 et 1381), 5 janvier et 23 août 1523.
[58] Allen, *Opus*, t. 5, 424, l. 12–13 (n° 1434), 30 mars 1524.
[59] Allen, *Opus*, t. 5, 390, l. 30–40 (n° 1414), 31 janvier 1524.
[60] Allen, *Opus*, t. 6, 354, l. 57–59 (n° 1719), vers le 6 juin 1526.
[61] Allen, *Opus*, t. 6, 160, l. 17–20 (n° 1606), 5 septembre 1525.
[62] Allen, *Opus*, t. 6, 361, l. 16–17 (n° 1722), à François Ier, 16 juin 1526.
[63] Allen, *Opus*, t. 7, 509–510, l. 1–9, 25–46 (n° 2059), à Jacques Sadolet, octobre 1528.

Le roi de Pologne Sigismond Ier est une exception dans le concert belliqueux des rois. Érasme loue son amour de la paix et il lui envoie, le 15 mai 1527, un véritable manifeste pour la paix, une lettre ouverte visiblement destinée à la publication. "Certes", dit-il, "la guerre est douce à ceux qui ne l'ont pas faite, mais l'homme qui, par-delà les ténèbres, préfère une mauvaise paix à une juste guerre, voit loin. [...] Je veux formuler un souhait plutôt qu'un espoir, bien qu'il soit de la plus haute importance pour le maintien de la paix et pour l'amitié entre les princes: qu'il soit possible de persuader ceux-ci de renoncer à leurs territoires trop éloignés. [...] Il n'est pas dans mes intentions de diminuer le pouvoir de celui que le Christ a voulu placer à la tête de son Église universelle. Pourtant, je l'avoue franchement, il agirait avec plus de bonheur et les souverains se feraient moins souvent la guerre si le pape, persuadé lui-même de l'excellence de la paix, ne s'alliait à aucun monarque mais se montrait un père pour tous"[64].

Érasme sait que certains lui reprochent ses campagnes en faveur de la paix[65]. Il n'en a cure, bien que ses dernières années soient assombries par l'échec de son pacifisme. Le conseiller de Charles-Quint se réfugie dans ses grands travaux exégétiques et patristiques. Il ne parle plus de la guerre sinon par allusion et d'un ton désabusé. Incapable d'empêcher la guerre, il ne l'admet jamais comme une conjoncture normale. Ne pouvant arrêter les responsables de la violence, il les atteint de la seule arme qui lui reste, l'ironie. Ses idées n'ont rien perdu de leur tranchant. On le voit bien dans les 'Colloques', lorsqu'ils touchent à la vie politique ou à la carrière des armes.

Les dialogues intitulés 'La confession du soldat' (1522) et 'Le soldat et le chartreux' (1523) décrivent la situation misérable des soldats de métier[66]. La profession militaire est, pour Érasme, l'école de la scélératesse, une condition opposée au bon sens, à l'humanité et à la religion. Il ne peut croire à la sincérité, ni même au vrai courage de ces combattants qu'anime exclusivement le désir de la solde et du butin.

Les mercenaires ne sont que les instruments stupides de la politique des grands, et cette odieuse exploitation de la plèbe est encouragée par les prédicateurs de cour. Érasme, toujours impitoyable pour les théologiens qui font une apologie sans nuances du 'droit de la guerre', montre que leurs ouailles, ces malheureux soldats qui s'en vont aux aventures et à la

[64] Allen, *Opus*, t. 7, 63–64, l. 151–153, 173–177, 197–202 (n° 1819). – Margolin (note 1), 294.
[65] Allen, *Opus*, t. 7, 450, l. 56–58 (n° 2030), 26 août 1528.
[66] *A.S.D.*, t. I 3, 154–158, l. 940–1054; 314–319, l. 2–184.

mort, n'ont ni sens religieux ni sens moral. Leur piété est superstitieuse comme est grossière la théologie de ceux qui les poussent, sans les suivre. De part et d'autre, le formalisme tient lieu de religion. C'est ce que ne peut accepter l'auteur du 'Manuel du chevalier chrétien'. Mais écoutons la 'Confession du soldat'.

"HANNON. – D'où sors-tu, nouveau Vulcain, toi qui ressemblais à Mercure quand tu nous quittas?

THRASYMAQUE. – Que veux-tu dire avec tes Vulcain et tes Mercure?

HANNON. – Je veux dire qu'en partant, tu paraissais avoir des ailes, tandis que maintenant je te retrouve estropié.

THRASYMAQUE. – Tel est le salaire du soldat qui revient de la guerre.

HANNON. – Mais qu'as-tu été faire à la guerre, soldat plus peureux qu'un daim?

THRASYMAQUE. – L'appât du butin m'avait donné du coeur.

HANNON. – Les dépouilles que tu rapportes sont-elles nombreuses?

THRASYMAQUE. – Au contraire ma ceinture est bien vide.

HANNON. – Et ton bagage bien léger!

THRASYMAQUE. – Mais c'est chargé de crimes que je reviens.

HANNON. – Bagage bien lourd, il est vrai, s'il faut en croire le prophète qui le compare au plomb.

THRASYMAQUE. – J'ai vu et j'ai commis là-bas plus de crimes que je n'en avais vus et commis avant de partir pour la guerre.

HANNON. – Mais alors, pourquoi la vie du soldat t'a-t-elle souri?

THRASYMAQUE. – Rien, en effet, n'est plus odieux ni plus néfaste.

HANNON. – Qu'ont-ils donc dans la tête tous ceux qui, enrôlés pour quelque argent et parfois même sans recevoir un sou, courent à la guerre comme à un festin?

THRASYMAQUE. – Je ne m'explique pas leur aveuglement. Je ne puis que les imaginer, séduits par des furies maudites, voués totalement à l'esprit malin et à la misère, enfin hâtant eux-mêmes leur châtiment éternel.

HANNON. – Cela semble juste, car les bonnes actions ne les intéressent à aucun prix. Mais raconte-moi tes combats et dis-moi de quel côté la victoire a penché.

THRASYMAQUE. – Il y avait tant de tintamarre, de fracas, de bruit de trompettes, de sonneries de cuivre, de hennissements et de vociférations que je ne comprenais plus rien à ce qui se passait. C'est à peine si je savais encore où je me trouvais moi-même.

HANNON. – Comment les anciens soldats osent-ils nous dépeindre dans le détail toutes les phases d'un engagement, nous répéter ce que chacun a dit ou fait, comme s'ils y avaient assisté en simples spectateurs?

32

THRASYMAQUE. – Ce sont tous de fameux menteurs. Pour moi, je sais ce qui s'est passé sous ma tente, mais j'ignore absolument ce qui s'est déroulé au cours de la bataille.

HANNON. – Ignorerais-tu même comment tu es devenu boiteux?

THRASYMAQUE. – Presque! Que Mars cesse de me favoriser, si ce malheureux genou n'a pas été, comme je le suppose, blessé par une pierre ou par le sabot d'un cheval!

HANNON. – Eh bien! moi, je sais comment tu t'es blessé.

THRASYMAQUE. – Tu le sais? Quelqu'un te l'aurait-il rapporté?

HANNON. – Non! Je l'ai deviné!

THRASYMAQUE. – Dis-le donc.

HANNON. – Comme la peur excitait ta fuite, tu es tombé par terre où un caillou t'attendait.

THRASYMAQUE. – Que je meure si tu n'as pas mis le doigt dessus! Tu es bien fort dans l'art de la divination.

HANNON. – Va donc chez toi et raconte tes hauts faits à ta femme.

THRASYMAQUE. – Celle-là va me recevoir fraîchement en me voyant revenir comme un mendiant.

HANNON. – Mais alors, comment restituer tes rapines?

THRASYMAQUE. – J'ai déjà tout rendu.

HANNON. – A qui donc?

THRASYMAQUE. – Aux putains, aux cabaretiers, à ceux qui m'ont battu aux jeux de hasard.

HANNON. – Voilà une façon de faire bien digne d'un soldat. Il est naturel que l'argent mal acquis soit encore plus mal employé. Mais je veux croire que tu n'as pas de sacrilège à te reprocher.

THRASYMAQUE. – Hélas! il n'y avait rien de sacré pour nous! Nous n'avons épargné ni les lieux profanes ni ceux du culte.

HANNON. – Comment feras-tu pour réparer ces crimes?

THRASYMAQUE. – On m'a dit que les faits de guerre n'exigeaient pas réparation: tout ce qui est fait pour la guerre est fondé en droit.

HANNON. – Le droit de la guerre, sans doute!

THRASYMAQUE. – Tu l'as dit.

HANNON. – Mais ce droit est la pire des injustices. Ce n'est pas le patriotisme, c'est la cupidité qui a fait de toi un combattant.

THRASYMAQUE. – Je l'avoue, et je crois que bien peu se font soldats pour des motifs plus nobles que les miens.

HANNON. – C'est quelque chose de ne pas être seul à faire fausse route!

THRASYMAQUE. – Du haut de la chaire, un prédicateur a déclaré que la guerre était juste.

HANNON. – Cette chaire ne ment pas souvent. Mais que la guerre paraisse juste au prince, il ne s'ensuit pas qu'elle soit juste aussi pour toi.

THRASYMAQUE. – J'ai entendu dire par des rabbins qu'il est légitime à tout homme de vivre de son métier.

HANNON. – Beau métier que de brûler les maisons, piller les églises, violer les nonnes, dépouiller les malheureux, massacrer les innocents!

THRASYMAQUE. – Les bouchers sont bien payés pour tuer les boeufs. Pourquoi nous reprocher de tuer des hommes?

HANNON. – Et tu n'avais pas peur du sort réservé à ton âme, si un coup mortel t'avait frappé?

THRASYMAQUE. – Pas du tout. J'étais plein d'espoir dans la protection de sainte Barbe à qui, une fois pour toutes, je m'étais recommandé.

HANNON. – Avait-elle accepté de te prendre sous sa garde?

THRASYMAQUE. – Il me sembla qu'elle m'avait fait un petit signe de tête.

HANNON. – Quand te sembla-t-il pareille chose? Le matin?

THRASYMAQUE. – Non, après souper.

HANNON. – Mais alors, je suppose que les arbres eux-mêmes te paraissaient remuer.

THRASYMAQUE. – Ma parole, il devine tout! Mais ma principale espérance reposait en saint Christophe, dont je contemplais chaque jour l'image.

HANNON. – Sous la tente? Quelle place pour les saints du paradis!

THRASYMAQUE. – Nous avions dessiné un saint Christophe, au charbon, sur la toile.

HANNON. – Ce saint Christophe au charbon n'est pas un patron négligeable! Mais, soyons sérieux. Je ne vois pas le moyen de te faire absoudre de tels crimes, à moins de te rendre à Rome.

THRASYMAQUE. – Je connais heureusement un pèlerinage moins long.

HANNON. – Lequel?

THRASYMAQUE. – J'irai chez les dominicains, et là, je m'arrangerai vite avec les commissaires aux indulgences.

HANNON. – Même pour les sacrilèges?

THRASYMAQUE. – Même si j'avais dépouillé le Christ en personne, même si je lui avais coupé la tête! Tant sont considérables les indulgences dont ils disposent, et leur compétence pour obtenir composition!

HANNON. – Tout va bien, si Dieu daigne ratifier la négociation.

THRASYMAQUE. – Je craindrais bien plutôt que ce soit le diable qui refuse de la ratifier. Dieu est accommodant de nature!

HANNON. – Quel prêtre comptes-tu choisir pour confesseur?

THRASYMAQUE. – Celui à qui je trouverai le moins de cervelle et de jugement.

HANNON. – Oui, la laitue n'est pas faite pour l'âne, le chardon suffit! Mais, au sortir de cette confession, t'estimeras-tu assez pur pour communier?

THRASYMAQUE. – Pourquoi non? Dès que j'aurai versé mes ordures dans sa cuculle, je serai libéré de mon fardeau. Que celui qui absout se débrouille!

HANNON. – Comment sais-tu qu'il absout?

THRASYMAQUE. – Je le vois bien.

HANNON. – A quel signe?

THRASYMAQUE. – A ceci, qu'il pose la main sur ma tête, en murmurant je ne sais quoi.

HANNON. – Et si, t'imposant la main, il te rendait tous tes péchés par ces paroles: "Je t'absous de toutes tes bonnes actions, car je n'en ai trouvé aucune et, te renvoyant à ta mauvaise conduite, je te laisse tel que je t'ai reçu"?

THRASYMAQUE. – Ce qu'il dit ne regarde que lui. Pour moi, il me suffit de me croire absous.

HANNON. – Mais c'est à tes risques et périls que tu le crois. Dieu, ton créancier après tout, ne sera peut-être pas aussi vite satisfait?

THRASYMAQUE. – Hélas! Pourquoi t'ai-je rencontré, toi qui troubles la sérénité de ma conscience?

HANNON. – Réjouis-toi, au contraire. Un ami, qui, au hasard d'une rencontre, t'enrichit de bons conseils, vaut bien un oiseau de bon augure.

THRASYMAQUE. – Je ne sais jusqu'à quel point il est de bon augure, mais en tout cas, je ne le trouve pas drôle."[67]

Dans le Colloque intitulé 'L'accouchée' (1526), Érasme introduit des réflexions critiques inspirées par la récente victoire de Pavie. La confusion politique est inextricable. François Ier, prisonnier en Espagne, mérite un meilleur sort, dit-il, tandis que Charles-Quint rêve de monarchie universelle. Le propos téméraire choque les Espagnols, sujets inconditionnels du roi-empereur[68].

---

[67] *A.S.D.*, t. I 3, 154–158, l. 940–1054. – L.-E. Halkin, *Les Colloques d'Érasme.* Bruxelles et Québec 1971, 18–23.

[68] Allen, *Opus*, t. 5, 334, l. 16–17 (n° 1388), 25 septembre 1523. – *A.S.D.*, t. I 3, 45, l. 44–47. – M. Bataillon, *Érasme et l'Espagne.* Paris 1937, 245.

On ne s'attendrait pas à trouver des allusions politiques dans le Collo-que de 1526 intitulé 'Manger du poisson'[69]. Érasme y évoque la rivalité des Valois et des Habsbourg et met dans la bouche du poissonnier un discours insolite sinon insolent. "Si j'étais l'Empereur, voici comment je me hâterais de parler au roi: "Mon frère, un mauvais génie a suscité la guerre entre nous. [...] Je te laisse la vie et je te rends la liberté. Sois mon ami et non mon ennemi!"[70]

Trois ans plus tard, la guerre dure encore. Les traités signés ne sont que de courtes trêves, marquant les étapes d'une lutte atroce qui devait se prolonger après la mort de François Ier et même après l'abdication de Charles-Quint. Érasme écrit le dialogue intitulé 'Charon', du nom du batelier des enfers[71]. Il imagine une conversation entre le génie Alastor, fléau vengeur envoyé par les dieux, et Charon lui-même, empressé à accueillir les victimes des batailles et les prévisions d'Ossa, la Renommée guerrière.

L'optimisme érasmien est fortement entamé: la paix n'est plus persécutée, elle est dite défunte! S'il faut en croire Alastor, parlant à Charon, la paix n'est même plus à craindre.

CHARON. – Trois grands monarques, excités par la haine, se ruent à leur perte mutuelle. Il n'est pas une province chrétienne qui échappe aux horreurs de la guerre, car les grands monarques entraînent tous les autres dans leur concert belliqueux. Les esprits sont échauffés à ce point que nul ne veut céder, pas plus le Danois que le Polonais ou l'Écossais. Naturellement le Turc en profite pour s'agiter, de cruels dangers se préparent, tandis que la peste ravage l'Espagne, l'Angleterre, l'Italie et la France. En outre, une épidémie nouvelle, née de la diversité des opinions, a si bien faussé les esprits qu'il n'est plus sur terre de véritable amitié. Le frère se défie de son frère, la femme ne s'entend plus avec son mari. Si l'on en vient aux mains, après ces assauts de langue et de plume, il est permis d'espérer qu'un merveilleux fléau s'abattra sur le genre humain.

ALASTOR. – Tout ce que t'a dit Ossa est vrai. J'en ai été le témoin en plus d'une occasion. Ne suis-je pas le compagnon fidèle et le lieutenant de ces Furies, qui jamais encore n'avaient aussi bien mérité leur nom?

CHARON. – Oui, oui, mais je crains fort quelque malin génie qui se mettrait tout à coup à prêcher la paix à ces mortels versatiles. J'ai entendu dire qu'il y a chez les hommes un certain polygraphe qui ne cesse d'écrire contre la guerre et pour la paix.

[69] *A.S.D.*, t. I 3, 495–536.
[70] *A.S.D.*, t. I 3, 507, l. 412–420.
[71] *A.S.D.*, t. I 3, 575–584.

ALASTOR. – Peu importe! Voilà belle lurette qu'il ne prêche qu'à des sourds. Il a jadis écrit la 'Complainte de la paix persécutée'. Voilà qu'il compose maintenant une épitaphe pour la paix défunte. Mais n'oublie pas qu'il en est d'autres qui rivalisent de zèle pour notre cause avec les Furies elles-mêmes.

CHARON. – Quels sont ces alliés?

ALASTOR. – Certains êtres couverts de manteaux noirs et blancs, ou de robes couleur de cendre, riches enfin d'un plumage varié. Ils ne quittent pas la cour des princes; ils leurs apprennent l'amour de la guerre; ils élèvent dans le même sentiment les grands et les petits; ils proclament, dans leurs prônes évangéliques, que la guerre est juste et sainte, telle une oeuvre pie. Ce qui rend plus étonnante encore la force d'âme des hommes, c'est que ces hérauts de Dieu tiennent les mêmes propos à chacun des adversaires. Aux Français, ils prêchent que Dieu combat pour la France et qu'on ne saurait être vaincu quand on a un tel protecteur. Aux Anglais et aux Espagnols, ils disent que cette guerre n'est pas conduite par l'empereur, mais par Dieu. Qu'ils montrent leur valeur et la victoire est à eux. D'ailleurs, le combattant frappé à mort ne périt pas; il s'envole vers le ciel avec armes et bagages.

CHARON. – Et on leur accorde, à ces prêcheurs, un si grand crédit que de les croire?

ALASTOR. – Rien est impossible à ces contrefacteurs de la religion. Ajoute à cela la jeunesse, l'inexpérience, la soif de la gloire, la passion et, enfin, une propension naturelle à marcher là où on vous mène. On en impose aisément à ces hommes, de même que l'on renverse sans peine un char qui déjà, dangereusement, s'incline.

CHARON. – Je ferais volontiers du bien à ces personnages dont tu me décris les grandes actions [...]. Mais si un dieu quelconque entreprenait de réconcilier les rois je perdrais tout ce que j'espère.

ALASTOR. – Quant à cela, tu peux dormir sur les deux oreilles, je te l'affirme. D'ici dix ans aucune paix n'est à craindre! Seul, le pape s'emploie avec zèle à prêcher la concorde, mais en vain; autant vouloir blanchir un nègre! Des citoyens murmurent avec impatience contre leurs maux; il en est je ne sais lesquels, qui se répètent tout bas les uns aux autres combien il est inique de voir les ressentiments et les ambitions de deux ou trois hommes renverser le bon ordre des choses humaines. Mais, crois-moi, si justifiées que soient ces plaintes, les Furies l'emporteront"[72].

---

[72] *A.S.D.*, t. I 3, 577–583, l. 30–138. Traduction: Halkin (note 67), 111–115.

Il est un aspect du problème qui préoccupe Érasme jusqu'à la fin de sa vie, la guerre contre les Turcs. Lorsque le danger musulman était loin, Érasme parlait de la croisade en termes cinglants, comme d'une expression blasphématoire. A partir du moment où la menace se précise, son ton change. En 1526, le roi Louis de Hongrie est tué à la bataille de Mohacs. En 1529, les Turcs sont devant Vienne. En 1530, Érasme publie à Bâle sa 'Consultation au sujet de la guerre contre les Turcs', courte méditation sur les angoisses de l'heure[73].

Malgré son éloignement pour la guerre, pour toute guerre, le pacifisme d'Érasme n'est pas absolu. Il se rallie à cette nouvelle guerre juste, tout en se refusant à l'appeler croisade. Il admet la guerre défensive contre l'Islam, pourvu que cette guerre soit menée sans cruauté et se couronne par la conversion libre des vaincus[74].

Érasme est plus sensible que jadis à la défense de l'Europe "ce petit bout de monde qui nous est laissé"[75]. Il se sent européen. L'Islam a repris vigueur, Érasme pèse les arguments et conçoit que la résistance armée puisse devenir une fatalité. A contrecoeur, il se résigne à la guerre défensive, et il en précise la condition: il faut qu'elle conduise à une évangélisation pacifique. On veut croire qu'Érasme s'est rendu compte de la fragilité de sa solution. Il doit lui en coûter de faire tant de concessions au parti de la guerre: il les fait, dit-il, pour le salut de l'Europe, pour le maintien de la 'Paix chrétienne'[76], mais il mesure le danger de son engagement. "Je crains que, ayant à combattre les Turcs, nous ne soyons réduits à devenir Turcs nous-mêmes!"[77]

Le réalisme politique et la politique de modération dont il fait preuve à l'égard de Charles-Quint, Érasme a dû encore les invoquer lorsque le nouveau chancelier de l'Empereur, Mercurino Gattinara, – aussi européen que Le Sauvage avait été bourguignon, – lui demande de préfacer l'édition d'une œuvre latine de Dante, 'La monarchie', pour appuyer les ambitions de son maître[78].

---

[73] *Utilissima consultatio de bello Turcis inferendo.* Bâle 1530. Cfr *L.B.*, t. 5, col. 345–368.

[74] En 1529, Érasme avait réitéré son acceptation de la guerre juste: *L.B.*, t. 9, col. 1193 A *(Responsio ad Albertum Pium).* Voir M. Cytowska, *Érasme et les Turcs.* Eos 62 (1974), 311–321. – J.-Cl. Margolin, *Érasme et la guerre contre les Turcs.* Il pensiero politico 13 (1980), 3–38. – G. Chantraine, *Mystère et Philosophie du Christ selon Érasme.* Namur 1971, 107–109.

[75] Seidel Menchi (note 18), 272.

[76] *L.B.*, t. 5, col. 353 D – 354 F.

[77] Allen, *Opus,* t. 9, 259, l. 21–23 (n° 2485), à Omer d'Enghien, 16 avril 1531.

Érasme n'a jamais été partisan de l'idée impériale: il la condamne comme "la source de toutes les guerres"[79]. Il ne peut donc aimer le texte fumeux qui n'ajoute rien à la gloire de Dante. Il ne peut surtout partager ses idées politiques. Selon Dante, en effet, l'Empire assure la paix générale et l'Empereur reçoit directement de Dieu sa légitime autorité. Pour Érasme, au contraire, la course au pouvoir universel est une revendication explosive, un mal sans remède. Il refuse donc d'éditer cet ouvrage et il reste fidèle à lui-même[80].

Au soir de sa vie, en 1535, Érasme publie un petit livre de prières. La paix n'y est pas oubliée, la guerre non plus, et l'on y trouve même une curieuse prière du combattant malgré lui. "Dieu tout-puissant, roi des armées, toi qui, par le ministère de tes anges, présides à la guerre et à la paix entre les peuples, toi qui as donné au jeune David, faible, sans armes et sans expérience, le courage d'attaquer le géant Goliath et la force de le vaincre, je t'adresse ma prière. Si la cause pour laquelle il me faut combattre est juste, je te prie avant tout pour que tu convertisses les coeurs des adversaires et en fasses des champions de la paix. Que le sang chrétien ne soit pas répandu sur la terre et que la terreur panique ne nous possède point! Puisse la victoire ne coûter que peu de sang et le moins possible de dommages! Que cette victoire échoie à ceux dont tu approuves les desseins! Enfin, la guerre finie, puissions-nous te chanter des hymnes de triomphe, dans la concorde retrouvée!"[81]

La même année, citant Cicéron, Érasme rappelle encore que mieux vaut sauver la paix que gagner la guerre et que "personne n'affronte les travaux de la guerre avec plus de succès que ceux qui font tout ce qui est en leur pouvoir pour éviter l'affrontement. S'ils échouent, ils uniront leurs efforts pour obtenir une issue rapide en versant le moins de sang possible"[82].

[78] Allen, *Opus,* t. 6, 470, l. 10 (n° 1790 A), de Gattinara, vers mars 1527. – Voir B. Landry, *Dante. De la monarchie.* Paris 1933. – Il est vrai qu'Érasme, en 1503, avait préfacé le 'De precellentia potestatis imperatoriae' de Jacques Anthonisz. Voir plus haut. Mais il s'agit là d'une oeuvre de jeunesse qu'Érasme pouvait difficilement refuser. Les conditions politiques n'étaient plus les mêmes en 1527 qu'en 1503.

[79] Allen, *Opus,* t. 5, 396, l. 11–12 (n° 1417), à Pirckheimer, 8 février 1524. – Sur le "messianisme impérial" après Pavie, voir Bataillon (note 68), 243 sv.

[80] A. Renaudet, *Études érasmiennes.* Paris 1939, 95–97.

[81] *L.B.,* t. 5, col. 1204 F – 1205 A *(Precationes).*

[82] Allen, *Opus,* t. 11, 174, l. 81–85 (n° 3032), à Jean Choler, vers août 1535.

Après avoir analysé les écrits d'Érasme sur la paix, efforçons-nous de synthétiser sa pensée en quelques observations de caractère général.

Le pacifisme d'Érasme est un des aspects les plus originaux de son long combat pour Dieu et pour l'homme; il est le rêve, – parfois le cauchemar, – qui a hanté ses jours et ses nuits.

Érasme s'est toujours dressé contre la guerre, avec des nuances parfois très importantes dans l'appréciation des faits politiques.

Toutes ses déclarations pacifistes s'enchaînent et elles prolongent sa méditation personnelle. Pour défendre la paix, il n'a pas attendu de devoir souscrire aux ordres de ses protecteurs car, dès 1489, nous l'avons vu, il plaide pour la paix. A partir du moment où Érasme commence à être connu, ses interventions principales sont liées à l'histoire des Pays-Bas jusqu'en 1521. De même, ses derniers écrits sur la guerre rappellent les grandes confrontations européennes de 1522–1530.

A travers tous ces textes, quelques traits demeurent intangibles: la guerre est un mauvais calcul; elle apporte avec elle les maux les plus affreux; elle est une perversion de la nature et une trahison de l'Évangile. Sur ces points essentiels, Érasme ne faiblira jamais. Il combat résolument pour la restauration et le maintien de la paix. Ses rares concessions ne dépassent pas le principe de la guerre défensive.

Nous ne trouverons pas sous sa plume des recettes pour sauver la paix. C'est le coeur de l'homme qu'il veut changer. C'est à la conscience humaine qu'il en appelle. Érasme trouve des accents lyriques pour évoquer l'horreur irrépressible de la guerre et l'ineffable attrait de la paix.

La guerre ne peut laisser après elle que ruines et deuils, vies blessées et âmes meurtries. Au cours de sa méditation, Érasme semble porter le poids du monde, un monde bouleversé où la vie est méprisée, où la mort est donnée ou subie, aveuglément. La détresse des masses anonymes ne le laisse pas indifférent. Sa compassion s'exprime dans un long cri de douleur, pour que les princes responsables reconnaissent avec sincérité leurs erreurs et les réparent avec courage.

En moraliste averti, il oppose éloquemment la guerre et la paix. Lorsqu'il en vient aux remèdes nécessaires à une société désaxée, il est moins disert. Au-delà de la conversion à l'Évangile, il ne peut qu'en appeler à l'expérience et au bon sens. Il laisse aux hommes d'État et aux juristes le soin de transformer les lois; il lui suffit de toucher les coeurs.

Les conseils d'Érasme, on le sait, visent principalement les rois et leurs ministres. Hélas, les princes deviennent parfois des tyrans, forts avec les faibles, faibles avec les forts, dénués des sentiments les plus élémentaires d'humanité. Ils s'entourent d'un cérémonial adulateur, favorisent l'exaltation de la gloire et le culte de la personnalité[83]. C'est eux cependant qu'Érasme voudrait transformer en les mettant en garde contre tout abandon de la morale, en les conjurant d'écouter celui qui prononce les paroles de la vie éternelle. Il s'adresse aux rois comme s'ils étaient déjà gagnés à la cause de la paix. Il feint de croire à la sincérité des grands de ce monde dans leurs déclarations d'amitié réciproque, comme il prend au sérieux leurs professions de foi chrétienne. N'était-ce pas pour lui la meilleure tactique, la seule possible?...[84]

Allergique au succès mondain des armées, des cours et des couronnes, Érasme excelle à saper la gloriole militaire. Il ne demande pas que le feu du ciel tombe sur les armées, il prie avec insistance pour que se convertissent les chefs de ces armées et pour qu'ils acceptent les risques de la paix, qui sont les risques de la foi. Il ne considère pas la guerre comme un fléau providentiel, mais il la condamne avec tous les moralistes chrétiens.

Les souverains n'ont point rejeté ses paroles; ils ont entouré Érasme de leur respect, mais ils n'ont reconnu aucune importance pratique à son enseignement. Ils ont trahi la paix et Érasme se sentira impuissant. "Je ne puis qu'exprimer des voeux. Rien de plus!"[85] Il craint que ces mêmes rois, égarés par la folie guerrière, "cessent d'être ce qu'ils voulaient être" pour devenir des monstres sacrés[86]. Les rois, ces chrétiens désengagés, ne sont ni un don du ciel, ni le sel de la terre. Ils ont d'autant plus déçu Érasme que leur pouvoir était plus grand. Ils l'ont déçu par leur bellicisme, par leur intolérance et, en dernière analyse, par le manque de profondeur de leur religion personnelle.

Au pape, Érasme rappelle qu'il est le père commun et qu'il ne doit pas s'allier avec un souverain contre un autre souverain. Son rôle unique est de servir la paix[87].

Au-delà des rois et des grands, des papes et des théologiens, Érasme veut aussi atteindre l'opinion publique, celle de son temps et celle des siècles à venir.

La guerre s'est imposée comme une fatalité; à la résistance à la violence est devenue une nécessité. Érasme le sait. Il tolérera donc une guerre

---

[83] *A.S.D.*, t. I 2, 293, l. 15, à p. 295, l. 13 *(De conscribendis epistolis)*; t. V 1, 168, l. 649–650 *(Modus orandi)*.

[84] Allen, *Opus*, t. 1, 397, l. 42–45 (n° 179), vers février 1504; 399, l. 51–55 (n° 180), même date. – La tactique d'Érasme est d'ailleurs conforme aux règles de son épistolographie. Cfr *A.S.D.*, t. I 2, 488, l. 5–13 *(De conscribendis epistolis)*.

[85] Allen, *Opus*, t. 7, 362, l. 36–37 (n° 1976), à Herman de Wied, 19 mars 1528.

[86] Allen, *Opus*, t. 11, 62, l. 64–66 (n° 2988), à Paul III, 23 janvier 1535.

[87] Allen, *Opus*, t. 5, 396, l. 7–9 (n° 1417), à Pirckheimer, 8 février 1524; 399, l. 67–71 (n° 1418), à Clément VII, 13 février 1524.

défensive, sans renoncer à rappeler les droits de la conscience et la force de la douceur. L'Europe chrétienne ne peut se contenter d'être réunie par la crainte. Elle est plus que l'Europe des patries. Elle se doit de devenir une Europe fraternelle.

Cette Europe unie et pacifique, Érasme ne l'a pas vue, ne l'a pas connue. Il n'a pas convaincu les théologiens[88] plus que les souverains. Faut-il en conclure qu'Érasme a échoué? N'a-t-il été qu'une "voix criant dans le désert"? Est-il victime de ses illusions puisqu'il n'a pu arrêter la guerre?[89]

A ces objections, il est loisible de riposter que le pacifisme érasmien est une utopie, au sens dérivé du terme, en ceci que ce pacifisme est axé sur l'Évangile. Le christianisme lui-même, parce qu'il est une invitation au dépassement de soi, est une utopie efficace. Or, Érasme a voulu appliquer aux relations internationales les vertus que le Christ impose aux relations individuelles: de là, son attrait pour la non-violence et son appel à une paix impossible.

Érasme n'a jamais renoncé à cet extrémisme moral, mais il a bien dû reconnaître le poids des réalités humaines; de là, son acceptation de la légitime défense, avec toutes les réserves que l'on sait.

Sans illusions mais non sans espoir, Érasme puise en lui-même la foi nécessaire pour croire malgré tout à la sagesse des hommes sinon des nations, car il compte plus sur les hommes que sur les nations. Spectateur engagé d'un drame inexpiable, il récuse le prestige des armes et des uniformes, il dénonce les fausses raisons qui permettent les guerres et justifient les pires injustices.

Sur des fondements bibliques, – néotestamentaires surtout, – Érasme a voulu édifier une théologie cohérente de la paix. Le culte de la paix n'est pas une oeuvre surérogatoire, mais une obéissance au message du Christ. Ne pas respecter la paix, ne pas vivre dans la paix, c'est méconnaître l'Évangile, car elle est l'effet propre de la charité[90]. Jésus, "Prince de la Paix", lègue aux hommes de bonne volonté cette paix qui est le fruit de l'Esprit et dont bénéficieront les ennemis comme les amis. La prédication apostolique est appelée par saint Paul l'"évangile de la paix". "Paix sur la

---

[88] La position d'Érasme sur ce point, si elle est assez proche de celle de Luther, a suscité de nombreuses objections, surtout à Paris. Voir H. Buchanan, *Luther and the Turks.* Archiv für Reformationsgeschichte 47 (1956), 145–160.

[89] P. Brachin, *Vox clamantis in deserto. Réflexions sur le pacifisme d'Érasme,* dans *Colloquia Erasmiana Turonensia,* t. 1. Paris 1972, 247–275.

[90] R. Padberg, *Pax Erasmiana,* dans *Scrinium Erasmianum,* t. 2. Leyde 1979, 301–312.

terre" est une parole divine, dont l'écho est parvenu jusqu'à nous malgré le bruit des armes.

La théologie de la paix signifie la fin de la haine et de la peur au profit de l'amour et de la confiance. "Où serait le royaume de Satan s'il n'était pas dans la guerre?"[91] "Celui qui annonce le Christ annonce la paix"[92], ce "bienfait divin"[93]. Érasme a exposé clairement ses vues à propos de la croisade, cette guerre qui se pare impudemment d'une motivation religieuse: "Le moyen le plus efficace de soumettre les Turcs serait de faire en sorte que brille en nous ce que le Christ a enseigné et manifesté; qu'ils aient le sentiment que nous ne convoitons pas leur empire, que nous ne sommes pas assoiffés d'or, que nous ne briguons pas des annexions et que nous ne cherchons rien d'autre que leur salut et la gloire du Christ. C'est là cette vraie théologie, authentique, efficace, qui jadis a soumis au Christ la morgue des philosophes et les sceptres des princes. Si nous agissons ainsi, oui ainsi, le Christ lui-même nous assistera"[94].

Érasme insiste, affirmant qu'il n'y a aucun compromis possible avec la guerre et que le bellicisme est la négation du christianisme. "Je prétends que toute la philosophie chrétienne, – c'est-à-dire les Évangiles et les Épîtres, – s'oppose à la guerre. Rien de surprenant à cela puisque ces écrits nous exhortent sans cesse à la concorde et même à l'amour des ennemis. Si tous les chrétiens étaient tels que le Christ les a voulus, il n'y aurait entre eux ni guerre ni querelle"[95]. Ce n'est pas aux belliqueux mais aux pacifiques que Jésus promet la béatitude.

La théologie de la paix a une dimension eschatologique en ce sens qu'elle est à la fois un projet trop exigeant pour pouvoir être réalisé en ce monde et un idéal trop stimulant pour ne pas aider l'homme à s'élever au-dessus de lui-même.

La théologie de la paix a aussi une dimension communautaire: de même que la Bible englobe dans sa vision le donné sociologique et le donné théologique, la théologie de la paix selon Érasme embrasse du même regard la misère des hommes et le dessein de Dieu.

Il nous paraît légitime de préciser enfin que la théologie érasmienne de la paix est, dans ses perspectives, une théologie de libération, car la paix ne

---

[91] Seidel Menchi (note 18), 222.
[92] *A.S.D.*, t. IV 2, 70, l. 237 *(Querela)*.
[93] Allen, *Opus*, t. 2, 477, l. 34–35 (n° 533), à François Ier, 21 février 1517.
[94] Allen, *Opus*, t. 3, 364, l. 103–110 (n° 858), à Paul Volz, 14 août 1518. Traduction de A. J. Festugière.
[95] *L.B.*, t. 9, col. 1193 B *(Apologia adversus Albertum Pium)*. Texte cité par F. Bierlaire (note 51), 181, n. 7.

se ramène pas pour lui à l'absence de guerre; elle postule une fraternité active, voire une héroïque solidarité. Il n'y a pas de paix durable sans justice comme il n'y a pas de véritable justice sans amour.

Dans l'histoire de la pensée politique, Érasme fait figure de précurseur, bien que sa pensée généreuse n'ait engendré aucune institution. Il est un pacifiste engagé, qui défend la paix au nom de l'universalisme chrétien. Ses leçons n'ont rien perdu de leur pressante actualité et tous ceux qui réclament aujourd'hui la subordination de la politique à la morale sont ses disciples.

Sebastian Francks 'Kriegbüchlin des Friedes'

von Albrecht Hagenlocher

Einer der auffälligsten Züge am Werk Sebastian Francks ist seine Vorliebe für das Paradoxon. Er zielt dabei nicht auf rhetorische Wirkung allein, sondern versucht, im logisch Gegensätzlichen, für den menschlichen Verstand nicht Begreifbaren eine Sinnebene über dem Wort zu erschließen. Logische Unvereinbarkeit verweist auf göttliche Wahrheit jenseits menschlicher Vernunft; das Paradoxon ist so die Form der ewigen Allegorie in Heiliger Schrift und Geschichte, der „Wunderrede" Gottes, des Geistes jenseits des toten Buchstabens[1].

Der Titel 'Kriegbüchlin des Friedes', den Franck seiner 1539 gedruckten Schrift[2] gab, provoziert in seinem paradoxen Sinn die Frage nach dem Verhältnis zwischen Frieden und Gewalt. Wie er sie beantwortet, spielt für das Verständnis des Werks eine wichtige Rolle.

Das 'Kriegbüchlin' ist – hier bewahrheitet sich der Titel auf ganz direkte Weise – als Kampfschrift angelegt. Wichtiger als eine systematische Darstellung ist dem Autor das Sammeln von Argumenten gegen den Krieg. Dabei macht er sich die Autorität der Bibel und kirchlicher Lehrer von den Kirchenvätern bis zu anerkannten Zeitgenossen wie Erasmus oder Agrippa von Nettesheim zunutze (3ʳ). Er selbst stellt das Werk als „zusammen gestoppelt" vor, als einen „diebstal", und beschränkt den eigenen Anteil daran auf „zwey odder drey pletlin" (2ʳ). Das ist sicherlich

---

[1] S. Vorrede der *Paradoxa,* hg. v. H. Ziegler. Jena 1909.
[2] Der leichteren Verfügbarkeit wegen zitiere ich nach dem Frankfurter Druck von 1550, Faksimile-Nachdruck Hildesheim/New York 1975. Die Unterschiede zwischen beiden Drucken beschränken sich im wesentlichen auf solche von Dialekt und Schreibweise (zum Beispiel –ai– 1539, –ei– 1550). An einigen Stellen habe ich den Text von 1550 mit dem von 1539 nach einem Mikrofilm des Exemplars der Staatsbibliothek München verglichen. Wo der Erstdruck die bessere Lesart zu haben scheint, habe ich sie dem zitierten Text in eckigen Klammern mit dem Hinweis „1539" und der Blattangabe eingefügt.

aus taktischem Grund bei weitem zu tief angesetzt, aber die Schrift hat doch zu einem großen Teil tatsächlich kompilatorischen Charakter, ohne deswegen unselbständig zu sein. Widersprüche, Sprünge und Wiederholungen bleiben bei dieser Arbeitsweise nicht aus, aber gerade sie setzen auch Gewichte. Die selbständigen Teile und eigenen Akzente, die sich etwa darin äußern, daß Franck, ganz entgegen dem Eindruck, den der Prolog zu vermitteln versucht, sich nicht scheut, in gewissen Punkten selbst etwa Augustin gegenüber auf Distanz zu gehen, machen darüber hinaus sein Anliegen klar genug.

Es ist fast selbstverständlich, daß die Frage der Berechtigung von Gewalt für den theologisch geschulten Franck in erster Linie die des gerechten Krieges ist, mit all den traditionellen Vorgaben kirchlicher Autoritäten seit Augustin. Darauf kommt er deswegen auch immer wieder zurück. In der Vorrede zieht er sich im Sinne der sich selbst programmatisch auferlegten Zurückhaltung hinter die Autorität der „våtter" (5ᵛ) zurück und akzeptiert deren positives Urteil über „notwer" und „notkrieg" (7ʳ), zum Schutz der Witwen und Waisen „on eigen gesuch / allein auß lieb der gerechtigkeit" (7ʳ) geführt[3]. Schon das Ende der Vorrede aber klingt da anders:

> „Doch ist jm̄erzu der frid weg sicherer... Kriegen hat vil felgriff vnd condition biß er recht wirdt genandt / Dann ist ein Christlicher krieg / so ist er doch sonderlichen im Newen Testament / vnnd disen letsten zeyten so seltzam als die storcken im winnter / vnd bestehet Mars bey Christo wie der haß bey der baucken" (7ʳ).

Was die Vorrede andeutet, ist ausgeführt vor allem im fünften Kapitel unter der Überschrift „Wie vnd warumb das Alt Testament kriegt / vnnd wie viel ein krieg vrsach vnd condition muß haben das er Göttlich sey" (161ʳ). Franck nennt sechs „conditions": Der Krieg muß auf Gottes Befehl geführt sein, Gottes Ehre dienen, einen gerechten Grund haben, Gottes

---

[3] Solche Äußerungen Francks allein für seine Intention in Anspruch zu nehmen, wird dem Werk nicht gerecht. Schon die Feststellung von K. von Raumer, *Ewiger Friede. Friedensrufe und Friedenspläne seit der Renaissance.* Freiburg/München 1953 (Orbis Academicus), 29, Franck wende sich gegen die Söldner und nehme „diejenigen, die angegriffen sich verteidigen, weithin aus", ist zumindest zu undifferenziert. Die Verzerrung potenziert sich bei J. Strelka, *Sebastian Francks Paradoxa. Zu ihrer geistesgeschichtlichen Stellung und Bedeutung*, in: *Virtus et Fortuna.* Festschrift für Hans-Gert Roloff zu seinem 50. Geburtstag, hg. v. J. P. Strelka und J. Jungmayr. Bern/Frankfurt/New York 1983, 208–219, wenn er, gestützt auf v. Raumer, feststellt (211), Franck heiße „gerechte Kriegshändel" gut, und ihn als einen von Fanatikern und Sektierern umgebenen Realpolitiker mit dem Sinn dafür, „daß in dieser unserer endlichen Welt die Gewalt als Mittel nicht so schnell abzuschaffen sein kann", darstellt.

Gesetz entsprechen, er darf nicht das Vertrauen in Gott ersetzen durch das in militärische Stärke und nicht auf einem Bündnis mit Gottlosen und Gottesfeinden beruhen. Der Bezug auf die Kriege des Alten Testaments ist schon in der Kapitelüberschrift hergestellt, und tatsächlich wird bei jeder – außer der dritten – dieser Bedingungen klar, daß Franck von den Kriegen des Alten Testaments spricht, deren Voraussetzungen als Maßstab nimmt. Die gelten aber nicht für die Zeit nach Christus:

> „... Israel hat kriegt im altenn Testament / darumb kriegen wir inn dem newenn nit / dann weyl das ganntz priesterthumb ist auffgehebt / so muß auch das gantz gesatz vnnd Reych Israels auffgehebt vnd in geyst vbersetzt sein / Also das vom alten in das new Testam. kein consequentz / sonder vil mehr dz widerspil ein Antithesis volgt / das ist dort / darumb da nit / vnnd nitt darumb da auch" (175ᵛ f.).

Immer wieder in dem Kapitel macht Franck diesen Unterschied zwischen Altem und Neuem Testament klar, besonders ausführlich am Ende. Was in der Überschrift wie eine Lehre vom gerechten Krieg angekündigt ist, richtet sich so unversehens gegen den Krieg schlechthin. Die Frage, ob gerechter Krieg unter dem Neuen Testament überhaupt möglich sei, beantwortet Franck allerdings nicht eindeutig, jedenfalls nicht expressis verbis. Aber er läßt doch kaum einen Zweifel: Mit dem Gesetz des Alten Testaments, das im Neuen Geist geworden ist, sind auch die Voraussetzungen für einen gerechten Krieg hinfällig geworden:

> „Allso solten wir auch Gottes wort erwarten / wie / wān̄ / wa / mit wē / warūb / wir mit jemant kriegen solten / Wolten wir es dem Israhel nachthun / Aber ich acht / solten wir des Herren wort erwarten / Wann außziehen / wie gerüst / mit wie viel / wid' wen ꝛc es wurden nit viel kriegens sein / weil dise prophecey hat auffgehört" (162ʳ f.; s. 173ᵛ).

Deutlicher noch war Franck schon früher in seinem Werk geworden:

> „Wartte du auch also des Herren wort vn̄ beuelch / vnd krieg dann / ich sag aber nach dē Gott durch Christū die kriege hat auff gehaben biß zū ende der welt Psalm. xlvj. Du müßtest lang warten biß dir Got im newen Test. wie jenen im alten figurlichen / hingelegten / außgenützten Test. ein Propheten vnd sein wort schicken werd / wie / wo / wān̄ / vnd mit wem / du leiblich kriegen solt" (112ᵛ).

Auf diese Weise schiebt Franck die letzte, eindeutige Antwort auf die Frage nach der Möglichkeit des gerechten Krieges aus dem Blickfeld. Er neigt zur schroffen Antithese, zum Undifferenzierten, und in diesem Denken bleibt – darüber sollten vereinzelte widersprüchliche Textstellen nicht hinwegtäuschen – kein Raum für einen gerechten Krieg. Dessen Bedingungen heben sich bei ihm selbst auf[4].

Franck nennt daher die Argumente für den gerechten Krieg „ein schlüpflöchlin das wir mitt Christo kriegen vnd gewapnet mit spieß vnd eysen in das feld füren" (50[v]) und hält ihnen die Lehre Christi entgegen. Das prägt auch seine Haltung gegenüber kirchlichen Autoritäten, die als Theoretiker des gerechten Krieges gelten. Er weist auf die gravierenden Einschränkungen hin, die auch dort gemacht werden[5]. Wo sie aber – Franck nennt immer wieder Augustin und Bernhard von Clairvaux – Krieg eindeutig zulassen, führt er das, gestützt zu einem großen Teil auf Agrippa von Nettesheim[6], auf ihre Unzulänglichkeit und Widersprüchlichkeit zurück[7]. Die Legitimation für diese kritische Haltung gibt ihm das Wort Christi:

> „...so setze ich jnen [Augustin und Bernhard] doch entgegen Christum das bildt des friedes / der die seinen wehrloß stummennde schaff nennet / die zur schlacht gefüret jren mundt nicht auff thun / sonde [1539, 61[v]: sonder] mitt schweygen vnd gedult allein sigen / er nennet sie aber nicht beyssennde wölffe" (132[v])[8].

Hier ist die Frage des Widerstandsrechts berührt, und wie Franck zu ihr steht, ist besonders aufschlußreich. Er behandelt sie hauptsächlich im Zusammenhang mit seiner dritten Kondition des gerechten Krieges, die als einzige nicht ausdrücklich aus der Charakteristik der Kriege des Alten Testaments hergeleitet ist. Es ist die Forderung, daß Krieg einen gerechten Grund haben müsse. Sie hat für Franck offenbar besonders aktuelle Bedeutung, denn er setzt sie sogleich zwei Erscheinungen seiner Zeit entgegen, in denen er besonders schlimme Auswüchse kriegerischer Unmoral sieht: dem Bauernaufruhr und dem Söldnerunwesen:

> „derhalbē ist aller krieg der vnderthanē / wider jr Oberkeit / vor Got sünd / vnrecht / vñ ein rechte vffrůr / da weder glück noch heil bei sein kan / als der bawrn krieg vñ auffrur geweßt. Item derē so wider

---

[4] So auch G. Müller, *Sebastian Francks 'Krieg-Büchlin des Friedes' und der Friedensgedanke im Reformationszeitalter.* Diss. (Masch. vervielf.) Münster 1954, 136, 147. (Der Verfasser ist nicht identisch mit dem in Anm. 9 genannten.)

[5] 124[r], 132[r], 133[r], 145[v].

[6] Zur Verwendung Agrippas im 3. Kapitel („Was der Krieg sey / woher er kom̄ / vnd was sein ordenung / kunst / ampt vnd handtwerck sey / auß Hen. Cor. Agrip.", 104[v]): W.-E. Peuckert, *Sebastian Franck. Ein deutscher Sucher.* München 1943, 443; v. Raumer (wie Anm. 3), 264, 535, Anm. 21.

[7] 124[r], 130[r]f., 145[r].

[8] Vgl. außerdem vor allem 114[v] und 120[v].

48

jre herrn / eyd vn̄ pflicht / in frembde land ziehen / gelt nemen / vn̄
wider jre eygne herrn ziehē" (165ʳ f.).

Wenn Franck hier zum Aufruhr Stellung nimmt, dann greift er damit
ein Thema auf, das seine Aktualität der damals jüngsten Geschichte und
Luther verdankt. Und darin, daß er in sozialen Unruhen keinen legitimen
Widerstand sehen kann, sondern nur unrechten Aufruhr, ist seine
Haltung die Luthers, wie dieser sie in den Schriften 'Ein treu Vermahnung
zu allen Christen, sich zu hüten vor Aufruhr und Empörung' (1522)[9] und
'Von weltlicher Oberkeit, wie weit man ihr Gehorsam schuldig sei' (1523)
einnimmt. Wiewohl Franck jedoch sonst auch Luther zitiert[10], zieht er
doch in diesem Zusammenhang nicht ihn, sondern den auch von Luther
geschätzten Theologen des 15. Jahrhunderts Johann Wessel Gansfort
heran[11]. Mit ihm fühlt er sich einig, soweit er dessen Schrift entnimmt, daß
kein Christ sich durch den Gehorsam gegenüber einer ungerechten
Obrigkeit schuldig machen dürfe – ein Grundsatz durchaus im Sinne
Luthers. Aber offenbar geht es doch Wessel und Franck um ganz verschiedene Dinge, dem einen nämlich um die legitimen Rechte des Volkes
gegenüber seiner Obrigkeit[12], dem andern um die moralische Integrität
des Einzelnen. Und so bleibt der Widerspruch nicht aus:

„Wesselus laßt sich aber lesen / als ob man sich auch vmb zeitlich
güt wider ein Tyrāñische Oberkeit mȯcht entbȯrn" (170ᵛ).

Das kann Franck nicht gutheißen. Er unterscheidet Tyrannei, die nur den
äußeren Menschen betrifft, von der, die „wider vnser seel vnnd Gott
reicht" (167ᵛ). Ein Widerstandsrecht im ersten Fall lehnt er strikt ab.
Solche Tyrannei ist gottgewollt, und sie muß erduldet werden, wie Christus die Willkür des Pilatus geduldet hat (170ʳf.). Wessel dagegen legiti-

---

[9] Dazu G. Müller, *Luther und die politische Welt seiner Zeit*. Acta Hohenschwangau 1983,
56–69, besonders 60–63.

[10] Mit Nennung von Luthers Namen: 13ᵛ, 14ʳ, 16ᵛ und 160ᵛ. Außer an der ersten dieser Stellen bezieht sich Franck dabei auf den zweiten Teil von 'Von weltlicher Oberkeit', den er
„Büchle / wie weyt sich Weltlicher gewalt erstreckt" (160ᵛ) nennt. In diesem thema-
tischen Zusammenhang stehen auch die Verweise und Zitate bei Franck. Er ist bei der
Nennung Luthers auffällig vorsichtig, nennt ihn mit Namen nur dort, wo er ihm zustim-
men kann. Wo er sich im 4. Kapitel mit dem Lutherischen Gedanken von der Seligkeit
des Kriegerstandes scharf auseinandersetzt, nennt er nur Theologen oder einen gewissen Theologen, womit neben Luther Bucer gemeint sein wird. Dazu v. Raumer (wie
Anm. 3), 264–268, 535f.

[11] Zur Frage, welche Schrift Wessels Franck in welcher Fassung benützt hat, R. Stadelmann, *Vom Geist des ausgehenden Mittelalters*. Halle 1929 (Deutsche Vierteljahresschrift
für Literaturwissenschaft und Geistesgeschichte. Buchreihe 15), Neudruck Stuttgart/
Bad Cannstatt 1966, 218, Anm. 2.

[12] Vgl. Stadelmann (wie Anm. 11), 217.

49

miert in den Augen Francks Übergriffe des Pöbels (167ᵛf.). Die Rache aber ist allein Christi.

> „darzu soll man dem wilden vielköpffigen böfel nichts zu reformieren heimsetzen / weil er vnsiñig/on alle vernunfft daher schwermt / vnd vil erger machet" (168ʳ; vgl. 170ᵛ).

Auch hier berührt sich Franck mit Luther und dessen Feststellung „auffruhr hat keyn vornunfft" [13].

Den Gegensatz zwischen der Tyrannei gegen den Leib und der gegen die Seele macht Franck so klar:

> „.. so jr tyrannei allein wider vnser leib vñ gůt reicht / als dañ sollē wir on murmeln vnd aufrur gwalt leyden / vnd von frieds wegen jm̄er anhin geben / ja die ersten sein / waz dan [1539, 77ᵛ: d'] gwalt nitt geraten will / zöll / zins / tribut ꝛc. Aber so jr tirañey wider vnser seel vnnd Gott reicht / da sollen wir als die an dem ort gen himel beherret vñ pferd seind / vñ ein gott im̄ himel habē / dem wir hie vermåhelt seind / das wir hie keyn andern man als reine preüt / hören annemen oder zulaßē" (167ʳf.).

Ein Widerstandsrecht gibt es also nur dort, wo Gehorsam und Duldsamkeit durch Mitschuld am Unrecht die Seele in Gefahr brächten. Aber hier scheint es wieder, als scheue Franck sich, die letzte Konsequenz seiner Gedanken deutlich auszusprechen. Die Frage nämlich, ob dieser allein legitime Widerstand nur passiv oder auch aktiv sein darf, beantwortet er nicht klar. In der Zusammenfassung seiner Argumente zur dritten Kondition scheint es, als akzeptiere er auch aktiven Widerstand, wenn er mit der Bedingung „dz die bloß not bei vns krieg / mit vnwillen" (172ʳ) immerhin gewaltsamen Widerstand in einer Notlage nicht ausschließt. Auch die Kritik Wessels an den bei der Verurteilung und Kreuzigung Christi untätig zusehenden Juden übernimmt Franck unbesehen, wenn er ihnen vorwirft, daß „sie durch die finnger haben gesehen / vñ den fürstē d' priester vnd heyden hie sich nit haben wider gesetzt" (168ʳ). Aber das Ideal Francks ist doch eindeutig passive Duldsamkeit, gekleidet in das immer wiederkehrende Bild der gerechten Christen als der wehrlosen Schafe im Pferch, die sich nicht „mit den wölffen beissen / sonnder zur schlacht gefürt / jren mund nit auffthun", sondern dem „hauptschaff" Christus nacheifern (52ʳ). Was sich hier artikuliert, ist das Ideal des Martyriums, die Bereitschaft zum leiblichen Tod um des Lebens der Seele willen. Der hypothe-

---

[13] *Eine treue Vermahnung zu allen Christen, sich zu hüten vor Aufruhr und Empörung.* Luther, *Werke* (Weimarer Ausgabe), Bd. 8. Weimar 1889, 680, 18f.

tische Fall aktiven Widerstands um der Seele willen rückt dabei wiederum völlig aus dem Blickfeld.

So lehnt Franck etwa im vierten Kapitel weltliche Hilfe für die Kirche mit dem Argument ab, die Christen hätten immer geistlichen Nutzen aus Not und Verfolgung gezogen (136ᵛ–138ᵛ). Er beruft sich dabei auf kirchliche Lehrer von Hilarius und Augustin bis zu Erasmus[14]. „... die Kirch muß durchs creutz geůbt werdē / vnd verfelt im friedt ohn blůt / lårmen vnd creutz" (148ʳ). Christus bringt nicht Friede und Glück für das irdische Leben, die Versöhnung mit der Welt, sondern Angst, Not und Zwietracht um geistlichen, nicht irdischen Friedens willen (148ᵛ).

Francks Äußerungen zum gerechten Krieg, besonders zum Widerstandsrecht, machen seine Wertung der Gewalt der Intention nach deutlich, auch wenn manche Konsequenzen nicht ausgesprochen sind: Er lehnt physische Gewalt in jeder Form und vor allem in jeder Situation ab. Welcher Friede aber ist unter der Voraussetzung der absoluten Duldsamkeit denkbar? In den bisher wiedergegebenen Zusammenhängen scheint es ein ausschließlich geistlicher zu sein, während die Welt mit Anfeindung und Krieg gleichgesetzt wird. Der Christ ist „eyttel Geyst", er muß in der Taufe den Leib begraben, ist „ein gestorbner mensch" (140ʳ). Warum, fragt Franck, „solt er dañ vmb dz kriegē das er frey willig von hand hat geben / vñ verlassen" (140ᵛ)[15]? Welches, muß man weiter fragen, ist die Bezugsebene dieser Schrift insgesamt? Kann man unter solchen Voraussetzungen Konsequenzen für eine weltliche Friedensordnung erwarten?

Solche Konsequenzen scheint Franck in einem Teil seines Werks zu ziehen, in dem er sich auf Erasmus beruft. So empfiehlt er weise Nachgiebigkeit, „das stilt zorn / vnd gebirt je ein gůt wort vnd freundtschafft die ander / wie auch ein krieg den anderen" (67ʳ). Und er fordert Duldung,

„das nicht die grôst gerechtigkeyt / die grôssest sünd werd / vnd dz dein rach / vnd handhabung deines rechtens / nicht mehr plůts vñ gelts koste / dann die hauptsuma darumb du kriegst / werd ist" (69ᵛ). Und wie Erasmus ist ihm auch gekaufter Friede recht, mit dem durchaus pragmatischen Argument, daß er allemal billiger sei als Krieg[16]. Franck

---

[14] Etwa 147ʳ mit der auch sonst wiederkehrenden Bemerkung „Haec ille ad sensum, si non ad uerbum".

[15] Ähnlich nach Johannes Chrysostomos 143ʳf.

[16] S. Erasmus, *Querela pacis*, hg. v. O. Herding: *Desiderii Erasmi Roterodami Opera omnia*, Ord. 4, Tom. 2. Amsterdam/Oxford 1977, 658–662. Zu Francks Verhältnis zu Erasmus im 'Kriegbüchlin' s. R. Kommoß, *Sebastian Franck und Erasmus von Rotterdam.* Berlin 1934 (Germanische Studien 153), Neudruck Nendeln 1967, 85–92, der (89) resümiert, Francks Standpunkt sei „noch härter und konsequenter als der des Erasmus".

sammelt hier jedoch kompilatorisch Argumente gegen den Krieg; daß Erasmus dagegen Strategien zur Vermeidung von Krieg aufführt, den unvermeidlichen Krieg um der gerechten Sache willen aber letzten Endes akzeptiert, wird bei ihm nicht deutlich.

Näher kommt man dem Problem der Bezugsebene von Francks Friedensappell, wenn man sich seine Bewertung weltlicher Macht überhaupt vornimmt. Sie äußert sich im 'Kriegbüchlin' am ehesten dort, wo Franck von der Genese des Krieges spricht. Das tut er in zwei Abschnitten, einmal nach Erasmus (74ᵛ–79ʳ), später nach Agrippa von Nettesheim (104ᵛ–114ʳ). In seinem Eifer, Argumente gegen den Krieg zu sammeln, hat er dabei aber Uneinheitliches, Widersprüchliches unverbunden nebeneinandergestellt. Nach Erasmus ist die Entwicklungsgeschichte der Kriege eine Geschichte der Perversion von der bloßen Notwehr gegen Tiere bis hin zur Gewalt gegen seinesgleichen um des bloßen Eigennutzes willen[17]:

> „darnach ist der krieg im̄erzů von eyner stapffel zů der andern gestigen / biß er in diese letste / wůttende morderey / rauberey / verrǎterey ꝛc. geratten ist /" (76ʳ).

Agrippa von Nettesheim folgend führt Franck dagegen an anderer Stelle den Krieg auf Kains Brudermord zurück. Damit entwickelt er sich nicht erst zum Bösen, sondern ist es von Anfang an. Wichtiger aber ist ein anderer Unterschied zu der Entwicklung nach Erasmus, daß nämlich Herrschaft und Krieg nun moralisch auf eine Stufe gestellt werden. Es sind Kains Kinder, die die Herrschaft an sich gerissen haben, „als sey der erdbodem allein jr" (105ʳ), die Städte und Reiche errichteten und die von Gott frei erschaffenen Menschen knechteten. Sie besitzen „d' welt herrschaft / sig / glück / segen vnd reichthůb" (105ᵛ), während die Nachkommen Abels, Isaaks und Jakobs „vor disen fliehen / jnen dienē / der schaff hůtten / bawē / den kindern Cain zů gnaden komē / gebē / beherscht werdē vn̄ im ellend umbfaren" (106ᵛ). Damit ist nicht nur wie bei Erasmus der Krieg abgewertet, sondern mit ihm auch weltliche Herrschaft.

Welche der beiden Positionen Franck näher liegt, wird aus dem größeren Zusammenhang seiner Gedanken klar. Seine Forderung nach absoluter Duldsamkeit auch gegenüber der Tyrannei leitet sich nicht etwa aus deren Legitimität ab, sondern daraus, daß sie ein Zuchtmittel Gottes ist. Die Christenheit „muß durchs creutz geůbt werdē" (148ʳ), Böses wird mit

---

[17] Nach Erasmus' Adagium *Dulce bellum inexpertis;* s. F. Krüger, *Das Engagement des Erasmus für den Frieden. Ein historischer Beitrag zur Friedensforschung,* in: *Dogma und Politik. Zur politischen Hermeneutik theologischer Aussagen.* Mainz 1973, 62–90, hier 67f.; Kommoß (wie Anm. 16), 30.

Bösem ausgetrieben, das heißt, die grundsätzlich böse weltliche Gewalt hilft denen, die sie wie Schafe Christi erdulden, den fleischlichen Menschen als den toten der geistigen Existenz zuliebe hinter sich zu lassen (s. 140ʳ). Denen, die das nicht einsehen, vor allem dem von Franck viel gescholtenen Pöbel, legt Gott weltliche Gewalt als Sündenstrafe auf. Diesen letzten Zusammenhang und die dahinter stehende grundsätzlich negative Bewertung weltlicher Gewalt hat J.F. Marquet vor allem an Francks 'Chronica' aufgezeigt[18].

Von hier aus erscheint auch Francks Verhältnis zu Luthers Schriften von 1522 und 1523 in neuem Licht. Sicherlich hat Franck aus ihnen das Thema von Widerstand und weltlicher Obrigkeit übernommen, er verwendet auch Argumente Luthers wie das von der Unvernunft des Pöbels. Aber er stellt sie in andere Zusammenhänge. Luther argumentiert dabei etwa mit der mangelnden Urteilsfähigkeit der Volksmassen[19] und somit doch auf das Wohl einer weltlichen Gemeinschaft hin. Bei Franck jedoch geht das ins Leere, denn politische Vernunft spielt bei ihm weder auf der einen noch auf der anderen Seite eine positive Rolle, sie existiert nur im Bösen. Auch die Forderung nach Duldsamkeit ist bei Luther vorgeprägt, auch bei ihm soll der Christ „sich schinden und schenden lassen und keynem ubel widderstehen, wie Christus wortt lautten"[20]. Aber das gilt nur, wo eigene Belange berührt sind. Um des Nächsten willen „mag und sol er rache, recht, schutz und hülffe suchen und datzu thun, wo mit er mag"[21]. Mit dem Auftrag zur Fürsorge für den Nächsten aber bekommen menschliche Gemeinschaft und weltliche Obrigkeit bei Luther zwangsläufig

---

[18] J.F. Marquet, *La question de l'autorité temporelle chez Paracelse et Sébastien Franck,* in: *Théorie et pratique politiques à la Renaissance.* XVIIᵉ Colloque international de Tours. Paris 1977 (De Pétrarque à Descartes 34), 407–426. Zur grundsätzlich negativen Bewertung der Herrschaft s. etwa die von Marquet, 420, angeführte Stelle aus Francks 'Chronica' (Nachdruck der Ausgabe Ulm 1536, Darmstadt 1969), 1. Chronik, 11ʳ, 2. Absatz, oder ebd., 65ᵛ: „Also muß Got böß mit bösem straffen / tyrañen mit tirañen / ein tirañischen Heidnischen blůtdurstigen böfel mit eim greülichen tyrañen .... Es folgt aber darumb nit das sy Gott gefallen / vnd jr tyrannei drumb recht sei / das sy Got zůr růt vnd gůtem brauchet / vnd sy damit diener Gottes / Gott dienen / die růt ist drumb keyn erb im hauß / drumb das sy dem vatter zů gůtem dienet". Auf die (nach Franck) Gottlosigkeit von Herrschaft hatte aber auch schon A. Hegler, *Geist und Schrift bei Sebastian Franck. Eine Studie zur Geschichte des Spiritualismus in der Reformationszeit.* Freiburg i. Br. 1892, 180, hingewiesen.

[19] „wen Er omnes auffstehet, der vormag solch underscheyden der boszen und frumen wydder treffen noch halten, schleget yn den hauffen, wie es trifft, und kan nit on grosz greulich unrecht tzu gehen." *Eine treue Vermahnung* (wie Anm. 13), 680, 25–27.

[20] *Von weltlicher Oberkeit.* Luther, *Werke* (Weimarer Ausgabe), Bd. 11. Weimar 1900, 259, 15f.

[21] Ebd., 259, 12f.

einen Wert, der bei Franck völlig fehlt. Luther anerkennt zwei Regimente, „Eyns das frum macht, Das ander das eusserlich frid schaffe und bösen wercken weret"[22]. Franck dagegen setzt nicht nur das erste über das zweite, für ihn stehen beide in unversöhnlichem Gegensatz.

Es gibt in Werken Francks Überlegungen zur Organisation irdischer Gesellschaft, die auf ein Interesse an einer weltlichen Friedensordnung zu deuten scheinen. So stellt er etwa in der 'Chronica' fest, es sei allemal besser, ein Herrscher werde zur Macht gewählt als geboren[23]. Das Römische Kaisertum ist für ihn – und darin zeigt sich schon wieder mehr Distanz als Interesse – aus der Not entstanden, Auseinandersetzungen durch eine übergreifende Autorität einzudämmen[24]. In der Ulmer Deklaration von 1535 ruft Franck immerhin zur Bitte für die Obrigkeit auf, damit sie dem Reich Gottes diene, indem sie – wieder fügt Franck hier ein: „ausz not" – den äußeren Frieden erhalte, also die öffentliche Ordnung wahre[25]. Aber hier handelt es sich um eine Verteidigungsschrift angesichts drohender Ausweisung aus der Stadt, in der selbst für den unbeugsamen Franck das persönliche Interesse die Neigung, die angeredete Obrigkeit zu diffamieren, überdeckt haben wird[26].

Dieses unscheinbare „ausz not", von Franck solchen Ansätzen weltlicher Friedenswahrung als Vorzeichen beigegeben, unterstellt gesellschaftlichem Frieden, bloßes Mittel der Machterhaltung, im besten Fall vielleicht wie in der Ulmer Deklaration äußere Voraussetzung für die Entfaltung des geistigen Menschen zu sein. Im ganzen läßt Francks Bewertung von Herrschaft für die Konzeption einer weltlichen Friedensordnung wenig Spielraum[27], und im 'Kriegbüchlin' ist ein solcher gar nicht zu erkennen. Es bewegt sich auf anderer Ebene. Christus, der den

---

22 Ebd., 252, 13f.
23 2. Chronik, 210ʳ.
24 Ebd., 210ᵛ.
25 Ausgabe der Deklaration bei A. Hegler, *Beiträge zur Geschichte der Mystik in der Reformationszeit*. Berlin 1906 (Archiv für Reformationsgeschichte, Ergänzungsbd. 1), 140–179, hier 173.
26 Auf diese Stelle aus der Ulmer Deklaration greift G. Müller (wie Anm. 4) immer wieder zurück, um den Bezug von Francks Anschauungen auf eine weltliche Friedensordnung nachzuweisen, so 80 und 93–95. Müller erklärt, weltlicher und geistlicher Friede, die in der Ulmer Deklaration noch getrennt seien, würden im 'Kriegbüchlin' in eins gesetzt (80). Dafür gibt es jedoch im Werk selbst keinen Anhaltspunkt. Müller selbst wird sicherlich Francks Gedanken eher gerecht, wenn er etwa (127) darauf hinweist, daß für ihn politische Macht auf „affect", das heißt Streben nach Eigennutz, beruht und somit ihre Legitimität grundsätzlich in Frage gestellt ist.
27 Hegler (wie Anm. 18), 184: „Und es zeigt sich am Ende noch einmal, daß das Prinzip: 'Der Geist soll alles in uns wirken' zu abstrakt ist, um für sich allein für so entfernte

Frieden vorgelebt und gelehrt hat, ist doch nicht Mensch geworden, um der Welt Frieden oder Glück zu bringen, sondern Angst, Not und Zwietracht, „auf dz wir nit / mit oder in der welt / sonder jn vnd mit jm fried haben in Got" (148ᵛ)[28]. Es ist im 'Kriegbüchlin' sehr viel die Rede von irdischem Krieg, von dessen Ursachen und Folgen und ganzer Unsinnigkeit, aber nicht von irdischem Frieden.

Zwischen diesem irdischen Frieden und dem geistlichen besteht für Franck ein antithetisches Verhältnis, und zwar, wie es in den 'Paradoxa'[29] deutlich wird, derart, daß, je geringer der eine, desto vollkommener der andere ist. Auch hier taucht dabei der Gedanke auf, der leibliche Mensch müsse getötet werden, um den geistigen erstehen zu lassen, wie er hinter Francks Abwertung weltlicher Gewalt und der scheinbar dazu so widersprüchlichen Forderung nach absolutem Gehorsam ihr gegenüber steht. Antithetisch sind auch die Unverletzlichkeit des Friedens Christi und die Unzulänglichkeit und Unzuverlässigkeit weltlichen Friedens gegeneinander gesetzt. Diesen Kontrast behandelt Franck vor allem am Ende des ersten (20ᵛf.) und bald nach Beginn des zweiten Kapitels (26ᵛ–31ʳ). Dabei stützt er sich auf Io. 14,27: „Pacem relinquo vobis, pacem meam do vobis: non quomodo mundus dat, ego do vobis". Die augustinische und mittelalterliche Auslegungstradition dieser Stelle stuft hier hauptsächlich ab zwischen einer „pax perfecta" in der Verheißung Christi und einer „pax imperfecta" als dem Frieden der Welt[30]. Franck scheint sich jedoch in einer Auslegungstradition zu bewegen, die den Kontrast schroffer faßt, nämlich als den zwischen „pax bona" und „pax mala", wie ihn mystische Texte bevorzugen[31]. Der Friede, den die Welt geben kann, beruht nach Franck auf vergänglichem irdischem Gut und Wert: „Eyn armer fride den ein alt weib auch mit worten kan zerstören" (27ʳ). Aber: „Den fried so in Gott verborgen / kan niemandt zerstören / Der welt waffen vnd vnfried reycht nicht biß da hin" (21ʳ). „Darumb bestehet der friedt Christi auch mitten

Punkte, wie für die Ausgestaltung der Gemeinschaftsformen in christlichem Geist schöpferische Gedanken abzugeben;...". Nach dem hier Gesagten kann es jedoch nicht allein an der Abstraktheit der Gedankenführung liegen, wenn Franck zur menschlichen Gemeinschaft nichts Schöpferisches beizutragen hat.

[28] Franck führt dazu Io. 16, 33; Lc. 12, 51 und Mt. 10, 34 an.

[29] Nr. 145/146: Ziegler (wie Anm. 1), 179.

[30] Augustin, *In Iohannis Evangelium tractatus CXXIV:* Corpus Christianorum, Series Latina, Bd. 36, LXXII, 3, 5–7 und 16–22. – *Glossa ordinaria*, Migne PL 114, 409f. – Näheres hierzu und zur folgenden Anm. in einer von mir vorbereiteten Untersuchung zum Friedensbegriff in deutscher Literatur des 13. Jahrhunderts.

[31] Gilbertus de Tornaco, *Tractatus de pace*, ed. E. Longpré. Quaracchi 1925 (Bibliotheca Franciscana Ascetica medii aevi 6), Cap. V, 211.

im vnnfried / noth vnd todt" (27ᵛ). Einige Seiten weiter fügt Franck dem einen neuen Akzent hinzu, wenn er von einem innerlichen Frieden spricht,

> „der da durchbrech vnd durchdring all truckung elend vn̄ leiden / also das man darin frólich vnd gedultig ewigen frid habe / der da Got selbs ist ꝛc. Es ist eyn innerlich in Got verborgner frid / dē niemandt hat / dan der inn Got ist / wie Gott inn jhm" (29ᵛf.).

Auch der Unverletzlichkeit dieses Friedens wird hier eine Erklärung hinzugefügt:

> „Vn̄ bleibt war / das mā ein Christen nit tódten kan / nach dem er ein Christ vnd jnner auß Got geboren mensch ist / vnnd inn das Reich Gottes gehóret / Johann. xj." (30ʳ)[32].

Hier äußern sich unverkennbar mystische Gedanken, und dieser Eindruck wird dadurch bestätigt, daß Franck sich dabei ausdrücklich auf die 'Theologia Deutsch' beruft (29ᵛ)[33].

Francks Beziehungen zur Mystik wurden immer wieder hervorgehoben. Ob er selbst Mystiker sei, mag eine zweitrangige Frage sein. Sie wurde verneint mit dem Hinweis darauf, daß sein ethisches Interesse „primär im Moralismus des Humanismus" wurzle[34]. Franck als Moralist: Damit stößt man tatsächlich zum Kern des 'Kriegbüchlins' vor. Aber dies ist ein Moralismus, der sich etwa von dem des Erasmus deutlich abgrenzt. Bei Erasmus ist immerhin der Wille da, auf die menschliche Gesellschaft zu wirken. In seiner 'Querela pacis' wird dies allein schon dadurch deutlich, daß er die Fürsten direkt anspricht[35]. Ganz anders nimmt es sich da aus, wenn Franck über sein 'Kriegbüchlin' sagt:

> „es wirdt auch diß mein schreibē sunst an niemand ergeben / dann die vor den friede inn jhnen haben / vnnd den friedschal jhres breutgams / vnnd friedfürsten in jnen gehóret haben" (102ʳ).

Zu der Art des Moralismus, die sich damit verbindet, könnte die mittelalterliche Mystik nun einen Bezugspunkt bilden, wenn nicht gar eine Erklärung abgeben.

Das Ideal der Friedfertigkeit, wie es sich in der siebten Seligpreisung der Bergpredigt äußert, enthält den doppelten Bezug des Christen einerseits auf die Welt, in der sich diese Friedfertigkeit zu bewähren hat, ande-

---

[32] Frei nach Io. 11, 25f.

[33] *Der Franckforter (Theologia deutsch)*, hg. v. W. von Hinten. München 1982 (Münchener Texte und Untersuchungen zur deutschen Literatur des Mittelalters 78), Cap. 12.

[34] H. Weigelt, *Sebastian Franck und die lutherische Reformation*. Gütersloh 1972 (Schriften des Vereins für Reformationsgeschichte 186), 58.

[35] Erasmus, *Querela pacis* (wie Anm. 16), 872–875.

rerseits auf die Seligkeit, in der er den Lohn dafür empfängt und die den irdischen Frieden vollendet. Dieses Verhältnis, das man etwas vereinfacht auch als das zwischen Seele, Welt und Gott bezeichnen könnte, erhält einen besonderen Akzent durch den Begriff des inneren Friedens. Er ist für die mittelalterliche Theologie nicht einheitlich definierbar, typisch für ihn ist aber doch, und zwar in der Mystik wie in der Scholastik, daß er aus einem Gegensatz zum äußeren weltlichen Frieden heraus verstanden wird, der dem bloßen Wohlergehen des Menschen in seiner leiblichen Existenz dient. Bezeichnend für die Scholastik ist nun aber, daß dem Gegensatzpaar „pax temporis" und „pax pectoris" als drittes die „pax aeternitatis" zugeordnet wird[36], wodurch der innere Friede von dem der ewigen Seligkeit, des Reiches Gottes, getrennt ist. In der Mystik dagegen wird der Gegensatz nicht durch einen dritten Begriff erweitert, vielmehr ist der Übergang von einem psychologisierten inneren Frieden zum Frieden Gottes fließend.

Der Begriff des inneren Friedens nimmt dem pacificus-Ideal nicht seine ethische Komponente. In seiner mystischen Form aber trennt er es von der Welt. Deren Friede wird abqualifiziert oder aber, wie bei Meister Eckhart, überhaupt geleugnet[37]. Der Ort der Bewährung für den pacificus ist das Innere des Menschen selbst. Die mittelalterliche Mystik greift hier den alten Gedanken[38] von der inneren Harmonie durch Unterordnung des Fleisches unter den Geist auf[39]. Hier führt offenbar eine Verbindung zu Franck und dessen Forderung nach Abtötung des leiblichen Menschen zugunsten der Wiedergeburt des geistigen.

---

[36] Etwa Alanus ab Insulis, *Ars praedicatoria*, Cap. XXII 'De pace': Migne PL 210, 156 A/B.

[37] Selbst die bloße Weltflucht, die den Gegensatz zur Gesellschaft sucht, bleibt vergebliche Suche nach Frieden in Äußerlichem: „Die liute, die vride suochent in ûzwendigen dingen, ez sî an steten oder an wîsen oder an liuten oder an werken oder daz ellende oder diu armuot oder smâcheit, swie grôz diu sî oder swaz daz sî, daz ist dennoch allez nihtes noch engibet keinen vride." Meister Eckhart, 'Rede der underscheidunge': Meister Eckhart, *Die deutschen und lateinischen Werke*. Die deutschen Werke, hg. und übers. v. J. Quint, Bd. 1–3. Stuttgart 1958–1976 und Bd. 5. 1963; hier Bd. 5, 193, 4–194, 1.

[38] Augustin greift hier offenbar schon antike Gedanken (s. Cicero, Tusc. V, 48) auf und deutet sie christlich um, indem er Gott über den Geist stellt: „Deus imperat menti, mens carni: nihil ordinatius": S. *Augustini Sermones post Maurinos reperti*, ed. German Morin. Rom 1930 (Miscellanea Agostiniana 1), XI, 12; 633, 18. – „Pacifici sunt qui omnes motus animi component et rationi subjiciunt": *Glossa ordinaria*, Migne PL 114, 90. – Ähnlich schon Hrabanus Maurus in seinem Matthäus-Kommentar, Migne PL 107, 797 und dann Ps.-Albertus Magnus, *Mariale*, Quaestio LXXVII: *B. Alberti Magni Opera omnia*, ed. Au. und Ae. Borgnet, Bd. 37. Paris 1898, 133f.

[39] Meister Eckhart: „Denne ist der ûzer mensche gehôrsam sînem innern menschen unz an sînen tôt und ist denne in staetem vride in dem dienste gotes alle zît": Quint (wie Anm. 37), Bd. 1, Nr. 1, 20, 3–5.

Dieser innere Friede hat ja nun aber in der Mystik sein Ziel nicht in sich selbst, sondern vollendet sich in der Vereinigung mit Gott: „als vil in gote, als vil in vride", so drückt Meister Eckhart das aus, und diese Formel wiederholt sich bei ihm mehrere Male und wird dann von Tauler aufgegriffen[40]. Die oben zitierte Stelle bei Franck, niemand habe wahren Frieden „dan der inn Got ist / wie Gott inn jhm" (30^r), erinnert sicher nicht zufällig daran. Die friedfertige Seele wird zur Wohnstatt Gottes, und somit richtet sich hier die Ethik des pacificus direkt auf die Vereinigung mit Gott und den Frieden der ewigen Seligkeit.

Auf dieser Grundlage kann man auch die Friedensethik Francks umreißen als eine, die sich nicht auf irdisches Zusammenleben richtet, nicht auf ein kollektives Heil, sondern auf ein individuelles[41]. Er sieht keine Hoffnung für die Welt, für die menschliche Gesellschaft, sondern nur für den einzelnen[42], der Christus in sein Friedensreich nachfolgen will und bereit ist, dafür so duldsam zu sein, wie dieser es als Mensch vorgelebt hat. Hier stellt sich die Frage nach Francks Wirkungsabsicht. Er wendet sich ganz sicher nicht an die Welt schlechthin, schon gar nicht in politischer Absicht. Er nimmt sich selbst aber nicht einmal wichtig genug, einzelne zur friedsamen Nachfolge Christi erwecken zu wollen, denn er spricht ja, wie oben zitiert (102^r), zu denen, die den Frieden und den „friedschal" Christi bereits in sich tragen. Denen zur Stärkung und zum Trost in Zweifel und Kleinmut hat er, wie er im Prolog erklärt (3^{v}f.), das 'Kriegbüchlin' verfaßt[43]. Dem erklärten Zweck nach ist es eine Erbauungsschrift, auch wenn es in seiner Parteilichkeit und in seinem Ton eher kämpferisch wirkt.

Ein Unterschied zwischen Franck und der mittelalterlichen Mystik scheint mir jedoch wichtig und kaum zu übersehen. Er predigt zwar die Abtötung des leiblichen Menschen zugunsten des geistigen, aber das kontemplative Element fehlt dabei doch. Sein Weg ist der der Duldung jegli-

---

[40] Quint (wie Anm. 37), Bd. 1, Nr. 7, 118, 2–4; Bd. 3, Nr. 83, 445, 3–5; Bd. 5, 'Rede der underscheidunge', 308, 4f. – *Die Predigten Taulers*, hg. v. F. Vetter, Nachdruck der Ausgabe von 1910. Dublin/Zürich 1968 (Deutsche Texte des Mittelalters 11), Nr. 60, 312, 1f.

[41] Marquet (wie Anm. 18), 422.

[42] Ähnlich Weigelt (wie Anm. 34), 61.

[43] Dazu Ch. Dejung, *Wahrheit und Häresie. Eine Untersuchung zur Geschichtsphilosophie bei Sebastian Franck.* Diss. Zürich, Phil. Fak. I. 1979. Dejung bezeichnet Francks Werk (22 und 38) als doppelt zwecklos gegenüber der Welt und gegenüber denen, die seinen Zuspruch gar nicht brauchen. – S. auch K. Goldammer, *Friedensidee und Toleranzgedanke bei Paracelsus und den Spiritualisten II: Franck und Weigel.* Archiv für Reformationsgeschichte 47 (1956), 180–211, der hier in Francks Friedensideal „jenseits der geschichtlichen Wirklichkeit" (199f.) den Unterschied zu Paracelsus hervorhebt.

cher weltlicher Fährnisse, die ja eine Wirkungsweise Gottes sind. Dadurch rückt gerade das Verhalten in der Welt oder vielmehr gegenüber der Welt in den Vordergrund, wird der Moralismus zum Kern seiner Lehre, ein sehr undifferenzierter Moralismus allerdings, der nur das eine Prinzip der Duldung predigt. Dieser Moralismus, nicht Kontemplation, führt zum inneren Frieden, der vom Friedensreich Christi und vom Frieden des ewigen Jerusalem nicht zu trennen ist:

> „wo ein gůt gewissen ist / da ist auch / ... / ein ewige gastung / daher von den gerechtē inwoneren diser Stat gesagt wirt / das sie in den zelten des friedes wonen" (9ᵛf.).

Man könnte Francks Moralismus auch einen des geistigen Krieges nennen. Die Antithese zwischen weltlichem und geistigem Krieg ist in seinem Werk noch ausgeprägter als die zwischen weltlichem und geistigem Frieden. Sie ist typologisch begründet: Die Kriege des Alten Testaments sind Präfigurationen des geistigen Krieges, wie er in der Nachfolge Christi geführt werden soll. Gemeint ist dies als Gegensatz zwischen physischer Gewalt und geistigem Kampf. Damit wird noch einmal klar, daß in Francks antithetischem Schema kein Platz ist für einen auch noch so gut begründeten gerechten Krieg im Sinne traditioneller kirchlicher Theorie. Wer physische Gewalt anwendet, stellt sich für ihn gegen die Lehre Christi.

Der typologischen Deutung der Kriege des Alten Testaments liegt Francks Methode der Schriftauslegung mit ihrem Gegensatz zwischen „bůchstaben vnd figur" einerseits und „geyst vnnd ... warheyt" andrerseits zugrunde,

> „wie dan die schrifft durchauß zum sinn hat / eyn fleyschlichen vnnd eyn geystlichen / eyn eusseren nach dem wesen vn Histori des bůchstabens / welcher alleyn tödt vnnd figuriert / vnd ein innern nach dem geyst vnd sin Christi welcher lebendig macht / ij. Cor. iij." (221ʳ)[44].

So sind auch „die fleyschlichen Judischen krieg / des alten Testamennts nun ein figur der geystlichen kriegen im newen Testament" (142ʳ), sie sind „in geyst vbersetzt" wie das Gesetz Moses' (175ᵛf.), Vorläufer und Vorbereiter der „warheyt" des Neuen Testaments (180ᵛf.)[45]. An die Stelle des Schwerts des Fleisches, das die Juden führten, ist das des Geistes getreten[46]. Auch andere Waffen deutet Franck mit Erasmus vom Physischen ins Geistige um. Der nenne

---

[44] 2 Cor. 3, 6: „littera enim occidit, Spiritus autem vivificat".
[45] S. besonders 178ᵛ–185ʳ im Zusammenhang.

„der Christen harnasch die warheyt / das pantzer oder kragen / die vnschuld vnd froṁkeyt / die stiffel den puren lautern affect des gemüts / der nicht mit auffrur / sonder mit gedult vnd rwe sige / ... / den schilt nent er den glauben / ... / die hirnhauben ist das heyl vnnd das scharpff zweyschneidend schwerdt der Christen zů beiden hendē / ist Gotes wort vnd krafft" (153ᵛf.).

Francks Lehre vom geistigen Krieg hat ihre Konsequenzen für die Haltung gegenüber Andersdenkenden.

„Die Türckē solt man mer mit leer / wolthaten / vnschuldigem leben zū glauben Christi reitzen daṅ mit gewapneter hand vberfallen / vnd antasten" (63ᵛ; ähnlich 99ᵛ).

Auch Ketzer soll man mit dem Schwert des Geistes schlagen, und das ist hier der Bann, der geistlichen Tod bewirkt[47]:

„mit den brüdern vnnd glaubēs genossen sol mā aber nichts gewaldtigs handtlen / das man sie mit gewalt nitt zum glauben nôth / sonder das man sie brůderlich straffe / vnd mit dem schwert des geystes zů todt schlag / das ist verbaṅt vnd Gots wort vnd vrtheyl über jhren kopff vnd seel / jhnen ansag vnd verkünd" (138ʳ).

Aber vorwiegend soll sich das geistige Schwert gegen den Teufel in uns selbst richten (156ᵛ), damit es „leib vnd seel zerteilt / vnd ya geyst vnd fleysch von einander hauwet" (154ʳ). Der Mensch war „anfangs aufrichtig vnd eins mit Gott" (23ʳ), aber durch den Sündenfall wurde er aus dem Frieden mit Gott gerissen und mit sich selbst uneins.

„Da ist ein ewiger streit / des geistes vn̄ fleischs der schlāgen vn̄ des weibs samen [Christus] im menschen / also dz sein leben nichts daṅ ein krieg auff erden ist" (23ʳ).

Erst durch die Feindschaft gegen sich selbst, und das heißt gegen den Samen des Teufels, kommt er wieder in den wahren Frieden mit Gott

---

46 S. vor allem 143ᵛf. (nach Ambrosius), 172ᵛ und 175ᵛ, dazu 92ᵛ, 122ᵛ, 138ʳ, 172ᵛ und öfter. – Luther dagegen wendet sich ausdrücklich gegen die Ansicht, das Alte Testament sei hier durch das Neue aufgehoben: *Von weltlicher Oberkeit* (wie Anm. 20), 255, 31–256, 26.

47 Solche Äußerungen Francks mahnen zur Vorsicht mit der Feststellung, er vertrete einen aufklärerischen Toleranzgedanken, wie sie zuletzt J. MacLean, *Entre la mystique et l'humanisme: Sébastien Franck et la pensée moderne.* Renaissance and Reformation / Renaissance et Réforme 15, New Series 3 (1979), 44–49 getroffen hat. Franck wendet sich ja jedenfalls im 'Kriegbüchlin' nur gegen Anwendung physischer Gewalt, und dies nur als sekundäre Konsequenz des Strebens nach Integrität der friedfertigen Seele, nicht etwa um einer Gleichberechtigung der Religionen und religiösen Richtungen willen. Das Schwert des Geistes, wie gerade in dem hier angeführten Zitat deutlich wird, schont Ketzer und Andersgläubige keineswegs, sondern trifft sie im Sinne Francks mit um so größerer Härte, als es sich gegen die geistige Existenz richtet.

(23^v). Dieser ist unverletzlich, und so können der Krieg gegen sich selbst, das Erdulden äußerer Anfeindung bis hin zum leiblichen Tod nur zum eigentlichen, geistigen Leben und zum wahren Frieden führen. Daß Franck auch hier, mit der Ausrufung des geistigen Kriegs, seinem eigenen Zusammenhang einen in der Tradition weit zurückreichenden Gedanken einfügt, zeigt beispielhaft eine Stelle bei Augustin: „Non enim transit ad summam pacem, ubi summum silentium est, nisi qui magno strepitu prius cum suis uitiis belligauerit; …"[48].

So bekommt auch das Titelparadox seinen eigentlichen Sinn jenseits des toten Buchstabens: Oberflächlich gesehen verschärft Francks Forderung nach absoluter Duldsamkeit den Widersinn der Vorstellung vom Krieg des Friedens. Je härter der Gegensatz aber auf der literalen Verständnisebene, desto stärker ist im Franckschen Sinn der Verweischarakter des Paradox auf eine höhere Wahrheit: Als geistiger verstanden, führt der Krieg über die Abtötung des eigenen körperlichen Menschen zum Frieden, der wiederum nur als geistiger Bestand hat und diesen Namen verdient.

Francks Haltung ist neuerdings gekennzeichnet worden als absoluter politischer Nihilismus[49]. Dies charakterisiert die Ausschließlichkeit, mit der er geistigen Frieden predigt und politischen Frieden wie weltliche Herrschaft abwertet, suggeriert allerdings gerade in dieser negativen Kennzeichnung ein Gewicht des Politischen, das es bei Franck nicht hat. Die irdische Gesellschaft ist nicht sein Thema, kann es im Kontext seiner Anschauungen gar nicht sein.

Darin liegt nun allerdings auch der Widerspruch zu den Beurteilungen von Francks 'Kriegbüchlin' durch K. von Raumer und seinen Schüler G. Müller[50], die ihm trotz des spiritualistischen Rahmens den Willen zuschreiben, moralisch auf Welt und Gesellschaft zu wirken. Müller verweist Francks Friedensreich so in einen „Schwebezustand zwischen mysti-

---

[48] *Enarrationes in Psalmos:* Corpus Christianorum, Series Latina, Bd. X, 1; In Ps. IX; 8, 35–37. – Damit im Zusammenhang stehen etwa Begriffe wie „bellando pacificus" oder „bellatores pacifici" bei Anselm von Lucca und Bernhard von Clairvaux. S. J. Leclercq, *Saint Bernhard's attitude toward war.* Studies in medieval Cistercian history 2 (1975), 1–39, besonders 9f.

[49] Marquet (wie Anm. 18), 408.

[50] Wie Anm. 3 und 4. Die ersten Teile (etwa ein Viertel) der Dissertation Müllers sind in leicht gekürzter Form gedruckt: *Sebastian Francks 'Krieg-Büchlin des Friedes' (I-III).* Die Friedens-Warte 55 (1959/60), 46–55 und 138–151; 56 (1961/66), 43–60. Der Abdruck bricht dann trotz angekündigter Fortsetzung ab.

scher Wirklichkeit und politischer Realität"[51]. So unbestimmt jedoch ist Franck nicht. Sein Friedensreich ist das himmlische Jerusalem, und dies ist zu Beginn des ersten Kapitels so auch programmatisch ausgesprochen.

Man kann dies auch noch einmal im Vergleich mit Luthers 'Ein treu Vermahnung zu allen Christen, sich zu hüten vor Aufruhr und Empörung' und 'Von weltlicher Oberkeit' verdeutlichen: Wo Luther von zwei Reichen spricht und weltlicher Gewalt eine Ordnungsfunktion nach göttlichem Willen zuerkennt, sieht Franck nur die Antithese zwischen Geist und Fleisch, zwischen Gut und Böse, setzt er das Friedensreich Christi von irdischer Gesellschaft ab, vermag er weltlichen Frieden nur als Hindernis auf dem Weg zu geistlicher Existenz zu sehen und versetzt so seine Gedankengänge in einen Raum jenseits aller Politik. Wo Luther sich Gedanken darüber macht, wie weltliche Gewalt sein muß, um rechtmäßig genannt zu werden, sieht Franck das Problem ausschließlich von der anderen Seite her, nämlich als das der Wahrung der Integrität der einzelnen Seele in der Welt.

Francks Hoffnungslosigkeit für die menschliche Gesellschaft korrespondiert mit einem Endzeitbewußtsein, das, selbst gemessen an dem in seiner Zeit Verbreiteten, auffällig konsequent ist. Mit der Darstellung der politischen Wirklichkeit seiner Gegenwart als Endzeit schließt das Werk im letzten Kapitel ab, zieht damit im Grunde die Folgerungen für die irdische Geschichte aus dem schon zuvor Gesagten. Franck meint, wie es in der Kapitelüberschrift zusammengefaßt ist,

„Das das vielfeltig kriegen vnnd rumoren / eyn gewiß zeychen sey des Jüngsten tags / vnd anderen zůkunfft des Herrn / das das gerichte vber die welt vnd erlösung der gerechten nit ferre sey" (215ʳ).

---

[51] Müller (wie Anm. 4), 90. Diese Formulierung kehrt leicht variiert öfters wieder, so 95 und 104. – v. Raumer (wie Anm. 3) versucht (30) nachzuweisen, daß Franck ein irdisches Friedensreich meine, da er von einem Reich „auff erden" (11ʳ) spreche. Dies ist jedoch Bibelzitat (Jer. 23, 5), und die eher beiläufige Formulierung ist wohl überstrapaziert, wenn sie den irdisch-gesellschaftlichen Charakter von Francks Friedensauffassung und seine politische Absicht beweisen soll. Daß Franck sich im übrigen gegen diejenigen wende, „welche die Friedensverheißung des Evangeliums dadurch unwirksam machen, daß sie ihre Erfüllung auf das Jenseits verschieben" (30), ist bei v. Raumer nicht aus dem Werk nachgewiesen und wohl auch nicht nachweisbar. Die Aussage entspräche immerhin sicherlich der Intention Francks, wenn sie so verstanden würde, daß der Christ sich während seiner irdischen Existenz moralisch bewähren müsse. Ein Hinweis auf eine politische Wirkungsabsicht wäre auch das aber nicht.

Der Bibel, das heißt dem Propheten Daniel und der Apokalypse des Johannes, entnimmt er die Zeichen für das Nahen des Antichrist und sieht sie in seiner Zeit verwirklicht im Überhandnehmen von Krieg, vornehmlich dem Aufruhr des Pöbels als des vielköpfigen Tiers[52], aber auch im allgemeinen moralischen Verfall, der für ihn erst das vielfältige Kriegen ermöglicht.

Damit erhält Francks Krieg-Frieden-Thema einen eigenartigen doppelten Bezug auf Zeit und Geschichte. Er betrachtet Geschichte als Exempel, hebt historische Ereignisse aus ihrer Zeitlichkeit heraus, indem er sie zum Guten oder Bösen auf eschatologische Wahrheit bezieht. So konnte die Forschung mehrfach feststellen, sein Geschichtsbild sei im Grunde zeitlos. Er sucht, so meint P. Joachimsen, in der Geschichte überall nur Analogien zur für ihn gegenwärtigen Endzeit. Daher sei die Welt für ihn „immer und überall gleich gewesen"[53]. Für Ch. Dejung ist bei Franck die Zeitlichkeit der Geschichte aufgehoben in dem ständigen Gegensatz von äußerer und innerer Welt, ist der Kampf des Antichrist mit Christus immer gegenwärtig gewesen und jede Zeit damit Endzeit[54]. Und doch kann das Ende aller Zeiten schlechterdings nicht seines Bezugs auf die Zeit entledigt werden. Und wenn auch für Franck vielleicht in seiner Gegenwart nur das kulminiert, was in der Geschichte schon immer präsent war[55], so kommt man doch kaum daran vorbei, daß er eben gerade hier, in seinem Jahrhundert, die Zeichen für das Weltende zu sehen glaubt und ihm damit eine historische Einmaligkeit zuschreibt.

---

[52] Müller (wie Anm. 4), 174. S. die Rolle, die Franck dem Bauernkrieg im 'Germaniae Chronicon' und in der 'Geschichtsbibel' zuweist: Dejung (wie Anm. 43), 10–19.

[53] P. Joachimsen, *Zur inneren Entwicklung Sebastian Francks*. Blätter für Deutsche Philosophie 2 (1928/29), 1–28, hier 10.

[54] Dejung (wie Anm. 43), 21 und 58. Dejung vertritt die These, es gebe bei Franck drei Phasen eschatologischer Anschauung, eine enthusiastische Phase in der Nachfolge eines populären Interesses an den letzten Dingen (52–55), gestützt auf biblische Prophetie, eine skeptische Phase des Mißtrauens gegenüber populären Formen der Prophetie (56) und eine mystisch-eschatologische, in der die Zeitlichkeit und Eschatologie aufgehoben seien in „der immer gegenwärtigen Dramatik zwischen Gott und Welt" (57). Vorläufer, zugleich aber einziger Textzeuge (für spätere Werke argumentiert Dejung e silentio) der letzten Phase ist das 'Kriegbüchlin'. Hier korrigiert Dejung (58) zurecht G. Müller in einem wesentlichen Punkt, nämlich dem, daß sich das Werk nicht im Sinne weltlicher, auf die Zukunft gerichteter Friedenserwartung deuten lasse (58). Daß sich Francks Eschatologie gerade hier vom Bezug auf eine bestimmte – die eigene – Zeit löse, beruht aber auf der am Text vorbeigehenden Suggestion, Franck mache einen Gegensatz zwischen Christus und Antichrist, der nicht nur die gegenwärtige Endzeit, sondern die Geschichte überhaupt betreffe, dauernd explizit. Was Dejung dabei anzusprechen scheint, ist eher die antinomische Struktur des Werks, die doch aber nur dann als Beweis für seine These gelten könnte, wenn antithetisches Denken in christlicher

Vielleicht sollte man im Blick auf das 'Kriegbüchlin' und seine eschatologische Perspektive nicht von Zeitlosigkeit sprechen, sondern eher von einem Spannungsverhältnis zwischen Zeitlosigkeit und Zeitlichkeit. Und in diesem Spannungsverhältnis sind Krieg und Frieden verschieden plaziert. Irdische Kriege sind Erscheinungen in der Zeit, in ihrem Charakter als Geißel Gottes untereinander gleich, trotzdem sich steigernd auf die Endzeit hin. Der Friede, wie Franck ihn versteht, verwirklicht sich jedoch erst im Ende der Zeit, im Ende irdischer Unzulänglichkeit und des leiblichen Menschen. Francks Endzeitbewußtsein und sein Friedensbegriff sind so aufeinander bezogen.

Wenn die Bindung an die historische Wirklichkeit seiner Zeit nun aber schon Francks geschichtsphilosophisches Konzept zu sprengen droht, so steht diese Bindung noch mehr im Vordergrund auf einer Ebene seines Werks, auf die wenigstens hingewiesen werden muß, wenn das Bild des 'Kriegbüchlins' nicht verzerrt erscheinen soll. Das bisher Dargestellte bezieht sich vor allem auf seine reflektierende und abstrahierende Ebene. Daneben wird jedoch eine stark emotional geprägte deutlich, die auf Ereignisse und Eindrücke seiner Gegenwart direkt reagiert und sicherlich die Wirkung des Büchleins in mindestens ebenso großem Maße ausmacht wie sein geistliches Konzept. Das Werk hat, wie schon festgestellt, einen eigenartigen doppelten Charakter als Erbauungsschrift nach der erklärten Intention und als Kampfschrift nach seiner Diktion. So gesehen relativiert sich auch die Ausschließlichkeit der geistlichen Zielsetzung. Das Engagement, das in den Schilderungen der Greuel von Krieg und Gewalt, in der Stellungnahme gegen den moralischen Verfall steckt, ist aus dem übergeordneten Konzept allein nicht zu erklären. Jene Seite des Werks ist literarisch eindrucksvoller als die reflektierende. In der Schilderung von Krieg und Willkür der Kriegsleute bis hin zu den Untaten der Lands-

Literatur grundsätzlich auf Eschatologie im Sinne von Dejungs dritter Phase deuten würde. Im übrigen fällt auf, daß Dejung in dem ganzen Abschnitt (52–61) nur auf die frühe Trunkenheitsschrift und auf das 'Kriegbüchlin' näher eingeht, sonst aber den Ablauf der drei Phasen in den einzelnen Werken nicht deutlich machen kann. Wie der Text des 'Kriegbüchlin' zum Teil geradezu zurechtgebogen wird, zeigt die Deutung des „dise letste zeyten" der Einleitung (7^r) als „nach der jetzigen eschatologischen Einsicht" (59). Auch eine frühere Stelle in Dejungs Untersuchung, an der er die Eschatologie des 'Kriegbüchlin' eher als Gefühlsausbruch und Rückfall in frühere Ansichten sehen möchte, tut dem Text Gewalt an (42). Ein schlichter Ordnungsruf Francks an sich selbst (227^v, Zeile 4–7), mit dem er nach einer eher belanglosen Abschweifung zum eigentlichen Thema zurücklenkt, wird hier überinterpretiert, als unterbreche der Autor gerade an dieser Stelle die Folge eschatologischer Gedankengänge.

[55] Joachimsen (wie Anm. 53), 10.

knechtshaufen und der Widersinnigkeit der Gesetze des Krieges erhebt sich Francks Sprache zu einer Kraft und Eindringlichkeit[56], die sich dort nicht entfalten kann, wo er sich an das selbst vorgegebene theologisch-kompilatorische Prinzip hält. Auffällig ist etwa der stilistische Unterschied zwischen den letzten drei Kapiteln und den vorhergehenden fünf. In ihnen tritt die schildernde Seite des Werks gegenüber der theoretisierenden ganz in den Vordergrund, es geht hier im wesentlichen darum, die Kriegsgreuel der Zeit anschaulich zu machen. Die Syntax ufert dabei zum Teil regelrecht aus, sicherlich nur ein Zeichen für die sprachliche Selbständigkeit dieser Teile. Franck kann hier freier reden, und er tut dies mit offensichtlichem Engagement, ausführlicher und eindringlicher, als sein theoretisches Konzept es erfordern würde.

Indem er die kriegerische Unmoral seiner Zeit schildert, entwickelt Franck auch einen erstaunlichen Realitätssinn. Wenn er also im geistlichen Zusammenhang die menschliche Gesellschaft gering achtet, so liegt dies gewiß nicht an der Unfähigkeit, politische Verhältnisse zu durchschauen. Politisch durchaus ernst zu nehmen ist etwa sicherlich sein Argument, schon die bloße Existenz der Landsknechtshaufen gefährde den Frieden, eine Feststellung, die sich verallgemeinern ließe zu der, daß ein vorhandenes Kriegspotential eine schwer zu kontrollierende Eigendynamik entwickelt.

> „Were der heller nit / so were offt der ståler nit / wann das vnnütz gesind (so vrsach sucht wie es krieg mache / vnd yedermann an einannder knüpfft) nicht were / so müsten offt die Fürsten die faust still halten" (5ʳ)[57].

Durchaus pragmatisch argumentiert Franck auch des öfteren mit Kriegskosten und deren unangemessenem Verhältnis zu Anlaß und Ergebnis von Auseinandersetzungen. Immer wieder verwendet er dafür die Metapher vom Fischen mit goldenen Netzen[58].

Auffällig scheint ein Kontrast in der sozialen Sympathie: Wo es Franck theoretisierend um die Frage von Widerstand oder Duldsamkeit geht, wo er Vorzeichen für das Kommen des Antichrist nennt, ist ihm der Pöbel ein

---

[56] Interessant ist, daß O. Herding, *Humanistische Friedensideen am Beispiel zweier 'Friedensklagen'*, in: *Die Humanisten in ihrer politischen und sozialen Umwelt*, hg. v. O. Herding und R. Stupperich. Boppard 1976 (Mitteilung der Kommission für Humanismusforschung 3), 7–34, auch in Erasmus' 'Querela pacis' den besonderen stilistischen Wert des Abschnitts gegen die Landsknechte hervorhebt (31).

[57] Zum Landsknechtproblem auch 6ʳf. und öfter. Die Sentenz von Hehler und Stehler auch 214ʳ.

[58] In der Ausgabe von 1539 etwa schon im Buchtitel.

vielköpfiges Tier, zur Vernunft nicht begabt. Wo er aber Kriegsgreuel anschaulich machen will, weist er im Einklang mit Erasmus[59] immer wieder darauf hin, daß es arme Leute seien, Bauern, die die Hauptlasten der Kriege zu tragen hätten, ohne irgendwie Schuld an ihnen zu haben oder Nutzen aus ihnen ziehen zu können[60]. Offenbar muß man sich davor hüten, solche Äußerungen auf der einen oder anderen Ebene von Francks Werk absolut zu setzen und in ihnen eine soziale Parteinahme zu sehen.

Die ganze Anschaulichkeit und Eindringlichkeit von Francks Engagement gegen den Krieg ist hier nicht wiederzugeben. Diese Seite seines Werks hat ihn nach P. Joachimsen zum später immer wieder ausgeschriebenen kulturhistorischen Schilderer[61] und zum „Volksschriftsteller" gemacht, der „die allgemeinen Anliegen der Zeit deutlicher erkennen läßt als irgend ein anderer"[62]. Ist er damit doch ein politischer Schriftsteller[63], sein 'Kriegbüchlin' doch eine Antikriegsschrift im politischen Sinn? Wiederum Joachimsen hat davor gewarnt zu übersehen, daß solche Schilderungen doch nur Mittel zum geistlichen Zweck sind[64]. Francks typologisches Schema des Gegensatzes von physischem und geistigem Krieg, von weltlichem und innerlich-geistigem Frieden bleibt davon unberührt. In seinem Rahmen hat die Brandmarkung des Kriegs ihren Wert nur für die einzelne Seele, nicht für die irdische Gesellschaft. Mit anderen Worten: Nach seinem geistlichen Konzept geht es Franck nicht um die Opfer des Krieges, sondern um die Folgen für die moralische Integrität derer, die ihn führen. Der erklärten Intention nach richtet sich das Werk ja nicht an die in der Gesellschaft Einflußreichen, sondern an die kleine Schar derer, die bereit sind, sich aus dieser Gesellschaft zu lösen. Die menschliche Gesellschaft ist für Franck verloren, dem Verfall im Weltende preisgegeben; ihr Friede ist – um noch einmal eine Formulierung Francks aufzugreifen – so brüchig, daß die Worte eines alten Weibes ihn zerstören können (27^r). Es ist gut möglich, daß die Rezeption des Werks

[59] Erasmus, *Querela pacis* (wie Anm. 16), 621–623.
[60] Am ausführlichsten 206^{v}f., dazu 68^r, 79^r, 94^r–95^r, 100^r usw.
[61] Joachimsen (wie Anm. 53), 10.
[62] Ebd., 28.
[63] Als solchen apostrophiert ihn W. Kühlmann, *Staatsgefährdende Allegorese. Die Vorrede vom Adler in Sebastian Francks Geschichtsbibel* (1531). Literaturwissenschaftliches Jahrbuch N. F. 24 (1983), 51–76, hier 52. Kühlmann präzisiert dies jedoch später, wie ich meine, durchaus zu Recht, indem er feststellt, Franck vertrete „ein radikales christliches Ethos, das politische und historische Rücksichtnahme verweigert" (61).
[64] Joachimsen (wie Anm. 53), 10.

seine andere Seite in den Vordergrund gestellt, den Appell gegen den Krieg politisch aufgefaßt hat.

Immerhin eröffnet Francks Engagement gegen den Krieg einen anderen Blickwinkel auf sein Werk über die Frage nach dem Grundkonzept hinaus. Auch dieses Konzept selbst in seiner geistlich sublimierten Entschiedenheit ist sicherlich nicht von historischer Erfahrung zu trennen. Beruht nicht die radikale Abwendung von der irdischen Gesellschaft darauf, daß hier ein Autor jegliches Vertrauen in die friedenswahrende Kraft politischer Institutionen verloren hat, daß er weltliche Macht nur noch in ihrer Perversion wahrzunehmen vermag? Der Zusammenhang kann hier nur angedeutet werden. O. Herding hat von „Angst vor der Zeit" im Zeitalter der Explosivwaffen und der Söldnerheere gesprochen[65]. Von daher kann man die Radikalität von Francks Antithese zwischen Krieg und Frieden, die Voraussetzung ist für deren Aufhebung auf der typologischen Sinnebene, sicherlich auch auf historische Erfahrung zurückführen.

Die für sein Zeitalter drängende Frage nach Möglichkeiten der Erhaltung und Schaffung von Frieden hat Franck, ohne sie ausdrücklich zu stellen, nun allerdings anders beantwortet als etwa Erasmus oder Paracelsus. Das Bemühen um eine weltliche Friedensordnung war für ihn ohne Hoffnung. Seine Konsequenz war die Erwartung des nahen Weltendes und eines Friedens jenseits menschlicher Gemeinschaft.

---

[65] Herding (wie Anm. 56), 8–12, Zitat 8. – 66ᵛ prangert Franck die Erfindung der Büchse an: „Was ist aber dz anders dann des teuffels rüstūg vn̄ gåher mord viler / ob man gleich S. Paul. vn̄ Christū selbs darauff güß".

Zeitgenossen über Krieg und Frieden anläßlich der Pax Paolina (röm. Frieden) von 1468

von Dietrich Kurze

„De pacis dignitate, qua nihil mortalibus gratius, nihil sanctius, nihil postremo divinius dici potest, hodie, beatissimi fratres[1a], sermonem habiturus sum. Veniam tamen postulo, si pro rei magnitudine debitum non persolvam, uti tanta diva ac tremenda expectatio omni humanitate a me postulare videtur. Verum quis ita habundat ingenio, cui tanta dicendi facultas longeque premeditatus, ut coram eruditate vestra[1b] enumerare posset pacis beneficia (et specialiter pacis sub papa Paulo secundo Romae conclusae problemata[1c]). Grandia quidem et amplissima sunt ipsa pacis munera."

Lassen Sie mich nach dieser captatio benevolentiae, die ich mit ganz geringen Anpassungen dem meiner eigenen Stimmung entsprechenden Anfang einer Rede des Nicolaus Palmerius (Ortanus) 'De pacis dignitate' entnommen habe[2], gleich zur Sache kommen!

Einleitung

Der auf Initiative Papst Pauls II. 1468 geschlossene italienische Friede, die Pax Paolina, gehört nicht zu den großen Friedensschlüssen des 15. Jahrhunderts wie etwa derjenige von Arras (1435) oder der zu Lodi (1454/55)[3].

[1a] Statt: „beatissime pater".
[1b] Statt: „sanctitate tua".
[1c] Der in Klammern gesetzte Satzteil ist von mir hinzugefügt.
[2] Cod. Vat. lat. 8515, fol. 84^v–101^v, hier 84^v. – Zum Autor vgl. G.B. Vaccaro O.S.A., *Nicolò Palmeri. Vescovo di Orte e Civita Castellana 1402–1467.* Bollettino storico Agostiano 12 (1935), 83–86; D.A. Perini, *Bibliographia Augustiniana*, vol. III. Firenze 1935, 48; P.O. Kristeller, *Medieval Aspects of Renaissance Learning.* Durham, North Carolina 1974 (Duke Monographs in Medieval and Renaissance Studies 1), 148.

Vielleicht aus diesem Grund hat man bisher kaum beachtet oder ganz übersehen, daß gerade er Anlaß wurde, in erstaunlich unterschiedlicher Weise sowohl den konkreten Friedensschluß als auch den Frieden allgemein zu feiern, über ihn nachzudenken, zu predigen und Streitgespräche zu führen. Im Prinzip war das allerdings nichts Neues und Ungewöhnliches. Auch vorher hatten ganz bestimmte Kriege und Streitigkeiten, Friedensbemühungen und Friedensschlüsse zum Denken, Reden und Schreiben „de pace" herausgefordert. So hat 1423/24 vor dem Hintergrund des erneut ausbrechenden Konfliktes zwischen den Mailänder Visconti und der Commune von Florenz Andrea Biglia seine 'Querellae pacis' niedergeschrieben, die vor fast genau 10 Jahren Otto Herding im Kreis der Kommission für Humanismusforschung „im Blick auf die humanistische Friedensidee" interpretiert und der 'Friedensklage' des Erasmus gegenübergestellt hat[4]. So kennen wir eine Reihe von Predigten, die im Zusammenhang mit dem Frieden von Arras gehalten wurden, der unter Beihilfe durch den römischen Papst, das Baseler Konzil und mancherlei europäische Delegationen Frankreich und Burgund (auf Kosten Englands) versöhnte[5]. So konnte wahrscheinlich gemacht werden, daß die im November 1441 zu Cavriana getroffene Vereinbarung zwischen König Alfons von Neapel, dem Dogen von Venedig, Francesco Foscari, und dem Mailänder Herzog Filippo Maria Visconti jenes

[3] Zum Frieden von Arras vgl. F. Schneider, *Der europäische Friedenskongreß von Arras (1435) und die Friedenspolitik Papst Eugens IV. und des Basler Konzils.* Greiz 1919; J.G. Dickinson, *The Congress of Arras 1435. A Study in Medieval Diplomacy.* Oxford 1955; und die dort verzeichnete Literatur.

[4] O. Herding, *Humanistische Friedensideen am Beispiel zweier 'Friedensklagen'*, in: *Die Humanisten in ihrer politischen und sozialen Umwelt*, hg. v. O. Herding und R. Stupperich. Boppard 1976 (Mitteilung/Kommission für Humanismusforschung 3), 7–34, bes. 12–23. Zu Andrea Biglia vgl. auch D.A. Perini (wie Anm. 2), vol. 1. Firenze 1929, 127–131; R. Arbesmann, *Andrea Biglia. Augustinian Friar und Humanist (+ 1435).* Analecta Augustiniana 28 (1965), 154–185 sowie mit erschöpfenden bibliographischen Hinweisen J.C. Schnaubelt, *Andrea Biglia (c. 1394–1435). Augustinian Friar and Humanist: A critical edition of four orations with introduction, translations, commentary and appendices.* Washington, D.C. 1976 (Ph.D. 1976, The Catholic University of America). Schnaubelt, 207, nennt außer der von Herding benutzten und mir als Mikrofilm zur Verfügung stehenden Handschrift Mailand, Bibl. Ambrosiana, N 280 sup., fol. 1^r–14^v, noch aus ders. Bibliothek C 69 inf., fol. 142^r–159^v.

[5] Vgl. vor allem F. Schneider (wie Anm. 3), bes. 30, 58–61, 127–135, 151–157, 172–175 u.ö.; A. de la Taverne, *Journal de la Paix d'Arras (1435)*, publ. par A. Bossuat. Arras 1936, 42–45, 65–67, 81–83. – In diesem Zusammenhang wären für das Reden und Schreiben über Krieg und Frieden mit großem Gewinn auch die Baseler Konzilsakten der Jahre 1433–1435 auszuwerten, z. B. J.D. Mansi, *Sacrorum conciliorum nova et amplissima collectio*, T. 29 und 30. Paris 1903 u. 1904 (Neudruck: Graz 1961).

Gespräch zwischen Merkur, Italia und Fama des Laurus Quirinus ('De pace Italie') angeregt hat, das, in ciceronianischer Beredsamkeit, geradezu exemplarisch die Trinität vieler italienischer Humanisten – Friede, Freiheit und ganz Italien – beschwört[6]. So hat – wie andere auch – Timotheus Maffei Veronensis auf die Schreckensmeldung des Jahres 1453 hin seine 'Oratio ad principes Italie de pace facienda et bello adversus Turcos movendo' gehalten[7]. Schließlich ist zu vermuten, daß die vor dem Papst gehaltene Ansprache des Nicolaus Palmerius ('De pacis dignitate'), aus der ich meine einleitenden Sätze entlehnte, in eine ähnliche, bestimmte Situation hineinzielte. Der Abschluß des römischen Friedens kommt allerdings nicht in Frage, weil der Bischof von Orte schon 1467 gestorben ist[8].

Das Besondere beim publizistisch-literarischen Niederschlag der Pax Paolina scheint nun zu sein, daß – die päpstliche Friedensbulle selbst nicht mitgerechnet – mindestens sechs ebenso typische wie gewichtige Stimmen der Zeit laut wurden und – bei aller Zuordnung zu bzw. Abhängigkeit von dem päpstlichen Friedensstifter durch die Unterschiedlichkeit der Temperamente und Bildung sowie durch die Eigentümlichkeit der jeweiligen Gattung, in der sie sich äußerten, der Predigt, der Lobrede, des Briefes, der pro pace- und pro bello-Traktate – ein verhältnismäßig breites Spektrum in der römischen Friedensdiskussion unter Paul II. boten. Keine von ihnen hat den geistigen Rang oder den Bekanntheitsgrad eines Machiavelli, eines Erasmus oder eines Sebastian Franck. Doch mag es nützlich sein, daran zu erinnern, daß der „Horizont des Renaissancehumanismus" wie derjenige beliebiger anderer Epochen oder geistes-

---

6 Von mir benutzte Hs.: Cod. Vat. lat. 5356, fol. 36ʳ–42ᵛ; Druck: A. Segarizzi, *Lauro Quirini. Umanista veneziano del secolo XV.* Memorie della R. Academia delle Scienze di Torino, Tom. II. Tom. 54 (1904), 1–28, bes. 24–28. – Zum Autor s. C. Seno / G. Ravagnani, *Cronologia delle vita e delle opere di Lauro Quirini umanista,* in: *Lauro Quirini umanista,* ed. V. Branca. Firenze 1977 (Civiltà Veneziana Saggi 23), 9–18, dort S. 11 zur Datierung. Nicht zugänglich war mir C. Seno, *Lauro Quirini umanista. Tesi di Laurea,* rel. V. Branca, Univ. di Padova, Anno accademico 1967–1968. – Zum Frieden von Cavriana vgl. *Lauro Quirini* (1977), 108. – Zu „Friede, Freiheit und ganz Italien" vgl. u.a. N. Valeri, *La libertà e la pace. Orientamenti politici del rinascimento italiano.* Torino 1942; O. Herding (wie Anm. 4), 13.

7 Von mir benutzte Hs.: Cod. Vat. lat. 5881, fol. 210ʳ–226ʳ; Druck: B. Pez / Ph. Huber, *Codex diplomatico-historico-epistolaris ... Thesauri anecdotorum novissimi* T. 6, 3. Augsburg 1729, 367–378. – Zum Autor vgl. H. Rüben, *Der Humanist und Regularkanoniker Timoteo Maffei aus Verona* (ca. 1415–1470). *Eine Biographie zum Problem des christlichen Humanismus in der italienischen Renaissance.* Phil. Diss. Köln 1974. Aachen 1975 (dort auch die ältere Literatur).

8 Vgl. die in Anm. 2 genannte Literatur.

geschichtlicher Richtungen nicht allein von den überragenden Gipfeln bestimmt und definiert wird und daß es auch zu den Aufgaben der Historiker gehört, vermeintlich vertraute Bereiche, sei es punktuell, sei es sektoral, hinsichtlich der Mittelgebirge und hinsichtlich des Flachlandes zu erforschen oder einfach besser kennenzulernen, um ein schärferes Gesamtbild zu entwickeln, was wiederum auch zur Einschätzung der tatsächlichen Größe von Koryphäen beiträgt. Die um einen päpstlichen Frieden wie den von 1468 gelagerten Meinungen können hier ebenso unser Interesse beanspruchen wie die auf Kaiser Maximilian oder auf einen König in besonders exponierter Lage (z. B. Matthias Corvinus von Ungarn) bezogenen Äußerungen von Humanisten. Im einzelnen handelt es sich um Domenico de' Domenichi, der am Tag der offiziellen Friedensverkündigung, Himmelfahrt 1468, die Festpredigt hielt; um Ambrosius Massarius (de Cora) mit seinem (allerdings erst 1470) vor Paul II. gehaltenen 'Sermo de pace'; um Dominicus Gallettus, der als junger Kurialbeamter den Papst gleich dreifach umschmeichelte: mit einer Lobschrift 'De pace Italiae restituta', einem angefügten kurzen Hymnus und einem längeren panegyrischen Gedicht auf Paul II.; um Giovanni Antonio Pandoni (bekannter als „Porcellio") mit zwei Carmina sowie um den bekannten Papstbiographen Bartholomeo Sacchi (also: Platina) und Roderigo Sánchez de Arévalo, die Kontrahenten in der Disputation über Nutzen und Nachteil von Krieg und Frieden (Platina dazu als Verfasser einer einschlägigen Oratio an Paul II.).

Diese Männer und ihre Ausführungen sollen im Mittelpunkt meiner Betrachtungen – freilich in unterschiedlicher Gewichtung und Ausführlichkeit – stehen. Doch muß zunächst ein ganz kurzer Blick auf die politische Situation und auf die Friedensbulle Pauls II. geworfen werden, damit der historische Kontext deutlich wird.

Der historische Kontext

In den Jahren 1467/68 glich die Lage in Italien weithin derjenigen der Jahre 1453 ff., die damals durch den Frieden von Lodi, d.h. durch die Errichtung einer Liga der wichtigsten italienischen Mächte und Staaten, wenigstens partiell und temporär gemeistert wurde[9]. Als 1467 die Fronten

---

[9] Aus der Fülle der Literatur sei nur verwiesen auf: C. Canetta, *La pace di Lodi (9 aprile 1454)*. Rivista Storica Italiana 2 (1885), 516–564; G. Soranzo, *La Lega Italica (1454–1455)*. Milano 1924; G. Nebbia, *La Lega italica del 1455: sue vincende e sua rinovazione nel 1470*.

erneut aufbrachen, mit den Waffen jedoch keine klare Entscheidung herbeizuführen und die Gefährdung der Appenin-Halbinsel durch die Türken fast noch ernster einzuschätzen war als nach dem Fall Konstantinopels, versuchte Papst Paul II., dessen Vorgänger seinerzeit der Allianz von Lodi erst nachträglich beigetreten war, einen Ausgleich der zerstrittenen Parteien (vor allem Venedigs, Mailands, Florenz' und Neapels mit ihren Satelliten) auf dem Verhandlungswege zu erreichen. Auf Methode und Inhalt der Verhandlungen kann hier nicht näher eingegangen werden[10]. Zweierlei sei hervorgehoben, nämlich erstens, daß der Papst tatsächlich eine treibende, drängende und mahnende Rolle spielte, und zweitens, daß die reichlich überlieferten Akten und Briefe insofern einen recht vertrauten, „modernen" Eindruck vermitteln, als sie einerseits die diplomatische Zähigkeit und Unbeweglichkeit widerspiegeln und andererseits, zumal in den offizielleren, auf Außenwirkung bedachten Schriftstücken mit Friedenslob und Beteuerungen des Friedenswillens nicht geizen – etwa nach dem Muster: „Nullum neque majus nec pocius nobis studium fuit, ut pacem coleremus" (Ferrante von Neapel)[11]. Da die Friedensverhandlungen nicht vorankamen, entschloß sich Paul II. zum Alleingang. „Sua propria auctoritate sine aliqua partium commissione", wie Mattheus Palmerius in seinen Annalen ganz zutreffend bemerkt[12], verkündete der Papst am 2. Februar 1468 den Frieden und ließ Kopien seiner Bulle allen Betroffenen zustellen. Aber erst drei Monate später war alles unter Dach und Fach: Nachdem am 25. April in Rom der Definitivfriede verkündigt worden war und sich schließlich auch Venedig zur Ratifizierung bereitgefunden hatte, konnte am 26. Mai – es war Himmelfahrt! – der römische Friede, die Pax Paolina, als vollendet gelten. Überall fanden, wie üblich, spontane und organisierte Feste und Feierlichkeiten statt. Geschäfte wurden geschlossen, Freudenfeuer angezündet, Gottesdienste

---

Archivio Storico Lombardo N.S. 4 (1939), 115–135; R. Cessi, *La 'lega italica' e la sua funzione storica nella seconda metà del sec. XV.* Atti del Reale Istituto Veneto di Scienze, Lettere e Arte. Anno accademico 1942–43, T. 102,2: Cl. di Scienze mor. e lett. (Venezia 1944), 99–177.

[10] Vgl. L. v. Pastor, *Geschichte der Päpste seit dem Ausgang des Mittelalters*, Bd. 2. Freiburg [13]1955, bes. S. 415–419; hier auch die notwendigen Hinweise auf die Quellen und die ältere Literatur.

[11] Aus einem Rundschreiben Ferrantes an Siena und Lucca sowie an den Markgrafen von Mantua vom 12. Jan. 1467, in: *Codice Aragonese*, cur. Fr. Trinchera I. Napoli 1866, 1–3, Nr. 1.

[12] *Matthei Palmerii Annales.* Appendix zu dess., *Liber de Temporibus*, cur. G. Scaramella. Città di Castello 1906–1915 (Rer. Ital. Script. ord. da L. Muratori. Nuova ed. T. 26,1), 187.

und Prozessionen veranstaltet[13]. In Siena, bereits durch andere, berühmte Friedensallegorien (wie die des Lorenzetti) geschmückt, spielte Benvenuto di Giovanni auf einem Tafelbildchen auf den Friedensschluß an[14], und in Rom ließ der Papst eine goldene Gedenkmünze schlagen mit der Inschrift: „PAULO II. PACIS ITALIAE FUNDATORI"[15]. Freilich gab es auch ironische Stimmen. So erinnerte der venezianische Geschichtsschreiber Marino Sanudo an das Bonmot des Dogen Foscari, „der Friede sei besser als das Paradies, weil sich im Paradies nur die Guten freuen, im Frieden aber die Guten und die Bösen"[16]. Tatsächlich ging es ja auch nach dem Mai 1468 in Italien nicht paradiesisch, sondern sehr irdisch weiter. Was Christoforo da Soldo nach dem Frieden von Lodi als Allgemeinwissen notierte, galt auch für die Zeit nach dem römischen Frieden, daß nämlich „questa Italia non pò stare senza guerra"[17], so daß im Dezember 1470 die Pax Paolina und die italienische Liga erneuert werden mußten[18].

[13] L. v. Pastor (wie Anm. 10), 418 f.; Michaelis Canensii, *De vita et pontificato Paulo secundi*, in: *Le vite di Paolo II di Gaspare da Verona et Michaele Canensi*, cur. G. Zippel. Città di Castello 1904 (Rer. Ital. Script. ord. da L. Muratori. Nuova ed. T. 3, 16), 158 einschließlich der weiterführenden Anmerkungen von Zippel.

[14] Vgl. u.a. N. Rubinstein, *Political Ideas in Sienese Art: The Frescoes by Ambrogio Lorenzetti and Taddeo di Bartolo in the Palazzo Pubblico.* Journal of the Warburg and Courtauld Institutes 21 (1958), 179–207; E. Carli, *La pace nella pittura senese*, in: *La pace nel pensiero, nella politica, negli ideali del trecento.* Todi 1975 (Convegni del Centro di Studi sulla spiritualità medievali 15), 225–241, bes. S. 239 f.

[15] Marino Sanudo, *Vite de' duchi di Venezia.* Mediolani 1733 (Rer. Ital. Script., cur. L. Muratori, T. 22), 1185: „E Papa Paolo II. avendo conchiusa questa pace, fece in memoria battere una moneta d'oro di valuta di Ducati 20. chiamata Talento, sulla quale esso Papa è a sedere consistorialmente, e con lettere PAULO II . . .". – Nach G. Zippel (wie Anm. 13), 158 Anm., soll eine Abbildung der Münze enthalten sein in P. Litta, *Famiglia Barbo* (= P. Litta, *Famiglie celebri italiane*, Risp. 1. Milano/Torino um 1830); vgl. jetzt auch R. Weiss, *Un umanista veneziano: Papa Paolo II.* Venezia/Roma 1958, 43 u. 55 mit Hinweis auf G.F. Hill, *A Corpus of Italian Medals of the Renaissance before Cellini.* London 1930. Nrr. 769–773. Die Inschrift scheint hier vollständiger wiedergegeben zu sein mit: „ROMA. PAVLO. VENETO. PAPE II. ITALICE. PACIS. FVNDATORI".

[16] M. Sanudo (wie Anm. 15), 1185: „. . . e commemoro un detto del nostro Doge Foscari; che la pace era migliore del Paradiso, perchè in Paradiso non godevano se non i buoni, e della pace godevano i buoni e i cattivi".

[17] *La Cronaca di Cristoforo da Soldo*, cur. G. Brizzolara. Bologna 1938–1942 (Rer. Ital. Script. ord. da L. Muratori. Nuova ed. T. 21,3), 132.

[18] Vgl. R. Cessi (wie Anm. 9), 165 f.; L. v. Pastor (wie Anm. 10), 434–436. In ganz ähnlichen Bahnen wie 1468 und 1470 Paul II. bewegte sich im März 1518 Papst Leo X. mit der Verkündigung eines fünfjährigen Friedens und des heiligen Krieges. Auch die Rahmenfeierlichkeiten ähnelten denen des Jahres 1468; vgl. C. Göllner, *Turcica 3. Die Türkenfrage in der öffentlichen Meinung im 16. Jahrhundert.* Bukarest/Baden-Baden 1978 (Bibliotheca Bibliographica Aureliana 70), 74 f.

Die Bulle vom 2. Februar 1468

Nach dieser knappen Erinnerung an den unmittelbaren geschicht-lichen Zusammenhang, in den meine Autoren und ihre Texte gehören, ist noch ein kurzer Blick auf die Bulle vom 2. Februar 1468 zu werfen, sie gleichsam als Brücke vom historischen Kontext zu den literarischen Texten nutzend[19].

Als erstes fällt auf, daß in den Anfangsworten der Bulle gar nicht vom Frieden gesprochen wird, sondern vom Krieg, und zwar vom gerechten, ja vom gerechtesten Krieg – „iustissimum bellum" – gegen die ungläubigen und höchst schmutzigen („spurcissimos") Feinde des allerheiligsten Kreuzes, also gegen die Türken. Paul II. stellt sich als Fortführer und Vollender des Wirkens seiner Amtsvorgänger dar, wie er ja schon 1464 in Artikel 1 seiner Wahlkapitulation versprechen mußte, die begonnene Expedition gegen die Türken fortzusetzen[20]. Der Friede war mithin – und das ist über die Pax Paolina hinaus für sehr große Bereiche der politischen und theolo-gischen Propaganda, der allgemeinen und der beeinflußten öffentlichen Meinung des 15. und 16. Jahrhunderts ganz bezeichnend – nicht oder noch nicht Selbstzweck, sondern Mittel und Voraussetzung zum Verteidi-gungs- und Rückeroberungskampf der Christen gegen die Türken[21]. Wie sollen denn, so etwa argumentiert der Papst, die übrigen christlichen Für-sten und Völker für den Türkenkrieg gewonnen werden, wenn die vom Glaubensfeind besonders Bedrohten untereinander in einem „bello Ita-lico" verstrickt seien. Wichtig seien deshalb: „foedera .. reintegrandae nationis Italicae, pacis et unionis". Fast durchgehend steht in der Bulle das Wort „pax" in unmittelbarer erläuternder, ja auswechselbarer Nachbar-schaft mit „concordia", „unitas" und „confoederatio", ist also stark poli-

[19] Die Bulle ist zuerst in den Annales ecclesiastici des Odericus Raynaldus gedruckt wor-den. Ich benutzte die Ausgaben: O. Raynaldus, *Annales ecclesiastici ... acc.* J.-D. Mansi, T. 10. Lucae 1753, 454–457 und Caes. Baronii, Od. Raynaldi et Jac. Laderchii, *Annales ecclesiastici*, T. 29. Barri-Ducis 1879, 452–456. Irrig zu 1467 gestellt im *Magnum bullarium Romanum* T. 3,3. Rom 1740 (Neudruck: Graz 1964), 121–125 und im *Bullarium, diploma-tum et privilegiorum sanctorum Romanorum Pontificum Taurinensis editio,* ed. A. Tomasetti, T. 5. Aug. Taurinorum 1860, 189–194. Incipit: „Ut liberius iustissimum bellum contra ipsos infideles et Crucis sacratissimae spurcissimos hostes".

[20] Text der Wahlkapitulation u.a. in *Annales ecclesiastici 29* (wie Anm. 19), 409; vgl. auch L. v. Pastor (wie Anm. 10), 297 f.

[21] Differenzierte Darstellung bei E. Meuthen, *Der Fall von Konstantinopel und der lateinische Westen.* Historische Zeitschrift 237 (1983), 1–35. Aus der von Meuthen zitierten umfang-reichen Literatur seien nur hervorgehoben R. Schwoebel, *The Shadow of the Crescent: The Renaissance Image of the Turk (1453–1517).* Nieuwkoop 1967, und C. Göllner (wie Anm. 18).

tisch gefärbt. Auf die Friedensbestimmungen im einzelnen kann ich hier nicht eingehen. Sie liefen im wesentlichen darauf hinaus, genügend Geld und Truppen für den Kampf auf dem Balkan zusammenzubekommen. Bemerkenswert scheint mir allerdings noch für diejenigen, die den auf Gleichberechtigung und Mehrheitsentscheidung beruhenden Friedensplan Podiebrads von 1464 kennen[22], zu sein, daß Paul II. mit schöner Selbstverständlichkeit sich und seinen Nachfolgern das Aufsichts- und Schlichtungsrecht in der angestrebten „pax, concordia, confoederatio, unio et liga" zuspricht.

Doch nun endlich zu den schon genannten Autoren und ihren im Zusammenhang oder im Umfeld der Pax Paolina verfaßten Texten. Da die Texte durch die Bank entweder nur in Handschriften oder aber in schwer zugänglichen Drucken des 18. Jahrhunderts überliefert sind, ihre Kenntnis also nicht allgemein vorausgesetzt werden kann, scheint es mir richtig, zunächst an dieser Stelle im wesentlichen Stoff zu vermitteln und nur andeutungsweise eine Wertung und Einordnung zu versuchen.

Ich beginne mit den beiden Predigten des Domenico de' Domenichi und des Ambrosius Massarius, stelle sodann ganz komprimiert die drei Werke des Dominicus Gallettus und die Oratio Platinas vor, um mit der – mich besonders faszinierenden – Disputation „de bono pacis et belli" des Platina und des Roderigo Sánchez de Arévalo diesen Hauptteil meines Referates zu schließen[23].

[22] Edition und Übersetzung ins Tschechische: J. Kejř, *Mírový projekt krále Jiřího z Poděbrad*. Právněhistorické studie 9 (Prag 1963), 249–271. Lateinische Fassung auch in: *The Universal Peace Organisation of King George of Bohemia. A Fifteenth Century Plan for World Peace 1462/64*. Prag 1964, 71–82. Übersetzung ins Deutsche: G. Messler, *Das Weltfriedensmanifest König Georgs von Podiebrad. Ein Beitrag zur Diplomatie des 15. Jahrhunderts.* Kirnbach über Wolfach 1973, 37–49. Vgl. auch *Cultus Pacis. Études et documents du 'Symposium Pragense Cultus Pacis 1464–1964'. Commemoratio pacis generalis ante quingentos annos a Georgio Bohemiae rege propositae*, publ. par V. Vaněček. Prague 1966.

[23] Unberücksichtigt bleiben hier die beiden einschlägigen Gedichte des Giovanni Antonio Pandoni (auch: Porcellius, Porcellio, Porcellino). Sie werden ohne nähere Charakterisierung erwähnt von G. Zippel (wie Anm. 13), 159, Anm. 1: „La 'pace d'Italia' inspirava altresi la musa di Porcellio, del quale si conservano in un codice Laurenziano due carmi scritti in tale occasione, come fu sapere K. Fritelli, G. Ant. Pandoni detto il Porcellio, Firenze 1900, p. 70: supponiamo che sieno da identificar con la 'oratio Italie ad pedes Pauli II' e la 'responsio Pauli', inserite nel poema 'Fetria' dello stesso autore (in cod. Vatic. Urbin lat. 373, cc. 66–69)". – Bisher war es mir nicht möglich, diesen Hinweisen sowie den zum Teil recht vagen Notizen von P.O. Kristeller, *Iter Italicum I und II*, nachzugehen. Die Kenntnislücke ist vermutlich nicht allzu schmerzlich, da das Genus durch Dominicus Gallettus ausreichend vertreten sein dürfte. – Zum Autor vgl. auch L. v. Pastor (wie Anm. 10), 29 f., sowie G. Voigt, *Die Wiederbelebung des classischen Alterthums*. Berlin [4]1960, Register s.v. Porcello. F. Marletta, *Per la biografia di Porcelio dei Pandoni*. Rinascita 3 (1940), 842–881.

Domenico de' Domenichi

Domenico de' Domenichi ist mit und vielleicht auch noch vor Platina der bekannteste Autor meiner Gruppe[24]. 1416 in Venedig geboren, Studium der Artes in Padua, dann Studium der Theologie. Beginn seiner kurialen Laufbahn unter Calixt III. Von Pius II. besonders geschätzt und mit diplomatischen Missionen betraut. Bischof von Torcello, schließlich von Brescia. Seine Hauptwerke kreisen um ein Zentralthema des 15. Jahrhunderts: 'De potestate pape'. Vor dem Konklave der Kardinäle (1464), aus dem Paul II. als neuer Papst hervorging, hielt er die in solchen Fällen übliche Rede[25]. Der neue Papst bestellte ihn zum Vicarius urbis. 1478 starb Domenico in Brescia. Obwohl es heißt, daß sein Ansehen am päpstlichen Hof seit dem Tode Pius II. gesunken sei[26], muß die Beauftragung als Festprediger anläßlich der Pax Paolina doch wohl als Auszeichnung und als Vertrauensbeweis gewertet werden. Die 'Oratio pro pace Italiae' vom 26. Mai 1468 ist nicht im Druck, aber in mehreren Handschriften überliefert. Ich halte mich im folgenden an den Text der vatikanischen Handschrift Ottobon. lat. 1035[27].

Nach meiner Einschätzung handelt es sich um eine rhetorisch und theologisch recht beachtliche Leistung, in der versucht wird, drei Aspekte oder drei Aufgaben miteinander zu verbinden: 1. Predigt anläßlich des Himmelfahrtstages, an dem sie ja gehalten wurde, 2. Predigt anläßlich der Verkündigung des italienischen Friedens und 3. Hinweis auf Papst Paul II. als den aktuellen Friedensstifter oder -vermittler.

Schon einleitend stellt Domenico den Konnex von *Paulus, Himmelfahrt* Christi, dem *Frieden* Gottes und der in Rom verkündeten *pax* Italica her, indem er aus Römer 1,1 und 7 zitiert: „*Paulus,* servus Jesu Christi,

---

[24] Zu Domenico de Domenichi vgl. H. Smolinsky, *Domenico de Domenichi und seine Schrift 'De potestate pape et termino eius'.* Münster 1976 (Vorreformationsgeschichtliche Forschungen 17); aus der ebd., 476–480 verzeichneten älteren Literatur sei nur verwiesen auf H. Jedin, *Studien über Domenico de Domenichi* (1416–1478), in: Akad. d. Wiss. u. d. Lit., Mainz, Abhandlungen der geistes- u. sozialwiss. Klasse, Jahrgang 1957, Nr. 5. Wiesbaden 1958, 177–300.

[25] Vgl. L. v. Pastor (wie Anm. 10), 296 f., wo vier Handschriften dieser Rede genannt werden.

[26] H. Smolinsky (wie Anm. 24), 320.

[27] Cod. Vat. Ottobon. lat. 1035, fol. 46^r–52^v; mir lagen außerdem vor Cod. Vat. lat. 4589, fol. 12^r–135^r, und als Mikrofilm Paris, Bibl. Nat., ms. lat. 2122, fol. 46^r–48^v; nach L. v. Pastor (wie Anm. 10), 419, Anm. 1 ist die Rede auch enthalten in Padua, Bibl. capitol., Cod. A 44 n. 9. – Vgl. auch G. Agostini, *Notizie istorico-critiche intorno la vita e le opere degli scrittori Viniziani,* T. II. Venezia 1752, 438.

omnibus qui sunt *Rome,* dilectis Dei gratia vobis et *pax* a deo patre et domino Jesu Christo", mit Joh. 14,27 an die Worte des zum Himmel fahrenden Christus erinnert: *„pacem* reliquo vobis, *pacem* meam do vobis", und dieses Geschenk durch den *zweiten Paulus,* auch *„servus* Jesu Christi", aktualisiert und verwirklicht sieht („hoc die experimento percipimus")[28]. Den Hauptteil seiner Predigt untergliedert Domenico in einen der Himmelfahrt[29] und einen der Friedensproblematik[30] gewidmeten Abschnitt. In dem Himmelfahrtspassus legt er in Anbetracht der allgemeinen Freude und Feststimmung des Tages den Akzent auf die Interpretation der „ascensio" als Triumphzug Christi mit Begrüßung durch die himmlischen Heerscharen usw. – jeweils fleißig belegt durch passende Zitate aus der Bibel, natürlich aus Dionysius Areopagita und anderen Kirchenvätern. Zeitkritische, vielleicht ist es sogar erlaubt zu sagen: antirenaissancehafte Züge werden deutlich, wenn Domenico auf den unendlichen Abstand und Unterschied verweist, der zwischen der triumphalen Himmelfahrt Christi auf der einen Seite und den durch die „figmenta poetarum" in die Sterne versetzten Göttern sowie den Triumphzügen der Antike, die von denjenigen bewundert werden, die sich an der heidnisch-römischen Geschichtsschreibung berauschen, andererseits besteht[31].

Wie zum Ausgleich für diesen Ausfall gegen die nichtchristliche Antike werden in dem Friedensabschnitt der Predigt neben der Bibel und dem bei allen Pax-Überlegungen unübergehbaren Augustin gleichberechtigt griechische und lateinische Klassiker zitiert und zu Rate gezogen: Homer, Aristoteles, Sallust, Cicero, Terenz und Vergil. Dieses Mit- und

---

[28] Fol. 46[r].

[29] Fol. 47[r]–49[r]: „Contemplemur igitur primum, si placet, et ante mentis nostre oculos ponamus, qualiter ascendente Domino angeli omnes occurrunt ...".

[30] Fol. 49[r]–52[v]: „Nunc, quod sequitur, pertractemus scilicet 'dedit dona hominibus', que profecto multa et magna sunt ...".

[31] Fol. 48[v]–49[r]: „Et iterum psallite Domino, qui ascendit super celos celorum ad orientem, non ad ethereum celum ut Helias, non ad planetarum et signorum orbes ut figmenta poetarum Saturnus, Jupiter, Mars, Venus, Mercurius, Castor et Polus (!), Perseus et Astrea virgo, filia Athlantis, Ar[c]turus et nimbosus Orion et cetera portenta ... Quis ergo umquam triumphus, que ovatio, qui applausus huic poterit comparari? Ubi sunt, quos gentilium litteris debriatos Romane delectant historie ... Deinde Tacii et reliquorum videlicet trecentum viginti triumphis (!), Pauli Emilii et Titi triumphos maxime admirantur...". – Es ist vielleicht bezeichnend, daß unter Lorenzo Magnifico ausgerechnet der Triumphzug des Paulus Aemilius 'wiederaufgeführt' wurde; vgl. J. Burckhardt, *Die Kultur der Renaissance in Italien I.* Berlin 1955, 287. – Im Rom der Renaissance wurde der erste Triumphzug unter Papst Paul II. 1466 veranstaltet, s. Mich. Canensi (wie Anm. 13), 135 f. und das., 136, Anm. 1 dazu die ausführliche Beschreibung aus Vat. Barb. lat. XXX, 64, a, fol. 21 ff.

Nebeneinander ermöglicht denn auch unserem Prediger, ganz am Schluß in christlicher Einrahmung mit Vergil an den aktuellen italienischen Frieden zu erinnern und diesem eine dem Pakt des Aeneas mit König Latinus analoge Bedeutung zu geben[32]: „Audiat dominus Jhesus Christus", – nun Vergil (Aeneis 12, 200 u. 202): „Audiat et[33] genitor, qui federa numine[34] sancit. Nulla dies pacem hanc Italis nec federa rumpat[35] (... Jupiter hör's, der mit Blitzen die Bündnisse heiligt. Nie wird brechen ein Tag den Italern Frieden und Bündnis") – nun wieder aus der Bibel (Phil. 4,7): „Et pax Christi[36], que exsuperat[37] omnem sensum, custodiat corda vestra et intelligentias vestras in Christo Jhesu Domino nostro. Amen."

Was Domenico inhaltlich zum Frieden aussagte, war gewiß eindrucksvoll und nützlich – aber insgesamt doch recht konventionell und formelhaft: Friede ist das größte Geschenk, das uns der fortgehende Christus hinterlassen hat, und jeder einzelne muß es festhalten und zurückgeben. Die Bibel und die Natur preisen den Frieden, und ohne ihn können weder Himmel noch Erde bestehen, erst recht nicht die Staaten und Königreiche. Zur Vermeidung der in allen ihren Schrecklichkeiten von Domenico gezeichneten Kriege und zur Erhaltung des Friedens ist es nötig, ihn mit großem Verlangen zu suchen und mit großer Liebe zu hegen, Gott zu gefallen, Herrschsucht und Machtgier aufzugeben, Sanftmut zu üben und sich nicht in fremde Angelegenheiten einzumischen. Definiert wird Frieden mit Cicero als „in sich ruhende Freiheit"[38] oder noch besser mit Augustin als „die Ruhe der Ordnung aller Dinge (omnium rerum tranquillitas ordinis)"[39] bzw. als Rechtschaffenheit des Verstandes, Ruhe der Seele, Einfachheit des Herzens, als Band der Liebe und als Gemeinschaft der caritas[40].

---

[32] Fol. 52[v]. Zu zeitgenössischen Darstellungen des Triumphzuges des Aemilius P. vgl. auch P. Schubring, *Cassoni. Truhen und Truhenbilder der italienischen Renaissance. Ein Beitrag zur Profanmalerei im Quattrocento.* Leipzig 1915, 246 ff., 298.

[33] Verbessert aus „hec"; Paris, Bibl. Nat., ms. lat. 2122, fol. 48[v], hat „hec" ebenso wie Vergil.

[34] Statt: „fulmine".

[35] Statt (wie auch Paris): „rumpet".

[36] Statt: „Dei".

[37] Paris: „exuperat".

[38] Fol. 51[r]: „Bene profecto eam orator descripsit: Pax est tranquilla libertas"; s. Cicero, Oratio Philippica II 44, 113.

[39] Fol. 49[v]: „Et Augustinus in Dei civitate hanc universalem pacem describit, quod est omnium rerum tranquillitas ordinis"; s. Augustin, De civitate Dei 19, 13 (CSEL 40, 2, 395).

[40] Fol. 51[r]: „Longe melius Augustinus De verbis Domini: Pax est sinceritas mentis, tranquillitas animi, simplicitas cordis, vinculum amoris, consortium caritatis". – Wahr-

Ambrogio Massari

Der vor Papst Paul und den Kardinälen gehaltene 'Sermo de pace' des Massari Ambrosius[41] ist innerhalb der Predigtgattung eine wichtige Korrektur und Ergänzung zu den in Feststimmung vorgetragenen Äußerungen des Bischofs von Torcello und Brescia. Das mag vielleicht daran liegen, daß Massari nicht im Mai 1468, sondern zu einem etwas späteren Zeitpunkt – wahrscheinlich am 16. Dezember 1470[42] –, als es weniger Grund zum Feiern gab, predigte. Und das lag gewiß daran, daß Massari als hochrangiger Augustiner-Eremit dem dichotomischen Grundschema seines Ordenspatrons strenger verpflichtet war. Massari, einer einfachen Familie aus Cora bei Rom entstammend, wurde in jungen Jahren Augustiner, studierte in Florenz, war 1466 und 1470 römischer Ordensprovinzial und später Generalprior. Am päpstlichen Hof hielt er schon vor Pius II. (1463) eine panegyrische 'Oratio' auf Augustin. Eine ganze Reihe von Predigten vor Paul II. und Sixtus IV. folgte[43].

scheinlich handelt es sich hier nicht um ein echtes Augustinzitat, sondern um eine Kontamination. Der Wortlaut findet sich so weder im 'Sermo Domini in monte' noch in 'De civitate Dei' oder ähnlichen in Frage kommenden Schriften des Kirchenvaters. Auch bei H. Fuchs, *Augustin und der antike Friedensgedanke*. Berlin/Zürich ²1965 sucht man das Zitat in dieser Form vergeblich.

[41] Die Predigt scheint bislang nicht gedruckt worden zu sein. J. W. O'Malley, *Praise and Blame in Renaissance Rome. Rhetoric, Doctrine, and Reform in the Sacred Orators of the Papal Court, c. 1450–1521*. Durham, N.C. 1979 (Duke Monographs in Medieval and Renaissance Studies 3), 251, kennt sie als 'Oratio de pace' aus Modena, Bibl. Estense, cod. Alpha Q 6. 13, fol. 73ᵛ–79ʳ und nennt S. 102, Anm. 104, außerdem Paris, Bibl. Nat., cod. lat. 5621; ich benutzte und zitiere: Bologna, Bibl. Univ., cod. 1719, fol. 246ʳ–248ʳ.

[42] O'Malley (wie Anm. 41), 251: „For Paul II, occasion and year unknown". – Die Bologneser Handschrift fol. 246ʳ: „Sermo de pace fratris M. Amb. de Chora habitus et recensitus coram et pontifice Paulo colendisque cardinalibus suasione ad pacem incredibili peragendam mox ut facta est anno Domini 1470 Rome et capella". Nach dem die Predigt einleitenden Zitat aus Phil. 4,7 heißt es: „Cogitanti mihi hoc tempore, perbeatissime pater, de amplissimo excellentissimoque pacis munere, quod sacer apostolus Paulus sicut in hodierna eius epistola vestris in auribus sonuit". Auf Grund dieses von O'Malley übersehenen Hinweises konnte mir B. Schimmelpfennig (Augsburg) helfen: „Wie Patrizis Zeremonienbuch, Burckards Diarium und eine noch unedierte Liste in Cambridge zur Kapelliturgie (ca. 1502/03) zeigen, predigten Augustiner am 3. Advent und am 3. Fastensonntag. Und der erstgenannte Termin („Gaudete") ist natürlich der richtige, denn als Lesung diente Phil. IV, 4–7". Demnach müßte die Predigt am 16. Dezember 1470, also unmittelbar vor der Erneuerung der Pax Paolina und der Liga von Lodi gehalten worden sein.

[43] Zu A. Massari vgl. D.A. Perini, *Bibliographia Augustiniana 2*. Firenze 1931, 194–197; P.O. Kristeller (wie Anm. 2), 1946; O'Malley (wie Anm. 41), 101–104 u.ö.

Seinen uns interessierenden Sermo beginnt Massari mit demselben Paulus-Zitat, mit dem Domenico seine Predigt abgeschlossen hatte (Phil. 4,7): „Der Friede Gottes, welcher höher ist als alle Vernunft, bewahre eure Herzen und Sinne in Christus Jesus", und er sieht sich vor die Aufgabe gestellt, über den Gegensatz (er benutzt sogar den Ausdruck „pugna") von weltlichem und göttlichem Frieden zu sprechen, damit jeder erkennen könne, welcher Frieden zu wählen und welcher zurückzuweisen sei. Dabei steht für ihn von vornherein fest, daß es zwei „pacis species" gibt, die als Alternative aufzufassen sind: den Frieden „huius seculi", gegründet auf die Fürsten, weltlichen Mächte und nichtigen Bedürfnisse des irdischen Lebens, ohne Dauer und ohne seine Anhänger („amatores") selig zu machen – und den wahren, ewigen Frieden des höchsten Gottes, der die Armen zu Himmelsbürgern macht[44].

Nicht einmal Konstantin d. Gr., der als erster römischer Kaiser die Majestät des wahren Gottes erkannt und geehrt habe, und ebensowenig die anderen christlichen Fürsten könnten deshalb als glücklich bezeichnet werden, weil sie lange Zeit friedliche Herrschaft ausgeübt und ihr Reich ihren Söhnen weitergegeben hätten – denn das gelte auch für viele Götzenanbeter, die nicht zum Reich Gottes gehörten. Als historischer Beleg folgt eine lange, z.T. wohl aus Orosius, Paulus Diaconus und Eutrop übernommene Herrscherliste von Ninus, dem ersten König der Assyrer, über die frühen latinischen und römischen Könige und Augustus, dem eine einmalig lange Friedensherrschaft attestiert wird, bis hin zu Decius, Probus, Tacitus und Florian – insgesamt mehr als 60 Namen! Sie alle hätten die Seligkeit nicht gefunden, sondern müßten ewige Qualen erleiden – und das zu Recht, weil sie anstelle des Friedens Gottes den der hinfälligen und trügerischen Welt gesucht hätten[45].

Der Friede Gottes ist mit demjenigen, glücklich und selig derjenige, der, gemäß der paulinischen Anweisung in Phil. 4,8, vorzieht, „was wahrhaftig, ehrbar, gerecht", heilig und fromm ist. – Was aber ist eigentlich die Pax Dei? Natürlich kennt und benutzt Massari die augustinische Formel von der „tranquillitas ordinis rerum"[46], aber er geht in durchaus zeittypischer Beachtung der für Kosmologie, Anthropologie und politische Theorie ungemein wichtig genommenen Trinitätslehre[47] noch weiter: Die

---

[44] Fol. 246ʳ: „Pax Dei pauperes cives facit celorum".

[45] Fol. 246ʳ–247ʳ: „...Omnes hi potentissimi et in orbe viri famosi extiterunt, verumtamen foelicitatem non modo assequuti, quin ymo eternos cruciatus adepti fuerunt et iuste quidem, quia non Dei, sed caduci et fallacis mundi pacem inquisierunt".

[46] Fol. 247ᵛ: „Ad hanc rerum usus ordinis tranquillitas in eterna civitate refertur"; vgl. Augustin (wie Anm. 39).

[47] Vgl. O'Malley (wie Anm. 41), 131 f.

Pax Dei ist zunächst und zuerst gleichsam innertrinitarische Ermöglichung und Form göttlicher Einheit: „nexus est, quomodo pater, filius et spiritus sanctus sicut unius sunt essentie, substantie ac nature"[48]. Sie ist weiterhin Schöpfungsprinzip und Schöpfungszusammenhalt (gradualistisch) über die englischen Hierarchien und die Sterne bis auf die Erde, wo sie Königreiche, Provinzen und Städte einigt, die zerstrittenen Gemüter besänftigt, Verfolgungen ertragen läßt. Sie ist schließlich – wiederum ganz augustinisch – Belohnung und höchstes Ziel: Preis für die Bekenner, Ruhm für die Jungfrauen, Triumph für alle Glaubenskämpfer, ewige Freude, ewige Gottesschau[49]. Und wenn schon – ein letztes Mal wird die Stimme Augustins durchhörbar – den Römern der Friede ihrer Res publica so wertvoll war, daß sie sich selbst und ihre Söhne für ihn opferten, wie müssen dann wir uns erst um den göttlichen Frieden bemühen, der alle Vernunft, d.h. kreatürliche Kraft und irdisches Gut, übersteigt[50]. Ob diese Predigt auf Paul II. und die Kardinäle gewirkt hat, ob sie ernst genommen und irgendwie in Politik umgesetzt wurde, wissen wir nicht. Ich möchte aber annehmen, daß Ambrogio Massari sie sehr ernst gemeint hat und daß wir als Historiker leichtfertig vorgehen würden, wenn wir sie nicht auch – zumindest als geistes- und mentalitätsgeschichtliche Quelle – für die Zeit des römischen Friedens und seiner Erneuerung ernsthaft zur Kenntnis nähmen.

Domenico Galletti

Wem es schwerfällt, Massari und seinen Sermo in den Erwartungshorizont von römischem Renaissancehumanismus einzuordnen, der wird um so lieber Domenico Gallettis Schriften zur Hand nehmen. Galletti war Kanoniker in Arezzo und zwanzig Jahre lang seit etwa 1465 als Schreiber und Abbreviator, Sekretär und Familiar in der päpstlichen Kanzlei tätig. 1468 dedizierte er seinem Brotherrn das in sauberer kurialer Buchschrift verfaßte Pergament-Libell 'De pace Italiae restituta'. Man kann es noch jetzt in der Biblioteca Vaticana in die Hand nehmen. 1787 wurde dieses

---

[48] Fol. 247^r.

[49] Fol. 247^v: „Tu confessoribus premium, tu virginibus gloria, tu omnibus in fidei campo certantibus cunctisque populorum agminibus gloriosus finis, victoria atque triumphus".

[50] Fol. 248^r: „Si enim apud Romanos tantum valuit pax eorum rei publice, ut non modo exteriora bona verum etiam et filios et se ipsos pro illius defensione necabant ..., quid quantumque nos pro excellentissimo hec divi pacis munere ad nitendum faciundumque putamus ...".

82

kleine Werk zusammen mit dem angefügten Hymnus sowie einer in Verse gebrachten Version an ziemlich abgelegener Stelle gedruckt[51].

Als Quelle zur Faktengeschichte ist 'De pace Italiae restituta' nicht besonders ergiebig. Immerhin kann es als Beleg dafür dienen, daß man vielerorts in Italien überhaupt nicht wußte, warum hier andauernd Krieg geführt wurde. Keine Helena war geraubt wie vor dem zehnjährigen griechisch-trojanischen Kampf, kein Bündnis war wie einst vom Skythenkönig Metheas gegenüber Philipp von Mazedonien abgelehnt worden, kein Abfall wie der der Thebaner von Alexander d. Gr. war zu rächen. Hatten die Alten also in der Regel eine „justa causa" für ihren Zorn – ohne daß Gallettus bei der Verwendung dieses Begriffes auch nur ansatzweise die im Mittelalter entwickelte und ausdifferenzierte Lehre vom „gerechten Krieg" berücksichtigt –, so lassen sich für das „bellum Italicum" gar keine (halbwegs vernünftigen) Gründe ausfindig machen[52]. Es bleibt der (vielleicht gar nicht einmal so abwegige) Hinweis auf Schwächen im menschlichen Charakter wie Neuerungssucht („novarum rerum cupidi"); Verwegenes dem wahren Nutzen vorzuziehen; mehr dem verabscheuungswürdigen Krieg als dem lobenswerten Frieden zuzuneigen; anderen Unannehmlichkeiten zu bereiten, selbst wenn es das eigene Blut kostet. Und obwohl die Italiener von Natur aus sehr sanftmütig („mitissimi") sind, haben sie jetzt fast allen Sinn für Menschlichkeit („sensum humanitatis") verloren. Zerstritten unter sich, setzten sie ihre Hoffnung nur noch auf das trügerische Kriegsglück. Zu den Übeln des inneren Krieges kam noch die Bedrohung Europas durch Mehmed den Eroberer hinzu – und das alles, weil Zwietracht, die schon das alte Rom in die Tyrannei führte, herrschte[53].

Vor diesem düsteren und gefahrendrohenden Hintergrund kann der Panegyriker nun mit leuchtenden Farben die Wende beschreiben und

---

51 Cod. Vat. lat. 3694, fol. 1^r–10^r: 'De pace . . .'; fol. 10^v: Hymnus. – Druck in: *Serie di aneddoti Nr. 3*, ed. Piereluigi Galletti. Verona 1787, 10–19 (vorh. in London BL: 114 20.gg. 28); ebd., 1–9 einige Nachrichten und Dokumente über sein Leben und 20–24 die Verfassung. Da der bis auf Kleinigkeiten korrekte Druck in deutschen Bibliotheken nicht vorhanden zu sein scheint, wird bei Zitaten auch auf die Handschrift verwiesen. – O'Malley (wie Anm. 41) berücksichtigt Dominico Galletti nicht, doch finden sich einige bibliographische Hinweise bei M.E. Cosenza, *Biographical and Bibliographical Dictionary of the Italian Humanists and the World of Classical Scholarship in Italy*, 1300–1800, vol. 2. Boston ^{2}1962, 1532.

52 Galletti, 11 (= Fol. 2^r): „..., qui idcirco arma suscitarunt, quod honestam rationem habere putabantur. Veteres enim ad iustam odiorum causam properare solebant ... At quam causam, quod fundamentum, quam originem belli Italici reperimus"?

53 Galletti, 11–13 (= Fol. 2^r–4^r).

preisen, die mit Paul II. eingetreten ist. „Denn nun spürt die Stadt Rom nicht den Tyrannen, nicht den Imperator, sondern den Hirten, nicht so sehr den Herrn, sondern den Vater und Beschützer, nicht die Caesaren..., sondern den Venezianer Papst Paul II., den Vikar Christi, der das öffentliche Wohl liebt und den alle verehren, anbeten, anflehen und bewundern ..."[54]. Ich erspare mir ein weiteres Eintauchen in die stark parfümierte Schmeichelflut, die der Kurienbeamte vor seinem Papst ausgießt. Bemerkenswert scheint mir jedoch noch zu sein, daß Gallettus es wagen konnte, in denselben Wochen, in denen Paul II. rigoros gegen die sog. Römische Akademie und ihre heidnisch antikisierenden Bestrebungen (oder waren es nur Spielereien?) vorging[55], ganz unbefangen auch aus dem Repertoire heidnisch-antiker Floskeln zu schöpfen, wenn er vom „clausus Janus" spricht; wenn er Vergils (angebliches) Distichon auf Caesar (d.i. Augustus) auf den Papst ummünzt: „Regen fiel die ganze Nacht, morgen [aber] kehren die Spiele wieder; geteilte Herrschaft mit Jupiter hat Paulus"; oder wenn er meint, Astrea, vom Himmel auf die Erde zurückgekommen, habe das goldene Zeitalter wiedergebracht[56].

[54] Galletti, 13 (= Fol. 4ʳ): „Sentit enim nunc urbs Roma non tyrannum sed iustum rectorem, non imperatorem sed pastorem, non dominum tantum sed parentem et defensorem, non Caesares, non Tyberios, non Caligulas, non Galbas, non Othones, sed Paulum Barbum Venetum II. pontificem maximum, Christi vicarium, summum sacerdotem, publici boni amatorem, quem omnes colunt, omnes adorant, omnes venerantur, omnes admirantur".

[55] Zu der vielfach behandelten Akademikergruppe um Pomponius Laetus und den überaus harten Maßnahmen Pauls II. vgl. u.a. R.J. Palermino, *The Roman Academy, the Catacombs and the Conspiracy of 1468*. Archivum Historiae Pontificiae 18 (1980), 117–155; ebd., 119, Anm. 4 auch die wichtigste ältere Literatur sowie P. M. Masotti, *L'accademia Romana e la congiura del 1468*. Italia Medioevale e Umanistica 25 (1982), 189–202.

[56] Galletti, 15 (= Fol. 6ʳ): „... quiescunt arma, conditae tubae, clausus Janus, omnia tranquillitatem et profundum ocium sentiunt, ut negari non posset Astrea in terras e coelo lapsa Augustum saeculum rediisse"; Galletti, 16 f. (= Fol. 7ᵛ): „... adeo ut quod de Cesare Virgilius dixerat idem et nos te iure optimo dicere possumus: 'Nocte pluit tota, redeunt spectacula mane; divisum imperium cum Jove Paulus habet'". – Galletti kannte das angebliche Vergil-Distichon vermutlich aus den Interpolationen zur Vita Donatiana; vgl. Vergil, *Landleben. Bucolica. Georgica. Catalepton*, ed. J. u. M. Götte. *Vergil-Viten*, ed. K. Bayer. Lateinisch und deutsch. Darmstadt 1970, 362, 155 f.; andere z.T. abweichende Fassungen sind zu finden über: *Initia carminum Latinorum saeculo undecimo antiquiorum. Bibliographisches Repertorium für die lateinische Dichtung der Antike und des früheren Mittelalters*, bearb. v. D. Schaller u. E. Könsgen. Göttingen 1977, 458 Nr. 10279.

Die Himmelfahrts-Friedenspredigt des Domenico de Domenichi und die Panegyrik des Domenico Galletti waren ganz unmittelbar an die Situation der ersten Monate des Jahres 1468 in Rom und Italien gebunden. Das gilt ebenfalls für die beiden 'Carmina' des Porcellio, auf die ich hier nicht eingehen kann[57], und für die Rede Platinas 'Ad Paulum II. Pont. Max. de pace Italiae componenda atque de bello Turcis indicendo'[58], auf die ich wenigstens ganz kurz hinweisen muß. Platina zeigt sich nämlich in der 'Oratio' von einer ganz anderen Seite als in der gleich vorzustellenden 'Disputatio', und das ist sehr aufschlußreich für den gattungsspezifischen Einfluß auch auf die jeweiligen Inhalte sowie für seinen persönlichen Charakter.

In der panegyrisch getönten 'Oratio', die wahrscheinlich unmittelbar nach Erlaß der Friedensbulle vom Februar 1468 verfaßt wurde[59], schließt

---

[57] Siehe oben Anm. 23. Erst während der Drucklegung erreichten mich aus Florenz vorläufige Abschriften der Gedichte Porcellios und weitere Nachrichten über diesen Dichter, die ich Wolfgang Kaiser verdanke. Entgegen der oben in Anm. 23 zitierten Ansicht von G. Zippel beziehen sich die Gedichte nicht unmittelbar auf den Frieden des Jahres 1468, sondern sind in seinem Vorfeld anzusiedeln. Überliefert sind sie in Florenz, Cod. Laur. Plut. 90 Sup. 47, fol. 163^r–165^r bzw. fol. 165^r–166^v. Das erste ist überschrieben 'Deploratio Italie poscentis pacem a divo Paulo II pont. max. Porc. poeta'. In ihm schildert Porcellio einen Traum, in dem sich das kriegsbedrohte Italien hilfeheischend an den Papst wendet. Das zweite ist betitelt: 'Responsio divi Pauli pont. max. ad Italiam, quam summopere consolatur'. Hier verspricht der Papst, sich mit aller Kraft für den Frieden in Italien einsetzen zu wollen, um sodann einen Kreuzzug gegen die Türken zu führen. In den Schlußversen hofft der Dichter, daß durch den Papst mit Hilfe der Götter sein Friedenstraum erfüllt werde. Offenbar hat Porcellio seine zuvor auf Papst Pius II. gerichteten Erwartungen nach dessen Scheitern und Tod auf den neuen Papst, zu dem engere Bindungen sonst nicht bekannt sind, übertragen. Ein Datierungsversuch kann erst nach genauerer Analyse der Handschriften und Texte versucht werden. Vorerst hat es den Anschein, als seien die Scoretti zu einem Zeitpunkt niedergeschrieben worden, als der Krieg, den Papst Paul II. 1467/68 beenden geholfen hatte, noch gar nicht ausgebrochen war. Wenn Porcellio mithin nicht anläßlich der Pax Paolina seine Verse geschmiedet hat und insofern aus dem Kreis der hier vorgestellten Zeitgenossen auszuschließen ist, mag doch auch seine Stimme registriert werden im Chor derer, die um den italienischen Frieden bangten und Papst Paul II. eine besondere Verantwortung für Kriegsverhütung und Friedensstiftung zusprachen.

[58] Gedruckt ist die Rede im Anhang zu verschiedenen alten Editionen von Platinas 'Vitae pontificum' (vgl. unten Anm. 68); ich zitiere aus der Ausgabe Köln 1540, 88–92.

[59] Die Abfassungszeit ergibt sich einmal aus der Kenntnis des Wortlauts der Friedensbulle und zum anderen aus Anspielungen auf die vierjährige Regierungszeit des Papstes sowie auf die anscheinend noch nicht vollzogene Ratifizierung durch die italienischen Mächte. Schließlich dürfte der Terminus ante quem die Gefangensetzung Platinas Ende Februar 1468 sein.

sich Platina ohne alle Vorbehalte der doppelten Intention der Bulle – Friede in Italien und Kampf gegen die Türken – an. Ist der durch Paul II. herbeigeführte Friede auch rühmenswert, so fehlt doch zum höchsten Lob noch die Ansage und Durchführung des Türkenkrieges[60]. Dieser würde für Platina in der glorreichen Tradition der Kreuzzüge stehen wie in der der griechischen Perserkriege, der Züge Alexanders d. Gr., der zahlreichen Römerfeldzüge und der aus der Geschichte des Alten Testaments bekannten Taten Sauls, Davids und Judiths; er wäre ein „bellum sanctissimum"[61].

Platina – Arévalo: Disputatio

Die ʾAltercatio sive disputatio – de pace et bello – inter Roderigum episcopum Calaguritanum Hispanum et B. Platinamʾ ist zwar auch anläßlich der Pax Paolina geschrieben worden, ja sie versteht sich sogar als ein Beitrag zu den Friedensfeiern. Indem sie jedoch sofort ins Grundsätzliche und Allgemeine geht, löst sie sich von der konkreten Situation und bliebe auch beachtenswert, wenn es nie einen Paul II. gegeben hätte. Allenfalls könnte man unterstellen, daß der spanische Bischof mit seinen kritischen Ausführungen einer in seinen Augen unbegründeten Friedenseuphorie entgegentreten wollte[62]. Als nach meinem Wissensstand singuläre nicht-

[60] Platina, Oratio, 88: „... Quod vivimus, quod spiramus, quod fruimur pace et liberiore vita, tuo id munere fieri nemo est, qui ambigat ... Ad summam laudem, Paule, nil tibi praeter bellum Turcis inductum et confectum deesse video ...".

[61] Platina, Oratio, 90: „... si consilio tuo et mandatis Italiae populi obtemperaverint. Armavit Urbanus secundus pontifex maximus conventu Christianorum ad Clarem montem habito trecenta milia hominum in Saracenos recuperandae Hierosolymae causa ... O bellum sanctissimum et annalis aureis notandum, si id retinere Christiani principes adnixi fuissent, quod multo sudore ac sanguine nostri peperant ... bellum habet honestissimum, pro piis contra impios, pro iustis et bonis contra iniustos et malos ... pugnaturus nimirum est Deo ipso duce, quem spernunt hostes"; S. 91: „... Superavit Melciades (!) Athenensium dux in campis Marathoniis cum decem millibus militum, adiuvantibus perpaucis Plateensibus, centum millia Persarum in Grecia ... Quotiens parva manu Darium aut praefectos eius magnorum exercituum duces fudit Alexander Magnus? Quoties Caesar? Quoties Scipio? Quoties Hannibal? Quoties Pyrrhus? Et ne veteris testamenti historiam praetereamus, Saul rex solus uno proelio mille, David decem millia Philistaeorum superavit. Non fraudetur sua laude Iudith foemina illustris, quae Holophernem interfecit ac patriam gravi obsidione liberavit. Factum hoc auxilio Dei, qui iustam semper causam fovit, non negaverim. Tuebitur et nos idem Deus ...".

[62] Die schon in der Titelformulierung deutlich werdende These von G. Butler, *Bishop Roderick and Renaissance Pacifism*, in: ders., *Studies in Statecraft*. Cambridge 1920, 1–25 und 105–113, halte ich für verfälschend überzogen und eher für einen Ausdruck der Problemlage zur Zeit ihrer Veröffentlichung als für eine der Situation um 1468 und der

fiktive Pro- und Contra-Debatte über das Thema 'Krieg und Frieden' ist sie bislang von der Forschung noch nicht angemessen berücksichtigt worden[63]. Auch ich muß mich hier auf einige Andeutungen beschränken.

Zunächst in gebotener Kürze zu den beiden Kontrahenten: Bartholomeo Sacchi, genannt Platina, geboren 1421 in Piadena bei Cremona, war als junger Mann vier Jahre lang beim Militär, studierte dann in Mantua, hielt sich einige Jahre in Florenz auf, wo er Kontakte zur dortigen Akademie pflegte, und wurde 1461 Mitglied des Abbreviatoren-Kollegiums an der römischen Kurie. Als ein besonders widerborstiger Demonstrant gegen den 1464 von Papst Paul II. angeordneten Personalstellenabbau wanderte er in diesem Jahr zum ersten Mal als Gefangener in die Engelsburg. Im Frühjahr 1468 wurde er erneut dort eingeliefert – diesmal als Mitglied der angeblich neuheidnischen und auf Umsturz bedachten sog. Römischen Akademie. Der 1469 wieder Entlassene erfuhr nach dem Tod Pauls II. (Juli 1471) durch Sixtus IV. eine Art päpstlicher Wiedergutmachung, die 1475 in der Ernennung zum Präfekten der Biblioteca Vaticana gipfelte. Im September 1481 starb er. Um seine Wesenszüge zu malen, bedarf es einer sehr bunten Palette, gilt er doch als lebhaften Geistes, wenig diszipliniert, mehr gewandt als tief, kulturell weit und mannigfaltig, aber ungeordnet, ziemlich chaotisch im Denken, von ungefestigter Moral und unbestimmtem Charakter[64]. Unter seinen zahlreichen Schriften haben besondere Beachtung gefunden: eine Art Kochbuch für Feinschmecker ('De obsoniis, ac de honesta voluptate vel valitudine')[65], ein

Intention der Kontrahenten gerechtwerdende Deutung. Nützlich bleibt die Arbeit von Butler in ihren rein referierenden Abschnitten. Völlig verfehlt scheint mir dagegen auch die Unterstellung (S. 14 f.), „that the so-called dialogue was in reality no dialogue at all, but, on the contrary, a satiric piece of composition from the pen of the kindly, of slightly malicious, castellan …".

[63] Beste Ansätze bislang: T. Toni, *El tratado 'De Pace et Bello' de Don Rodrigo Sánchez de Arévalo*. Razón y Fe 111 (1936), 37–50.

[64] Eine umfassende wissenschaftliche Würdigung Platinas bleibt ein Desiderat der Renaissance- und Humanismusforschung. Genaueste und nützlichste Übersicht immer noch: G. Gaida, *Brevi cenni intorno alla vita e alle opere di Bartolomeo Sacchi detto 'il Platina'*, in: B. Platyna, *Liber de vita Christi ac omnium pontificum*, cur. G. Gaida. Città di Castello 1913 (Rer. Ital. Script. ord. da L. Muratori. Nuova ed. T. 3,1), IX–XXXIV – Weitere Literatur bei M.E. Cosenza (wie Anm. 51), vol. 4. Boston 1962, 2839–2845 und vol. 6. Boston 1976, 225. – Nicht zu ermitteln war eine eventuelle Publikation anläßlich des Convegno di studi su Bartolomeo Sacchi detto il Platina (1421–1481). Cremona, 14–15 novembre 1981.

[65] Verfaßt wahrscheinlich 1467. – Erster Druck: *Viri doctissimi Platynae opusculum de obsoniis, ac de honesta voluptate (et) valetudine*; impressum in Civitate Austrie, impensis et expensis Gerardi de Flandria 1480; vgl. G. Gaida (wie Anm. 64), XV, Anm. 2; M.E. Milham, *The latin editions of Platina's 'De honesta voluptate'*.Gutenberg Jahrbuch 1977, 57–66;

Versuch, seine Rechtgläubigkeit durch Abwertung heidnischer Philosophie und antiker Moral zu beweisen ('De falso et vero bono')[66], zwei politik-theoretische Arbeiten ('De optimo cive' und 'De principe')[67] sowie vor allem seine wirkungsmächtige Papstgeschichte[68].

Roderigo Sánchez de Arévalo ist einer breiteren, internationalen Leserschaft nur durch seinen Ständespiegel ('Speculum vitae humanae'), der bis in das 17. Jahrhundert mindestens achtunddreißigmal in lateinischer, deutscher, französischer oder spanischer Sprache gedruckt wurde, bekannt geworden[69]. In der Überfülle der Talente des 15. Jahrhunderts hat er zwar nur die Leuchtkraft eines Sternes zweiter oder dritter Ordnung – aber auch das will ja nicht wenig besagen. Geboren 1404, Studium in Salamanca, Doktor beider Rechte (worauf er mit Stolz immer wieder hinwies), Kleriker in Burgos, Archidiakon von Treviño, bald Hinwendung zu politischen und kirchenpolitischen Aufgaben: Vertrauter, Sekretär und diplomatischer Vertreter Juans II. und Enriques IV., um die kastilischen Interessen in Frankfurt, Mailand, Neapel, Burgund und Frankreich zu vertreten. Seit Papst Calixt III. im unmittelbaren Dienst der Kurie, Berater und Begleiter Pius II. und zu Beginn des Papats Pauls II. sogleich mit der für Rom wichtigen Vertrauensstellung eines Kastellans der Engelsburg bedacht. Nebenbei – aber nacheinander – Bischof mehrerer spanischer Diözesen. Gestorben 1470. Überliefert sind mehr als 28, zum großen Teil sehr voluminöse Werke, außerdem eine Reihe von kürze-

dies., *The vernacular translations of Platina's 'De honesta voluptate'*. Gutenberg Jahrbuch 1979, 87–95.

[66] Verfaßt wahrscheinlich 1471; überliefert u.a. in Cod. Vat. lat. 2045 sowie in verschiedenen Drucken; vgl. G. Gaida (wie Anm. 64), XXVIII.

[67] Cod. Vat. lat. 2045; Druck als Anhang zu verschiedenen Ausgaben der Papstviten, z. B. Köln 1540, s. G. Gaida (wie Anm. 64), XXIX, Anm. 3 u.ö. – Zu 'De principe' vgl. auch unten S. 99.

[68] Wie Anm. 64; vgl. auch R.J. Palermino, *Platina's History of the Popes*. Diss. Edinbourgh 1973; M. Miglio, *Storiografia pontificia del quattrocento*. Bologna 1975, 121 ff.; R. Fubini, *Papato e storiografia nel Quattrocento*. Studi medievali, ser. 3, 18 (1977), 321–351, bes. 341 ff.; H. Zimmermann, *Das Papsttum im Mittelalter. Eine Papstgeschichte im Spiegel der Historiographie*. Stuttgart 1981 (Uni-Taschenbücher 1151), 194–207.

[69] Zu R.S. de Arévalo vgl. jeweils mit weiterführenden bibliographischen Hinweisen T. Toni, *Don Rodrigo Sánchez de Arévalo 1404–1470*. Anuario de historia del derecho español 12 (1935), 97–360; dort S. 356–359 Auflistung der Ausgaben des 'Speculum vitae humanae'; (auch separat: Madrid 1941); R.H. Trame, *Rodrigo Sánchez de Arévalo 1404–1470. Spanish Diplomat and Champion of the Papacy*. Washington, D.C. 1958 (The Catholic University of America. Studies in Medieval History, N.S. 15); J.M. Laboa, *Rodrigo Sánchez de Arévalo, Alcaide de Sant' Angelo*. Madrid 1973 (Publicaciones de la Fundacion Universitaria Españolo, Monografías 8).

ren Traktaten und Predigten[70]. Sein Interesse galt durchgängig einem starken Papsttum, aber auch historischen, tagespolitischen und pädagogischen Fragen.

Überlieferung und Charakter der 'Disputatio'. Der Meinungs- und Gedankenaustausch zwischen Platina und Arévalo fand unter denkbar schlechten äußeren Umständen statt. Platina war ein gefolterter Gefangener und Arévalo der Kastellan des Gefängnisses. Daß es gleichwohl zu einem gleichberechtigten Gelehrtengespräch kam, gehört in den Kontext eines der merkwürdigsten Kapitel der Gefängnisgeschichte, das ich hier leider nicht nacherzählen kann[71].

Die 'Disputatio' ist handschriftlich im Vatikan sowie in Venedig, Florenz, Ferrara und Cambridge überliefert[72]. 1778 erschien in Rom ein Druck, der zitiert zu werden pflegt, obwohl die Handschriften recht zahlreiche Abweichungen enthalten[73]. Eine kritische Edition wäre also äußerst erwünscht.

Worum es geht, darüber informieren den schnellen Leser wie ein Klappentext der Prolog und die Widmung an Kardinal Marcus Barbus (einen Neffen Pauls II.)[74]: Jüngst („nuper") sei der Friede zwischen den italienischen Völkern geschlossen und – Anspielung auf Domenico de Domenichi! – zur Vermehrung der Freude sowie zur Steigerung des päpstlichen Ansehens eine Predigt gehalten worden. Ein Licht leuchtet aber nur in der Dunkelheit. Deshalb glauben Platina und Arévalo, man könne die wunderbaren Verdienste des Friedens und der menschlichen Ruhe nur richtig erkennen, wenn auch die Bedeutung (lat. heißt es sogar: praeconia = Ver-

---

[70] Beste, wenn auch gelegentlich ergänzungs- und korrekturbedürftige Aufstellung mit Inhaltsangabe bei T. Toni (wie Anm. 69), 239–355; knappere, chronologisch geordnete Übersicht bei J.M. Laboa (wie Anm. 69), 419–423.

[71] Vgl. J.M. Laboa (wie Anm. 69), 214–239.

[72] Cod. Vat. lat. 4881, fol. 134^v–153^v; Venedig, Bibl. Marciana lat. XI, 103 (4361), fol. 1^r–59^v (nicht bei Toni u. Laboa); Florenz, Bibl. Laur. Gaddianae, cod. XX; Cambridge, Corp. Christ. cod. 166, fol. 1^r–63^r; zu der inzwischen nicht mehr auffindbaren Handschrift in Ferrara vgl. Vairani (wie Anm. 73), 67 und T. Toni (wie Anm. 69), 33 und 354.

[73] *Cremonensium monumenta Romae extantia,* coll. atque ill. Th. A. Vairani, P. 1. Rom 1778, 69–106; ebd., 67–69 Einleitung von Vairani. – Der hauptsächlich an Platina interessierte Herausgeber hat nach dem gemeinsamen, aber vom Spanier verfaßten Prolog den kürzeren 'Tractatus de laudibus pacis' im oberen Teil der Seiten 71–106 drucken lassen und die längeren Ausführungen des Rodericus Sánchez de Arévalo in den unteren Teil mit kleineren Lettern und doppelspaltig gesetzt. Im folgenden wird zitiert: 'Vairani' mit Seiten- und ggf. Spaltenangabe.

[74] Vairani, 69 f. – Zu Marco Barbo – auch als Förderer des römischen Humanismus vgl. G. Gualdo, in: *Dizionario biografico degli Italiani* 6. Roma 1964, 249–252 und die dort angegebene Literatur.

herrlichung), Vorzüge und Notwendigkeit der Waffen und der Kriege überdacht würden. In Erinnerung an den antiken Brauch, nach einem Friedensschluß zur öffentlichen Freude Einzelkämpfe oder Kriegsspiele durchzuführen, wollen sie sich auf einen waffenlosen Zweikampf einlassen, ein Duell über Krieg und Frieden durchführen und so den Frieden gewissermaßen durch einen Krieg feiern.

Platina als der jüngere und von Natur aus aggressivere (er zählte damals immerhin schon 47 Jahre!) will das Friedenslob vortragen und gegen den Krieg als den Feind des Friedens zahlreiche Geschosse der Nationen und Autoritäten schleudern. Rodericus hingegen hat sich vorgenommen, die als Frieden bezeichnete „terrena quies" (also wohlgemerkt nicht die „vera pax" eines Augustin oder eines Ambrogio Massari!) zu entlarven als Amme vieler Mängel und Fehler („plurimorum vitiorum nutricem"), als träge, furchtsam, unstabil und heuchlerisch, sowie andererseits den kriegerischen Waffendienst nicht nur als schuldlos, sondern als lobenswert hinzustellen, als bedeutsam und förderlich für Religion, Frömmigkeit, Gerechtigkeit, Ehre und alle Tugenden.

Als Schiedsrichter in diesem Duell, das nicht in Dialogform, sondern als Abfolge zweier Plädoyers – erst Platina, dann Arévalo – durchgeführt wird, soll der Kardinal von St. Marco fungieren.

Über Stil, Methode und Überzeugungskraft der beiden Vorträge hat bereits ziemlich treffend und in bündiger Form der Herausgeber des Jahres 1778, Thomas Augustinus Vairani, geurteilt: Die Kraft der Beredsamkeit und der Eifer seien größer bei Platina, Gelehrsamkeit und Scharfsinn bei Rodericus. Jener benutze in Wort und Darstellung ein knappes, elegantes und geschmücktes „dicendi genus" – dieser eine flüssige Redeweise, aber in der Art der Scholastiker, wenig gezügelt, eher ausführlich und frei, nicht schmuckvoll, aber doch auch nicht nachlässig; an weltlicher Gelehrsamkeit („profana eruditione") überrage Platina, an geistlicher („sacra") Arévalo. Jeder von beiden erwecke durch seine Rede Vertrauen, so daß der Hörer das jeweilig Vorgetragene zustimmend und billigend für wahr halte[75].

In der Tat ist es sehr schwierig, wenn man vorurteilsfrei an die beiden Texte herangeht, einem von beiden die Palme zuzuerkennen. Und weil, wie es scheint, weder der Dedikator noch ein anderer Zeitgenosse die Schiedsrichterrolle angenommen hat, wissen wir auch nicht, wie man in der zweiten Hälfte des 15. Jahrhunderts nach dem Pro- und Contra-Spiel abgestimmt hat. Die Schwierigkeit liegt u.a. darin – und das ist zu-

---

[75] Vairani, 68.

gleich eine ganz spannende geistesgeschichtliche Demonstration (oder: die Demonstration einer geistesgeschichtlichen Spannung)! –, daß der Kampf weithin mit verschiedenen Waffen ausgefochten wird. Während nämlich Platina sehr geschickt seine rhetorische Meisterschaft ausspielt und zu seinen Gunsten die Emotionen weckt, spricht Arévalo eher die konventionelle Vernunft an, indem er sich aus dem großen Arsenal der Autoritäten und Zitate das ihm passende oder leicht passend zu machende Rüstzeug heraussucht und seiner argumentativ rationalen Strategie nutzbar macht.

Platinas Thesen. Platinas 'damnatio belli' und 'laudatio pacis' enthält im wesentlichen 8 bzw. 9 Thesen, die aber erst durch ihre rhetorische Einkleidung und durch einige noch heute unmittelbar ansprechende oder verwendungsfähige Metaphern bzw. Argumente ihre suggestive Leuchtkraft erhalten. Ich muß mich hier auf die Thesen beschränken und kann nur ganz wenige Beispiele seiner eigentlichen Kunst einflechten:

1. Der Krieg ist schädlich, bringt Trauer und Leid. Niemand, er sei denn von Mars erzeugt, zieht das Schädliche dem vor, was allen nutzt und frommt. Krieg aber bedeutet Schaden: Zerstörung von Provinzen und Städten, Gemetzel, Raub, Brand, Schändung von Heiligtümern, Betrug, Verrat und Verbrechen jeder Art. Er bringt die Eltern um den Sohn, die Gattin um den Gatten, die Kinder um den Vater. Krieg bedeutet Qualen und Leid für die Kämpfenden, die zudem auch beim Sterben auf die Hilfe und den Zuspruch von Familie, Freunden und Priestern verzichten müssen[76].

2. Das Lob des Krieges ist ein großer Fehler. – Wie unsinnig ist es doch, wie fremd aller Religion, Frömmigkeit und Menschlichkeit, den, der einen Menschen tötet, für einen Verbrecher zu halten, aber diejenigen, die wie die großen Feldherren Zehntausende ins Verderben geführt haben und den Erdkreis zerstören, mit göttlichen Ehren zu bedenken, was letztlich auf das Konto der Schriftsteller, besonders aber auf das der Historiker geht[77].

3. Der Krieg und insbesondere das Niedermetzeln von Menschen widerspricht den göttlichen Vorschriften und der Achtung vor der Ebenbildlichkeit des Menschen mit dem Schöpfer. – Deswegen haben schon

[76] Vairani, 71–74.

[77] Vairani, 74–78; S. 76: „... Quae stultitia, quaeso, ista est, eum, qui unum hominem occiderit, nefarium et scelestum putare et eum, qui centena millia perdiderit, qui orbem terrarum deleverit, qui eorum templa, quos in caelo socios habiturus est, prophanaverit, colere ac divinis honoribus prosequi? ...”; S. 77: „... Immortales fieri homines virtute non vitio, non fraude, non superbia, non crudelitate veri ascribunt historici”.

jene „maiores", die der neuen Generation geistig verwandt waren, Verbrecher nur ausgestoßen, die Todesstrafe aber für Frevel gehalten. Kein anderes Lebewesen verletzt ein Individuum der eigenen Gattung, und es gibt keinen vernünftigen Grund, warum die Menschen es nicht ebenso halten, zumal wir alle von demselben Vater abstammen: „Parcite, quaeso, vobis metipsis, parcite, parcite sanguini vestro"[78].

4. Der äußere Krieg ist ein Übel und zieht oft innere Kämpfe nach sich. Auf Blut errichtete Reiche gehen in Blut unter[79].

5. Der wahre Ruhm gebührt den Helden ohne Waffen, vornehmlich den Gesetzgebern, sowie jenen, die wie Herkules die Menschheit von Ungeheuern befreit haben[80].

6. Vorbild ist der ewige Friede in Nachahmung des Schöpfungs- und Ordnungswerkes Gottes, das wir in der makrokosmischen, stellaren und mundanen Harmonie, in Schönheit und Übereinstimmung („convenientia") bewundern. – Denn „pax" ist ja nichts anderes „quam convenientia et quasi coniunctio hominum inter se"[81].

· 7. Krieg und Frieden sind unversöhnliche Gegensätze wie Gut und Böse, Grausamkeit und Frömmigkeit, Hochmut und Menschlichkeit. Im Krieg den Frieden und im Frieden den Krieg zu suchen, ist ein Zeichen von Unbeständigkeit („inconstantia"). Und erst dann reut es uns, die Waffen ergriffen zu haben, wenn das Unrecht auf unser eigenes Haupt zurückschlägt[82].

8. Der Friede dient der Einhaltung des göttlichen Gesetzes und hat viele Vorteile. – Eisen wird nicht gewonnen, um Menschen zu töten, sondern um Äcker zu bestellen. – Städte- und Häuserbau, Flußregulierung und Wasserbau, Tierzucht, Handwerk und Handel, Krankenversorgung und nicht zuletzt das Studium sind nur im Frieden möglich[83].

---

[78] Vairani, 78–82; S. 79: „... Moti hanc ob rem maiores illi, qui novae generationi propinquiores fuere, qui mentis divinae magis participes, delinquentes auxilio mulctabant eisdemque aqua et igni interdicebatur, grave nefas putantes, quamvis malos tamen homines et Dei similitudinem prae se ferentes supplicio capitis afficere ..."; S. 80: „... O crudeles hominum mentes et efferatae, cum reliquae animantium species individua sua non laedant, dico, sed conservent et tueantur ab iniuria ... Parcite ... Ex eodem enim parente geniti sumus ...".

[79] Vairani, 82–87 und 89.

[80] Vairani, 76 und 87–90.

[81] Vairani, 90–93 und 98; S. 91: „... cum pax nihil alius sit quam convenientia ...".

[82] Vairani, 93–95; S. 94: „... pacem in bello quaerimus, in pace bellum, quod quidem est magnum inconstantiae signum". – Die Formel „In pace bellum quaeritas, in bello pacem desideras" war weit verbreitet; vgl. z. B. Mariano Taccola, *De rebus militaribus (De machinis, 1449)*, hg. von E. Knobloch. Baden-Baden 1984 (Saecula spiritualia 11), 57.

[83] Vairani, 95–105.

Bei all dem ist Platina kein radikaler Pazifist. Er weiß, daß es gerechte Kriegsgründe gibt, z. B. den Schutz von Heim und Herd („pro Laribus"). Und wie die Natur den wilden Tieren zur Verteidigung Zähne und Klauen gegeben hat, so hat sie den Menschen die Fähigkeit, sich zu bewaffnen, verliehen[84]. Aber – und das ist eine Forderung, die Platina immer wieder aufstellt und zugleich in ihrer Erfüllbarkeit immer wieder bezweifelt – die angeborene Kriegstüchtigkeit, die „nata fortitudo", darf nicht getrennt werden von den übrigen Tugenden, insbesondere von der Gerechtigkeit („a justitia"), und eben dazu verleiten die „libido dominandi" und die „cupiditas"[85]. Ohne den Ausdruck zu benutzen, beschreibt Platina die Dämonie der Macht und des Sieges: „Wen gibt es schon, der, einmal zur Macht gekommen (qui potentiam adeptus), nicht in Ungerechtigkeit verfällt? Leichter wird ein wegen der Gewalt der Wasser überströmender Fluß in die Ufer gebändigt als ein unmäßiger Sieg über Feinde"[86].

Platinas Plädoyer ähnelt einer freien Rede, deren Fluß unreguliert mäandert. Nur wenige Autoritäten werden namentlich zitiert, zweimal Vergil, je einmal Hesiod, Livius und Sallust[87], sonst allgemeiner „doctores, historici, philosophi" und „poetae". Die Beispiele zur Veranschaulichung sind durchweg der antiken, besonders der römischen Geschichte entnommen. Als Gefangener hat er wohl weitgehend aus dem Gedächtnis heraus formulieren müssen, ohne sich auf eine Bibliothek stützen zu können.

Arévalos Thesen. Arévalos Redefluß ist gleichsam kanalisiert, seine Argumentationsfolge klarer geordnet und strenger gegliedert. Es gibt eine 'prima' und eine 'secunda pars', jeweilig mit zehn Unterabschnitten. Schulmäßig korrekt soll der Einbau zahlreicher Zitate den Eindruck überprüfbarer Solidität vermitteln. Unter den antiken Autoren steht mit Abstand Aristoteles an erster Stelle (27 Zitate), gefolgt von Seneca, Vegetius und Cicero (4–6 Zitate). Außerdem verweist er auf Homer, Platon, Ennius, Livius, Sueton, Horaz, Valerius Maximus und Boethius. – Aus dem biblischen Schrifttum beruft er sich auf Paulus, Hiob, die Propheten und, neben weiteren anderen, bezeichnenderweise auf das Buch der Makkabäer. – Die Kirchenväter führt mit mindestens 45 Zitaten Augustinus an, gefolgt von Gregor d. Gr. (8), Leo I., Hieronymus, Chrysostomos,

---

[84] Vairani, 74: „... Propulsare nimirum iniuriam licet, natura ipsa adiuvante, quae ut feris dentes ad tutelam et ungues, ita hominibus armatas manus ex industria praestitit ...".
[85] Vairani, 74, 83, 94 u.ö.
[86] Vairani, 87: „... Facilius enim exuberans flumen ob potentiam aquarum inter ripas continebitur quam exultans et insolens victoria hostis ...".
[87] Vairani, 84, 93, 95, 100 und 101.

Isidor v. Sevilla, Hilarius und Cyprian sowie Cassiodor. – Petrarca (3) und Bernhard von Clairvaux sind die einzigen Vertreter des Mittelalters. Was er aus ungenannten Quellen, etwa aus dem 'Corpus Iuris Canonici' oder aus den 'Siete Partidas' entnommen hat, bleibt noch zu überprüfen.

Wer so viele erlauchte Geister beschwört wie Sánchez de Arévalo, wird in der Regel wenig eigene Originalität beanspruchen können. Das trifft auch für den Verfasser der 'Commendatio armorum militarium' zu. Kaum ein Gedanke in diesem etwa 30 Seiten füllenden Traktat ist wirklich neu – möglicherweise nicht einmal die Behauptung, Kriege würden zum Schmuck und zur Schönheit des Universums beitragen, und man benutze deshalb das Wort „bellum", weil es eine „bella sive pulchra res" sei[88] – oder die andere: der Friede sei unstabil und furchtsam, weil *er,* bzw. als „pax" *sie,* eine Frau sei und einen weiblichen Namen trage („quia femina et femineo nuncupata nomine"), d.h. von *Natur* aus „timida, instabilis et mobilis" sei[89]. Trotzdem lohnt sich eine Lektüre der 'Commendatio', weil sie als allgemeine Verteidigung des Krieges und Friedensschelte jedenfalls bis in das 18. Jahrhundert ein Rarissimum der europäischen Literatur ist.

Man könnte nun einwenden, Arévalo verdiene schon deshalb nicht ernstgenommen zu werden, weil er in unzulässiger Weise die Begriffe Krieg und Frieden ausgeweitet habe, so daß sie nichts Eigentliches mehr aussagen oder aber für alle möglichen Aussagen verwendbar werden[90]. Das wäre aber ungerecht, weil unhistorisch, denn es ist ja gerade für sehr gewichtige Vertreter des Renaissancehumanismus, die damit freilich nur eine sehr alte Tradition fortführen und vertiefen, charakteristisch, daß sie Krieg und Frieden nicht auf Staaten oder soziale Einheiten hin verkürzen, sondern im notwendigen Zusammenhang mit der Heilsgeschichte, mit dem Makrokosmos und dem Mikrokosmos sehen[91].

Der zur Verfügung stehende Raum verbietet einen detaillierten, kommentierenden Nachvollzug der Antworten, die der Spanier dem Traktat

---

[88] Vairani, 92 b.

[89] Vairani, 99 a.

[90] So etwa würde, wenn er Sánchez de Arévalo gelesen hätte, G. Bouthoul, einer der bedeutendsten Polemologen unseres Jahrhunderts, argumentieren; vgl. G. Bouthoul, *Traité de Sociologie. Les Guerres. Élements de Polémologie.* Paris 1951 (Bibliothèque Scientifique), 25–37 ('Définitions et délimitations du „phénomène-guerre").

[91] Leitfigur für diese Sicht ist neben Augustin vor allem Pseudo-Dionysius Areopagita. – Für das späte 15. Jahrhundert sei nur erinnert an Pico della Mirandola; vgl. Giovanni Pico della Mirandola, *De dignitate hominis.* Lateinisch und Deutsch, eingel. von E. Garin. Bad Homburg, Berlin u. Zürich 1968 (Respublica literaria 1), 38 ff.; E. Garin, *Der italienische Humanismus.* Bern 1947 (Sammlung, Überlieferung und Auftrag, Reihe Schriften 5), 125 ff. – Für das unmittelbare Umfeld Arévalos vgl. O'Malley (wie Anm. 41), 228 ff.

des Platina entgegensetzt unter dem erläuternden Titel: 'Empfehlung der Kriegswaffen: Notwendigkeit und Nützlichkeit des Krieges und seiner Ausübung sowie seine Entschuldigung; Schwierigkeit, in dieser Welt die wahre Ruhe, die man Frieden nennt, zu erlangen; was der wahre, lobenswerte und zu wünschende Friede sei; über die Nachteile und Mängel, die aus langer Trägheit und aus der (falschen) Sicherheit des Friedens entstehen'[92].

Als vorläufiger Ersatz mag unter Verzicht auf die ausführlichen Begründungen im Kontext eine Auflistung der thesenartigen Kapitelüberschriften dienen:

I. – (Der erste Teil als Ganzes sowie die ihn eröffnende Einleitung sind von Arévalo nicht mit einer gesonderten Überschrift versehen)[93].

1. „Der natürliche Ursprung der Kriege; Ableitung, daß alles entsteht und erhalten wird auf natürliche Weise durch eine Art von Kampf; kurz, es wird gezeigt, daß Kriege nötig und nützlich sind"[94].

2. „Zu Kriegen werden alle Sterblichen nicht nur durch die Natur, sondern auch auf übernatürliche Weise bewegt (geneigt); so wie es verschiedene Arten von Kriegen gibt, so gibt es auch verschiedene Ursachen, die zu Kriegen anregen"[95].

3. „Es gibt nicht nur Kriege auf der Erde, sondern auch zwischen den körperlosen guten und bösen Geistwesen"[96].

4. „Die Kirche weiht Kriegswaffen, und Gott selbst wird mit kriegerischen Titeln bezeichnet"[97].

5. „Durch Kriege und Waffen wird das menschliche Gemeinwesen gelenkt und bewahrt, ohne sie kann es nicht vermehrt und verherrlicht werden"[98].

6. „Kriege sind für den Erdkreis Medizin und für ihn sehr nützlich und vorteilhaft"[99].

---

[92] 'Commendatio armorum militarum ac necessitas et utilitas belli et exercicii illius et a culpa defensio; difficultas assequendi in hoc seculo veram quietudinem, quam pacem vocant; et quae sit vera pax laudibus digna et peroptanda; et de incommodis ac vitiis ex longa inertia atque pacis securitate provenientibus … tractatum'.

[93] Einleitung: Vairani, 71a–73a.

[94] Vairani, 73a: „Bellorum naturalis origo. Rursus deducitur cuncta fieri et conservari naturaliter quadam pugna. Denique bella ipsa necessaria et utilia fore monstratur".

[95] Vairani 77a: „Ad bella omnes mortales non modo a natura sed supernaturaliter inclinari; et quod varia sunt genera bellorum diversaeque causae, quae ad bella ipsa incitant".

[96] Vairani 81b: „Bella ne dum fore in terra sed et inter incorporeos spiritus bonos et malos".

[97] Vairani, 82a: „Bellica arma ecclesia benedicit, et Deus ipse bellorum titulis appellatur".

[98] Vairani, 83a: „Bellis et armis humanam rempublicam dirigi et conservari, et absque illis augeri et illustrari non contingit".

[99] Vairani, 84b: „Bella medicamina esse orbis, illique perutilia et expedientia fore".

7. „Kriege sind auf den Frieden, zu dem man durch Kriegführen gelangt, hingeordnet; insofern sind sie keineswegs Gegensätze"[100].

8. „Kriege bringen vielfache Tugenden hervor, der Friede aber viele Laster; ohne Krieg gibt es keinen sicheren Frieden"[101].

9. „Irdische Kriege sind Übungen der Tugenden und dienen ihrem Wachstum"[102].

10. „Kriegerische Waffen erzeugen den Adel und die höchsten Ehren, während ein langer Friede sie auslöscht. Kriege gehören zum Schmuck des Universums"[103].

II. „Zweiter Teil. In ihm wird gehandelt über die Schwierigkeit der menschlichen Ruhe, die man Frieden nennt; was wahrer Frieden ist und über die Nachteile und Mängel, die aus der langen Sicherheit eines trägen Friedens hervorgehen"[104].

1. „Wahrer Friede bringt den Menschen Einigkeit und geistige Übereinstimmung ohne Widerspruch, aber dies wird im menschlichen Frieden nur schwer gefunden"[105].

2. „Wahrer Friede fordert Übereinstimmung mit Gott dem Schöpfer und mit sich selbst ohne Widerstand, was bei den Sterblichen sehr selten gefunden wird"[106].

3. „Wahrer Friede und ruhige Sicherheit befrieden den Geist ohne den Widerspruch der menschlichen Affekte; über die verschiedenen Leidenschaften des Gemüts, die den Frieden hindern"[107].

4. „Wahrer Friede verlangt einen freien Geist, losgelöst von der irdischen Begierde. Es erscheint beinahe unmöglich, daß das vollkommen in den Menschen ist"[108].

---

[100] Vairani, 85b: „Bella ad pacem ordinata fore, ad quam in bellando pervenitur. Rursus pacem minime bello adversari".

[101] Vairani, 87b: „Bella virtutes plurimas parere, pacem vero multa vitia, nec fore pacem securam sine bello".

[102] Vairani, 90a: „Bella terrena exercitia et incrementa fore virtutum".

[103] Vairani, 90b: „Bellica arma nobilitatem ac summos honores generant, ipsaque longa pax extinguit. Rursus, quod bella cedunt ad decorem universi".

[104] Vairani, 93: „Secunda pars. In qua agitur de difficultate humanae quietis, quam pacem vocant; et quae sit vera pax, et de vitiis et incommodis ex longa inertis pacis securitate provenientibus".

[105] Vairani, 94b: „Pax vera unitatem animorumque exigit conformitatem ad homines absque discrepantia; quae res in pace humana difficile reperitur".

[106] Vairani, 96a: „Pax vera conformitatem expetit cum Deo creatore et se ipso absque resistentia, quod perraro in mortalibus invenitur".

[107] Vairani, 96b: „Pax vera et quieta securitas reddit pacatum animum absque humanorum affectuum contradictione; et de animi diversis passionibus pacem impedientibus".

[108] Vairani, 98a: „Pax vera liberum exigit animum a terrena concupiscentia semotum, bonis desideriis incensum, quae impossibile pene videtur hominibus perfecte inesse".

96

5. „Es wird gezeigt, daß der menschliche Friede angstvoll, unstabil, trügerisch, flüchtig und unsicher ist"[109].

6. „Menschlicher Friede ernährt vielerlei Laster und vertreibt Tugenden und Ehren"[110].

7. „Der menschliche Friede ist ein Instrument zur Vermehrung der Familiengüter und der Begierde auf Reichtümer; Überfluß aber hindert den wahren Frieden"[111].

8. „Der menschliche Friede steht dem wahren und vollkommenen Frieden im Wege; auch über den Unterschied zwischen beiden und über die Schwierigkeit des Friedens wegen des Mangels an Wahrheit"[112].

9. „Wahrer Friede hat keinen Bestand ohne Gesetze und Gerechtigkeit; Stolz und Anmaßung weist er zurück. Erneut zur Frage, warum er so selten und nur unter schwierigen Umständen erhalten wird"[113].

10. „Menschlicher Friede läßt die nützlichen Übungen und die geistigen Auseinandersetzungen erlahmen. Was die Hindernisse für einen wahren Frieden sind, und wiederum, was eigentlich wahrer und vollkommener Friede ist"[114].

Gegenüber Platinas Friedenslob hatte der Spanier zweifellos mit seiner Rechtfertigung des Krieges den schwierigeren Part bei der gemeinsamen Huldigung der Pax Paolina übernommen. Nach meinem Eindruck ist es ihm auch nicht gelungen, den seiner Aufgabe inhärenten Widerspruch wirklich auszutragen und schließlich aufzuheben. Auf eine Formel gebracht, hat sich Roderigo Sánchez de Arévalo letzten Endes nicht zwischen Augustin und Heraklit entschieden. Gewiß konnte er bei seiner heftigen und deftigen Friedensschelte darauf hinweisen, daß ja gar nicht der wahre, ewige Friede, die „pax Dei" oder „pax aeterna", gemeint sei, sondern nur die vermeintliche „quies terrena", und daß der „gute" Krieg ja auch auf Frieden, letztlich auf den ewigen Frieden hinziele. Aber dieser ganz fundamentale augustinische Grundvorbehalt verliert doch durch eine überstarke Betonung der prinzipiellen Notwendigkeit von Krieg und Auseinandersetzung seine Glaubwürdigkeit. Der schon in der Einleitung

---

[109] Vairani, 99a: „Pax humana pavida, instabilis, dolosa, fugax et incerta demonstratur".

[110] Vairani, 100a: „Pax humana plurima vitia nutrit, virtutes et honores pellit".

[111] Vairani, 101a: „Pax humana instrumentum est augendae rei familiaris et cupiditatis divitiarum, quare abundantia veram impedit pacem".

[112] Vairani, 102a: „Pax humana adversatur verae et perfectae paci; et de differentia inter utramque, et de difficultate pacis propter defectus veritatis".

[113] Vairani, 102b: „Pax vera sine legibus et iustitia non constat, elationem et arrogantiam respuit. Rursus, quare tam raro et difficulter pax obtinetur".

[114] Vairani, 104b: „Pax humana torpescere cogit ad utilia exercitia et bella spiritualia. Et quae sunt veram pacem impedientia. Rursus, quae nam sit vera et perfecta pax".

zweimal zitierte und Homer zugeschriebene Satz „omnia in lite belloque fieri" bzw. „omnia in pugna fieri"[115] wird nicht wirklich aufgehoben im christlichen Liebes- und Friedensgebot oder in einem Gott, Welt und Mensch umfassenden heilsgeschichtlichen Konzept. Wenn das richtig gesehen ist und nicht nur an dem didaktischen Ungeschick des Spaniers liegt, dann könnte dieser sich trotz seines eher altmodisch-scholastischen Gewandes gegenüber dem eher humanistisch-rhetorisch gekleideten Platina als der 'modernere' Gesprächspartner erweisen.

Zusammenfassung

Vor einer zusammenfassenden Würdigung und Wertung der Stimmen, die der römische Friede des Jahres 1468 hatte laut werden lassen und auf die meine Ausführungen erneut aufmerksam machen wollten, wären noch viele Fragen zu beantworten. An dieser Stelle können nur einige Probleme exemplarisch genannt und die Tendenzen möglicher Lösungen angedeutet werden. Vor allem wäre eine dreifache Einordnung zu versuchen:

1. Es müßten die anläßlich oder im Umfeld der Pax Paolina formulierten Äußerungen in das gesamte Œuvre der einzelnen Autoren hineingestellt werden. Insbesondere wären Platina und Arévalo aus der Pro- und Contra-Situation zu befreien, damit sich unter Heranziehung und Berücksichtigung jeweils vergleichbarer Schriften ihre eigentliche Meinung zum Thema 'Krieg und Frieden' erfahren läßt. Daß Platina wenige Monate vor seiner Disputation mit Arévalo in seiner Rede an Paul II. keineswegs nur den Frieden pries, sondern den Papst zum allerheiligsten Krieg gegen die Türken aufforderte, ist schon notiert worden[116]. Aber auch in dem weniger den Erwartungen der Tagespolitik verpflichteten

---

[115] Vairani, 73b: „Ut igitur coetera omittam, illid Homeri tui principis maximi poetarum verissimum puto, videlicet 'omnia in lite belloque fieri', quod nonnisi natura ipsa impellente aut quoddam divino miraculo ita institutum esse reperies …". – Vairani, 74b: „… verissimum fore illus Homericum 'omnia in pugna fieri'". – Bei Homer finden sich meines Wissens derartige Zitate nicht, auch ist es mir bisher nicht gelungen, die von Arévalo benutzte Vorlage ausfindig zu machen. Zu vergleichen wäre auch Pico della Mirandola (wie Anm. 91), 40: „… Sed ita sedabit, ut meminisse nos iubeat naturam iuxta Heraclitum ex bello genitam (Heraklit, Fragmente 10.53.80), ob id ab Homero contentionem vocitatam".

[116] Siehe oben S. 85f.

Fürstenspiegel[117] sowie in seiner Abhandlung über den besten Bürger[118] spricht nicht der einäugige Friedensapostel, sondern der nüchterne Zeitgenosse, der die Wirklichkeit ebenso kennt wie den Geschmack der durch die Thematik angesprochenen Adressaten. Zwar dürfen Kriege nur aus zulässigen Gründen geführt werden, sind nicht Selbstzweck, sondern dienen dazu, daß man ohne Ungerechtigkeit im Frieden leben kann[119], doch muß Italien selbst kriegsbereit sein und darf sich nicht auf seinen Reichtum und fremde Söldner verlassen[120].

Während mithin Platinas engagiertes und eindrucksvolles Eintreten in der Disputation für den Frieden und gegen jederart Krieg durch andere Werke relativiert wird und als allerdings sehr gekonntes Rollenspiel verdächtigt werden könnte, scheint sich Roderigo Sánchez de Arévalo weniger von seiner Grundlinie entfernt zu haben. Schon 1462 hatte der Spanier voller Stolz Papst Pius II. die Eroberung Gibraltars gemeldet[121], und die den politiktheoretischen Schriften Platinas vergleichbaren, in seiner Muttersprache verfaßten 'Verjel de los principes'[122] und 'Suma de la politica'[123] sowie sein 'Speculum humanae vitae'[124] lassen bei aller Kritik

---

[117] Von mir benutzte Ausgabe: *Baptistae Sacci Platinae Tractatus … continens, quae principi viro, qui perfectus esse velit, cum pacis tum belli tempore, facienda sint quaeque fugienda.* Frankfurt 1608 (= *De principe*). – Verfaßt um 1471 auf Veranlassung des Kardinals Fr. Gonzaga, gewidmet dem Markgrafen von Mantua Lod. Gonzaga; vgl. auch G. Gaida (wie Anm. 64), XIII f., XXXI und M.E. Cosenza (wie Anm. 51), Vol. 4, 2841.

[118] 'De optimo cive', u.a. Cod. Vat. lat. 2045; Drucke im Anhang zu verschiedenen Ausgaben der 'Vitae pontificum'; vgl. G. Gaida (wie Anm. 64), XXIX; M.E. Cosenza (wie Anm. 51), 2839.

[119] Platina, *De principe* (wie Anm. 117), 194 (L. 3, c. 3: De re militari): „… Gratia tamen pacis de bello potius quam belli gratia de pace, ut ait Plato, cogitandum est; bella enim suscipienda sunt, ut sine iniuria in pace vivatur …".

[120] Platina, *De principe* (wie Anm. 117), 208 f. (L. 3, c. 6: De exercitatione tyronum).

[121] H. Santiago-Otero, *Rodrigo Sánchez de Arévalo. Discurso a Pío II con motivo de la conquista de Gibraltar (1462).* Revista española de teologia 37 (1977), 153–158 (mit Edition aus Cod. Vat. lat. 4881, fol. 225^r–227^v, und Salamanca, Bibl. Univ., Cod. lat. 2916, fol. 94^v–97^v).

[122] Ruy Sánchez de Arévalo, *Verjel de los príncipes*, ed. F. R. de Uhagón. Madrid 1900. – Bessere, im folgenden zitierte Ausgabe in: *Prosistas castellanos del siglo XV, I,* ed. D.M. Penna. Madrid 1959 (Biblioteca de autores españoles 116), 311–341; dort S. XC zur Datierung, die zwischen 1454 und 1457 zu setzen ist; vgl. auch H. Trame (wie Anm. 69), 90–92.

[123] Verfaßt kurz vor dem Fürstenspiegel. – Edition der 'Suma de la politica', in: *Prosistas castellanos* (wie Anm. 122), 249–304 sowie durch J.B. Pérez. Madrid 1944; vgl. H. Trame (wie Anm. 69), 82 f.

[124] Verfaßt 1468 und schon im selben Jahr gedruckt; vgl. die Liste der Handschriften bei J.M. Laboa (wie Anm. 69), 421 und die der Editionen bei T. Toni (wie Anm. 69), 356–359. – Von mir benutzte lateinische Ausgabe: Augsburg, G. Zainer, 1471 (= Toni, Nr. 3); deutsche Übersetzung von Steinhöwel. Augsburg, G. Zainer, 1475/76 (= Toni, Nr. 17).

an Mißständen und Fehlentwicklungen vollends ein recht ungebrochenes Verhältnis zum Waffendienst, seinen Notwendigkeiten und Vorteilen erkennen. Der erste Hauptteil des Fürstenspiegels, der den militärischen Pflichten und Übungen gewidmet ist, deckt sich schon von der Intention her und bis in einzelne Beispiele und Formulierungen weitgehend mit den Gedanken der Disputatio[125]. Beachtlicher Raum wird auch in der 'Suma de la politica' der Friedenssicherung eingeräumt[126], und zwar in Anlehnung an das den Athenern zugeschriebene Motto: „Felix civitas quae tempore pacis bellum cogitat"[127]. Am differenziertesten ist Arévalo im 'Speculum humanae vitae', in dem er ja Glück und Widerwärtigkeiten („prospera et adversa") aller Stände aufzeigen will. So wird hier den Rittern, die vor der Alternative stehen „Du mußt töten, oder du wirst getötet"[128], zunächst versichert, daß ihr Beruf alle anderen an Nutz und Ehre übertrifft und ohne Schuld ausgeübt werden kann, sodann aber vorgeworfen, alle Gesetze ihres Amtes und Standes verkehrt zu haben[129]. Anders jedoch als in Platinas Friedenslob ist diese Verkehrung nicht nahezu zwangsläufig und läßt infolgedessen das ritterlich-kriegerische Prinzip unangetastet.

2. Die anläßlich der Pax Paolina um Gehör heischenden Stimmen müßten in den Chor ähnlich motivierter Zeitgenossen von Andrea Biglia[130] über Laurentius Pisanus[131], Timotheus Maffei[132], Georg Podiebrad[133] bis hin zu Pico della Mirandola[134] eingruppiert werden, wobei das Besondere des römischen Renaissancehumanismus zu erfragen wäre[135].

---

[125] Arévalo, *Verjel* (wie Anm. 122), 317–324: „Tratado primero, en que fabla del primero exercicio e deporte real, que es el magnífico fecho de la gloriosa milicia, o el ínclito exercicio de armas en que los gloriosos príncipes se deben exercitar; e de cómo es decorado e coronado de doze excellencias e singulares perrogativas sobre otros exercicios". – Auch der Tratado segundo 'De la caça' befürwortet die Jagd, das Bergsteigen usw. in Friedenszeiten als Training für den kriegerischen Ernstfall.

[126] Arévalo, *Suma* (wie Anm. 123), 267–279.

[127] Arévalo, *Suma* (wie Anm. 123), 269: „En la XIIa cosideración dize cómo la cibdad o el buen político deve ante de la guerra fazer luengos aparejos, y quáles y quántos son los preparatorios …".

[128] Arévalo, *Speculum* (lat.) (wie Anm. 124), 26^v: „… proverbium est: vel occides vel occideris"; (deutsch) (wie Anm. 124), 28^v.

[129] Arévalo, *Speculum* (wie Anm. 124), 24^r–27^v bzw. 24^v–29^r.

[130] Zu A. Biglia und seiner Klage des Friedens vgl. oben S. 70.

[131] Vgl. A.M. Field, *The Beginning of the Philosophical Renaissance in Florence, 1454–69*. Diss. Michigan 1980, 26 ff.; P.O. Kristeller, *Supplementum Ficinianum 2*. Florenz 1937, 349.

[132] Vgl. oben S. 71.

[133] Vgl. oben S. 76.

[134] Vgl. oben Anm. 91 u. 115.

Präzisere Antworten könnten nur für jeden einzelnen Autor unter Berücksichtigung der von ihm benutzten literarischen Form gegeben werden. Verallgemeinernd ließe sich aber wohl feststellen, daß auch im Rom Papst Pauls II. Motive und Formen des Humanismus erlaubt waren und geübt wurden, wenngleich in abgestuft moderater Weise: weniger intensiv bei dem scholastiknahen Roderigo Sánchez de Arévalo, stärker bei den Predigern und vollends bei denen, die wie Galletti oder Platina sich den Rhetorenmantel umhängten[136].

3. In diesem Zusammenhang müßten die zu 1468 vorgestellten Personen und Ideen auf Kontinuität oder Diskontinuität zum mittelalterlichen Denken über Krieg und Frieden hin befragt werden. Zu erinnern wäre an die beiden Bücher 'De bono pacis' des Rufinus aus dem Ende des 12. Jahrhunderts[137], an die Vielzahl der Kanonisten und Legisten[138], an Thomas von Aquin[139], an Gilberts von Tournais 'Tractatus de pace'[140], an den 'Tractatus de bello' des Johannes von Lignano[141], den 'Schlachtenbaum' Honoret Bonets[142] und andere mehr[143]. Gewiß wäre es überzogen

[135] Aus der neueren Literatur sei hier nur verwiesen auf J.F. D'Amico, *Renaissance Humanisme in Papal Rome. Humanists and Churchman on the Eve of the Reformation*. Baltimore u. London 1983 (John Hopkins University studies in historical and political science, 101st ser. 1). – Aus der Reihe der von mir vorgestellten Autoren wird allerdings nur Platina eindringlicher behandelt. Im übrigen sei an die Erkenntnis erinnert, daß die Humanisten keine eigenständige oder gar einheitliche politische Ethik entwickelt hatten; vgl. z. B. E. Kessler, *Humanistische Denkelemente in der Politik der italienischen Renaissance*. Wolfenbütteler Renaissance Mitteilungen 7 (1983), 34–43.

[136] Für einen weitergehenden Vergleich mit dem Denken der beiden nächsten Generationen seien hervorgehoben J.R. Hale, *War and Public Opinion in Renaissance Italy*, in: *Italian Renaissance Studies*, ed. E.F. Jacob. London 1960, 94–122; ders., *Sixteenth-Century Explanations of War and Violence*. Past and Present 51 (1971), 3–26 (beide Aufsätze jetzt auch in J.R. Hale, *Renaissance War Studies*. London 1983 (History series v. 11), 359–387 bzw. 335–358); R.P. Adams, *The Better Part of Valor. More, Erasmus, Colet and Vives on Humanisme, War and Peace, 1496–1535*. Seattle 1962.

[137] *Rufini incertae sedis episcopi De bono pacis libri duo*, in: Migne PL 150, 1592–1638. – Zum noch nicht sicher identifizierten Autor und seinem Werk vgl. Y.M.-C. Congar, *Maître Rufin et son De bono pacis*. Revue des Science Philosophiques et Théologiques 41 (1957), 428–444.

[138] Für Gratian und die Dekretistik vgl. E.-D. Hehl, *Kirche und Krieg im 12. Jahrhundert. Studien zu kanonischem Recht und politischer Wirklichkeit*. Stuttgart 1980. Für das 13.–15. Jahrhundert fehlt eine ähnlich gründliche Untersuchung; nützliche Hinweise bei A. Vanderpol, *Le Droit de guerre d'après les théologiens et les canonistes du Moyen-Âge*. Paris et Bruxelles 1911; ders., *La doctrine scolastique du Droit de guerre*. Paris 1919; R.H.W. Regout, *La doctrine de la guerre juste de Saint Augustin a nos jours d'après les théologiens et les canonistes catholiques*. Paris 1934 (Neudruck Aalen 1974).

[139] Gute Einführung durch die Erläuterungen in: *Die deutsche Thomas-Ausgabe*. Vollständige, ungekürzte deutsch-lateinische Ausgabe der Summa Theologica, hg. von der Albertus-Akademie Walberberg bei Köln, Bd. 17 A. Heidelberg usw. 1959, 513 ff. (zu 2–2,

und auch aus methodischen Gründen kaum zulässig, die Opuscula der Jahre 1468/70 mit den umfangreichen, ausdifferenzierten und in der Regel ganz anderen literarischen Genera zugehörigen Werken der vorangegangenen Epoche zu vergleichen. Gleichwohl fällt auf, daß die Autoren zur Zeit Pauls II., wenn ihre Darlegungen nicht unmittelbar der Tradition der Fürstenspiegel verpflichtet waren, kaum das aufgriffen, was vom 12. bis zum 14. Jahrhundert über die Antike und über Augustin hinaus formuliert worden war. Beispielsweise haben sie weder die hoch- und spätmittelalterliche Präzisierung der Lehre vom „bellum iustum"[144] noch die Vorschläge von mehr und anders als durch Augustin charakterisierten Friedensarten noch die im 13. Jahrhundert von den Franziskanern in das gesellschaftliche Leben eingebrachten Friedensgedanken aufgegriffen[145].

q. 29) u. Bd. 17 B. Heidelberg usw. 1959, 441 ff. (zu 2–2, q. 40); vgl. auch H. Gmür, *Thomas von Aquino und der Krieg*. Leipzig und Berlin 1933 (Beiträge zur Kulturgeschichte des Mittelalters und der Renaissance 51); J.D. Tooke, *The Just War in Aquinas and Grotius*. London 1965.

[140] *Tractatus de pace auct. Fr. Gilberto de Tornaco,* ed. P.E. Longpré. Quaracchi 1925 (Bibliotheca Franciscana ascetica medii aevi 6).

[141] *Tractatus De Bello, De Repressaliis et De Duello by Giovanni da Legnano,* ed. Th.E. Holland. Oxford 1917 (The Classics of International Law); aus der Sekundärliteratur sei hervorgehoben G. Ermini, *I trattati della guerra e della pace di Giovanni da Legnano.* Imola 1923 (auch in: Studi e memorie per la storia dell'università di Bologna 8 [1924], 1–155); ebd., 48–53 über die Handschriften von 'De pace' und über die Handschriften und Editionen von 'De bello'; ergänzt durch J. P. McCall, *The Writings of John of Legnano with a List of Manuscripts.* Traditio 23 (1967), 415–437.

[142] Honoré Bonet, *L'arbre des batailles,* publ. E. Nys. Brüssel usw. 1883; *The Tree of Battles of Honoré Bonet.* An English Version with Introduction by G.W. Coopland. Liverpool 1949; vgl. N.A.R. Wright, *The 'Tree of Battles' of Honoré Bouvet and the Laws of War,* in: *War, Literature and Politics in the late Middle Ages,* ed. C.T. Allmand. Liverpool 1976, 12–31. – Im Zusammenhang mit Bonet/Bouvet ist natürlich an Christine de Pisan und ihr 'Livre des fais d'armes et de chevalerie' (1410) zu erinnern; leicht zugänglicher Text jetzt in der englischen Version: Christine de Pisan, *The fayt of armes and of chyualrye,* Westminster 1489. Amsterdam und New York 1968 (The English Experience its record in early printed books publ. in facsimile 13); weitere bibliographische Informationen durch D. Briesemeister, in: *Lexikon des Mittelalters 2.* München u. Zürich 1983, 1918 f.

[143] Eine erschöpfende Übersicht, die auch auf Raymund von Peñaforte, Bonaventura, Berthold von Regensburg, Dante, Marsilius von Padua, Pierre Dubois und zahlreiche weitere bekannte und weniger bekannte Autoren eingehen müßte, liegt noch nicht vor; bibliographischer Einstieg bei Ph. Contamine, *La guerre au moyen âge.* Paris 1980 (Nouvelle Clio 24), 61–68.

[144] Vgl. neben vielen anderen F.H. Russell, *The Just War in the Middle Ages.* Cambridge usw. 1975 (Cambridge Studies in Medieval Life and Thought 3,8).

[145] Man denke etwa an Rufins „pax Babyloniae", der er neben der „pax Aegypti" und der „pax Jerusalem" einen eigenen Wert zumißt; Rufinus (wie Anm. 137), 1611. – Zur franziskanischen Friedensproblematik vgl. jetzt D. Berg, *Gesellschaftspolitische Implikationen der*

Mit der Feststellung dieses Defizits sowie mit der kaum überraschenden Bemerkung, daß im 15. Jahrhundert der Rückgriff auf antike Beispiele zum Teil inflatorische Maße annimmt, ist freilich weder die Kontinuitätsfrage auch nur annähernd zureichend beantwortet noch ein gemeinsamer Nenner gefunden worden, der es gestattete, die römische Autorengruppe von 1468/70 über den Anlaß ihres Schreibens hinaus als ideengeschichtliche Einheit zu deklarieren.

Bei aller Vagheit und Vorläufigkeit des dreifach vergleichenden Einordnungsversuches mag immerhin deutlich geworden sein, daß die Pax Paolina des Jahres 1468 und ihr literarischer Niederschlag in Predigt, Panegyrik, Brief, Rede und Disputation nicht erschöpfend, aber doch in exemplarischer Weise Auskunft zu geben vermag über den Variantenreichtum der Äußerungen über Krieg und Frieden im Horizont des Renaissancehumanismus.

Auch dieser Horizont meint Beschränkung und Beschränktheit, zusätzlich begrenzt durch die Enge meiner Themenstellung und nicht zuletzt durch meine Fähigkeiten, die mir die Übernahme des Schlußsatzes aus den 'Libri duo de bono pacis' des Magisters Rufinus aus dem 12. Jahrhundert nahelegen: „Hec de bono pacis non pro rei magnitudine, sed ingenii facultate digessimus"[146].

vita minorum, insbesondere des franziskanischen Friedensgedankens, im 13. Jahrhundert, in: *Renovatio et reformatio. Wider das Bild vom „finsteren Mittelalter".* Festschrift für Ludwig Hödl. Münster 1985, 181–194.
[146] Rufinus (wie Anm. 137), 1638.

Maximilians gekrönte Dichter über Krieg und Frieden

von Dieter Mertens

Etwa 40 kaiserlich gekrönte poetae laureati dürften zur Zeit Maximilians I. literarisch gewirkt haben[1]. Einige von ihnen sind noch durch Friedrich III. gekrönt worden, die meisten von Maximilian selbst oder von seinen unmittelbar dazu Beauftragten. Von einigen sind bisher überhaupt keine Schriften bekannt geworden, geschweige denn ein längerer Kontakt mit Hof und Kanzleipersonal. So versuchen die nachfolgenden Ausführungen aufgrund des Erreichbaren Beobachtungen zu den poetae laureati Amaltheus, Cimbriacus, Celtis, Bebel, Bruni, Bartolini, Grünpeck, Hutten, Locher, Stabius und Vadian zusammenzufassen. An sich wäre es wohl zu begründen, in den Kreis der Literaten auch diejenigen einzubeziehen, die in gleicher Weise und in gleicher Nähe zum Hof tätig waren, aber die Poetenkrone nicht erstrebten, weil sie etwa einen gemeinhin als ständisch höherrangig angesehenen juristischen Grad besaßen wie z. B. Jakob Mennel, der fruchtbarste und Maximilian am nächsten stehende Hofhistoriograph[2]. Doch beschränke ich mich auf die Genannten und beziehe nur noch den wohl von Celtis inspirierten Passus Hartmann Schedels über Maximilian ein.

[1] Eine vorläufige Zusammenstellung bei D. Mertens, *Bebelius ... patriam Sueviam ... restituit. Der poeta laureatus zwischen Reich und Territorium.* Zeitschrift für württembergische Landesgeschichte 42 (1983), 145–173, hier 156, Anm. 35. – J.-D. Müller, *Gedechtnus. Literatur und Hofgesellschaft um Maximilian I.* München 1982 (Forschungen zur Geschichte der älteren deutschen Literatur Bd. 2), bes. 55–65. – Nicht ohne weiteres sind die in Italien ohne Bezug zum Hof gekrönten poetae laureati hier hinzuzuzählen wie der in der Nachfolge des Poetendiploms Petrarcas zum „civis Romanus" (nicht fidelis imperialis) „et poeta laureatus" kreierte Johannes Michael Nagonius, der seine Carmina verschiedenen Fürsten andiente, so auch Maximilian. Vgl. Wien ÖNB, Cod. 12750 (Suppl. 350) und F. Wormald, *An Italian poet at the court of Henry VII.* Journal of the Warburg and Courtauld Institutes 14 (1951), 115–119.

[2] Am prägnantesten wird Mennels Stellung zu Maximilian auf dem Einblattdruck 'De Divi Maximiliani Romanorum Caesaris Christiana vita et felicissimo eius obitu' von

105

Das Thema 'Krieg und Frieden' läßt sich so, wie es die gekrönten Dichter Maximilians I. behandelt haben, auf den einen Begriff bringen: Triumph – die Feier also des Siegfriedens, der der einseitige Schlußakt eines Krieges ist. Damit wird von vornherein unwahrscheinlich, daß gedanklich tieferdringende Entwürfe zu dem Thema 'Krieg und Frieden' oder gar zu einer alternativen Erörterung 'Krieg oder Frieden' zu erwarten sind, eher das Reagieren auf wechselnde politische Intentionen. Die Friedenskonzeption des Erasmus stammt aus einer anderen Gedankenwelt, und seinen Friedensschriften, die er „liberrime" und ohne Mitglied der „aulica familia" zu sein geschrieben hat (wie er selber sagt[3]), liegt eine andere soziale Beziehung zugrunde. Interesse verlangt darum zunächst die im Thema ausgesprochene enge Zuordnung des Herrschers zu seinen Literaten, Maximilians also zu seinen Dichtern kaiserlichen Rechts. Denn eben diese Verbindung dürfte es begründen, daß sich das vorliegende Thema auf den einen Begriff des Triumphes konzentrieren läßt.

Der Kaiser, der einen Dichter krönte, nahm von diesem „ceremoniis solitis"[4], in einer geregelten Zeremonie, Eid und Handgang entgegen und

---

1519 in Wort und Bild (Holzschnitt des Petrarcameisters) dargestellt: Mennel liest dem Kaiser aus seinem genealogischen Geschichtswerk vor. Abbildung bei M. Geisberg, *Der deutsche Einblatt-Holzschnitt in der ersten Hälfte des 16. Jahrhunderts.* München 1930. Nr. 1525. Mennel hatte sich seit 1498, als der Freiburger Reichstag den damaligen Stadtschreiber von Freiburg mit dem Hof in Kontakt brachte, dem König nachdrücklich empfohlen. Als er endlich 1505 zum kaiserlichen Rat ernannt wurde und sich nunmehr mit atemberaubender Energie an die ihm vom Kaiser aufgetragenen historisch- und hagiographisch-genealogischen Forschungen machte, besaß er inzwischen den Grad eines dr. iur. utr. Zuletzt K.H. Burmeister, *Neue Forschungen zu Jakob Mennel,* in: Katalog der Ausstellung *'Geschichtsschreibung in Vorarlberg'.* Bregenz 1973, 49–67. Ders., *Jakob Mennel auf dem Reichstag zu Freiburg.* Innsbrucker Historische Studien 1 (1978), 215–219. W. Irtenkauf, *Jakob Mennel, Hofgenealoge Kaiser Maximilians I.,* in: E. Kühebacher (Hg.), *Literatur und bildende Kunst im Tiroler Mittelalter.* Innsbruck 1982 (Innsbrucker Beiträge zur Kulturwissenschaft, Germanist. Reihe Bd. 15), 53–66. –W. Irtenkauf (Hg.), *Der Habsburger Kalender des Jakob Mennel* (Urfassung). Göppingen 1979 (Litterae Nr. 66). Der Lorbeer eines poeta et historiographus, der zunehmend dem Bereich der Artistenfakultät zugerechnet wurde, stand bei dem promovierten Juristen Mennel inzwischen nicht mehr wohl an. Zudem verwirklicht Mennel diejenige Seite des historiographischen Programms Maximilians, in der kriegerischer Triumph kaum, umso ausgedehnter aber in Gestalt der Seligen und Heiligen Habsburgs Anteil an der triumphierenden Kirche gefeiert wird. Eine Einbeziehung des Mennelschen Werkes, das im Ganzen und im Einzelnen nur wenig untersucht ist, würde wohl ex negativo verdeutlichen können, daß die Konzeption des Triumphes nur die Regierung Maximilians selber erfassen soll.

[3] Vgl. O. Herding, Einleitung zur Edition des 'Panegyricus ad Philippum Austriae Ducem', in: *Opera omnia Desiderii Erasmi Roterodami* IV 1. Amsterdam 1974, 4 f.

[4] Vgl. Konrad Celtis, *Ludus Diane.* Nürnberg, Hieronymus Höltzel, 1501, fol. [aIV]ᵛ, als im dritten Akt des 'Ludus' Vincentius Longinus von Maximilian gekrönt wird.

gab ihm Lorbeerkranz, Ring und Kuß und stellte ihm eine Urkunde aus. Der Dichter trat so in ein rechtlich fixiertes Treueverhältnis ein, für das er sich zuvor durch den Panegyricus empfohlen hatte und dem er fortan panegyrisch zu entsprechen gelobte:

„Cantabo laudes hic et ubique tuas"

versprach Celtis 1487 vor dem Aufsetzen des Lorbeerkranzes dem Kaiser Friedrich und noch einmal danach[5], und mit demselben Pentameter (zeitweilig einer Formel?) schwor dies der Celtis-Schüler Vincentius Longinus 1501 dem ihn krönenden Maximilian[6]. Eine bleibende Verbindung zu Hof und Kanzlei bedeutete die soziale Ausgestaltung des Fidelitätsverhältnisses. Der literarischen Ausgestaltung gaben die Taten und das Selbstverständnis des Herrschers weitgehend die Themen vor, so daß die Panegyrici an Friedrich III. anderes loben – „summa cum pace regebat" – als an Maximilian – „Pallaei Triumphi", alexandergleiche Triumphe (so Paulus Amaltheus in ein und demselben Gedicht)[7]. Doch scheinen Formen, Ausmaß, Intensität und Akzentuierung der Panegyrik den Intentionen und Ambitionen der Poeten überlassen gewesen zu sein.

Schon zu Anfang der Regierung des Herzogs Maximilian in Burgund verherrlichte der damalige Inhaber einer (mit Unterstützung des Herzogs-

---

5 Karl Hartfelder (Hg.), *Fünf Bücher Epigramme von Konrad Celtes*. Berlin 1881 (Nachdruck Hildesheim 1963), 116 f. = Epigr. V, 69, 70. Vgl. J.-D. Müller (wie Anm. 1), 256. – Jacob Locher verspricht nach seiner Krönung in dem unten Anm. 40 genannten Druck, fol. B^r:
„Dum manet et rerum stabilis concordia, semper
    laudibus innummeris, Rex, tua facta canam. . . .
Accipe devotam dextram, celsissime princeps,
    Ecce tuis manibus dedita vota capis.
Omnia nostra tuo iam commendamus honori,
    Stabit et ad nutum intemerata fides."
Die Hinweise auf die dem Lehnswesen entstammenden rechtsbegründenden beziehungsweise -bekräftigenden Zeremonien des Eides (Anm. 6), des Handganges und des Kusses sind insofern von Bedeutung, als sie die unmittelbar vom Kaiser vorgenommene Dichterkrönung weit über den Charakter einer Standeserhöhung (Locher, ebd.: „Efficit Egregium me tua dextra virum") hinausheben, der bei den (meist späteren) mittelbaren Dichterkrönungen stark in den Vordergrund tritt.

6 Celtis, *Ludus Diane* (wie Anm. 4), fol, [a IV]^r: „Per superos ego iuro tibi et per sceptra tonantis/cantabo laudes hic et ubique tuas".

7 Paulus Amaltheus Poeta Laureatus, *Epicedium in obitu Foederici Rhom. Imp. ad Maximilianum Regem invictissimum Imperatorem designatum*, in: A. Zingerle (ed.), *De carminibus latinis saeculi XV et XVI ineditis*. Innsbruck 1880 (Beiträge zur Geschichte der Philologie, Bd. 1), 17–38, hier besonders die Zeilen 82 und 389. Vgl. auch Joachimi Vadiani Helvetii *... carmen maximorum Caesarum Friderici tertii patris et Maximiliani filii laudes continens* Anno M.D.XIII in secundaria Friderici sepultura et parentatione emissum, in: *In hoc libello ... continentur: Isocratis de regno gubernando ad Nicoclem liber a Martino Philetico interprete ....* Straßburg, Johannes Prüss d. J., 1514, fol. [27]^r–[37]^v.

paares) neugeschaffenen Poetiklektur bei der Juristenfakultät der Universität Löwen, der Italiener und poeta laureatus Ludovico Bruni (von dem wir nicht wissen, wer ihn zum poeta laureatus erhoben hat), später Rat und Gesandter Maximilians in dessen Königszeit, den Sieg des jungen Herzogs über die Franzosen bei Guinegate 1479: 'Ad … Ducem Maximilianum de victoria Morinensi triumphantem'[8].

Seitdem wurde die Liste der Kriege und Schlachten Maximilians, welche die zu seiner Königswahl 1486 und zu den Trauerfeiern für Friedrich III. 1493 angefertigten Panegyrici aufzuzählen hatten, immer länger. Die stärker Friedrich III. verpflichteten poetae laureati Amaltheus und Cimbriacus, zwei Italiener, loben sie zurückhaltender – der allem Blutvergießen abholde Friedrich habe dem Sohne nur die Erledigung des Unvermeidlichen übertragen[9]. Die meist jüngeren, auf Maximilian sich ausrichtenden Literaten sind deutlich aktivistischer gestimmt und richten die von Maximilians militärischer Tatkraft geweckten Erwartungen auf den Türkenkrieg. So beendet die 1493 erschienene Weltchronik Schedels die bis in ihre Gegenwart geführte Darstellung schließlich mit der Vision eines in Rom stattfindenden Triumphzugs, den der Türkensieger und „christianae rei publicae servator" Maximilian halten und den Dichter und Geschichtsschreiber verewigen würden: „Tunc Conradi Celtis poetae laureati musa quasi ab inferis resurget et poemata componet, M. Antonius Sabellicus historias scribet mortalemque regem immortalitati donabunt"[10].

---

8 GW Nr. 5654. Faksimile: É. Picot / H. Stein, *Recueil de pièces historiques imprimées sous le règne de Louis XI*. Paris 1923, 263–268. – Dizionario biografico degli italiani 14 (1972), 669–671.

9 In dem oben Anm. 7 angeführten 'Epicedium', ab Zeile 349:
  „Si non terrifico mundum sibi Marte subegit
  Caesar (sc. Friedrich III.) et humano renuit spumare cruore,
  Hoc fuit ingenium, non segnis inertia mentis,
  Principis haec pietas non saevi inscitia belli,
  Relligio, non terror erat …
  Adde quod in senium pridem volventibus annis
  Iure togae melior: bella horrida, bella per orbem
  Principe te saevire dedit populique potentis,
  Maximiane, tuo concussit Marte furores".

10 Hartmann Schedel, *Liber cronicarum*. Nürnberg, Anton Koberger, 1493, fol. CCLVIII[rv] beziehungsweise Augsburg, Johannes Schönsberger, 1497, fol. CCXC[rv] und die ohne Autor überlieferte, von D. Wuttke (s.u.) aber auf Grund des vermeintlich ungedruckt gebliebenen Autographs dem Hartmann Schedel zugewiesene Ode, in der er Gott bittet, Maximilian Triumphe zu verleihen; im Druck von 1493 (UB Freiburg i.Br.: Ink. gr. 2° G 333) auf der Versoseite des letzten bedruckten Blattes des unfoliierten Anhangs; im Druck von 1497 auf fol. CCXCVIII[rv]. Vgl. allgemein L. Grote, *Kaiser Maximilian in*

Die Erfüllung dieser Vision hat zwar der weitere Verlauf der Ereignisse dem Kaiser versagt, aber er selber mochte es sich nicht versagen, seine Regierung, auch ohne den großen Türkensieg und selbst die Niederlagen in Italien und gegen die Schweizer eingeschlossen, als einen einzigen Triumphzug darzustellen: in der großen, 1512 von ihm selber konzipierten Bilderfolge seines Triumphs und in der 'Ehrenpforte', dem 'arcus triumphalis', ebenfalls seit 1512 erarbeitet[11]. Die wissenschaftliche Überwachung dieser Unternehmungen und die Kommentierung des Triumphzugs oblag dem Celtis-Schüler und poeta laureatus Johannes Stabius[12]. Unter dem reichlichen, mit Lorbeerkränzen geschmückten Personal des dargestellten Triumphzugs sucht man freilich einen poeta laureatus vergebens. Dürer hat in seinen Vorzeichnungen einem der berittenen Herolde zwar die Gesichtszüge seines Freundes Stabius geliehen[13]. Und auf den Stufen der Ehrenpforte sind zwar auch Stabius', Kölderers und Dürers Wappen angebracht[14]. Aber von der herausgehobenen, ja kaisergleichen Rolle des poeta laureatus, der erst dem Triumphator die Unsterblichkeit verleiht, ist in dem maßgeblich von Maximilian selber konzipierten Ruhmeswerk nichts zu erkennen. Maximilian trug für seine „gedechtnus" selber Sorge, als actor et scriptor rerum zugleich. Und seither sollten die poetae laureati nur noch seine Helfer sein wie z. B. die von Celtis verachteten Herolde[15],

der Schedelschen Weltchronik. Mit einem Anhang von D. Wuttke. Mitteilungen des Vereins für Geschichte der Stadt Nürnberg 62 (1975), 60–83. – Wie dicht beieinander im Zeichen des Triumphes Krieg und Frieden liegen, zeigt ein Detail der deutschen Fassungen des hier herangezogenen Passus. Der erste deutsche Druck Nürnberg, A. Koberger, 1493 übersetzt auf fol. CCLVIII^v „bellicosa ... Germania" mit „streydsamm ... teutsch land"; der zweite aus Augsburg, J. Schönsberger, 1500, fol. CCXCI^vb hat statt dessen „fridsam ... teütsch land".

[11] F. Schestag (Hg.), *Kaiser Maximilian I. Triumph.* Wien 1883–1884. Stark verkleinert, aber vollständiger hg. v. H. Appuhn, *Der Triumphzug Kaiser Maximilians I. 1516–1518.* Düsseldorf 1979 (Die bibliophilen Taschenbücher 100). – F. Winzinger (Hg.), *Die Miniaturen zum Triumphzug Kaiser Maximilians I.* Faksimileband, Graz 1972; Kommentarband, Graz 1973 (Veröffentlichungen der Albertina). – E. Chmelarz (Hg.), *Ehrenpforte des Kaisers Maximilian I.* Wien 1885–1886 (Supplement zum Jahrbuch der kunsthistorischen Sammlungen des Allerhöchsten Kaiserhauses 4).

[12] H. Größing, *Johannes Stabius. Ein Oberösterreicher im Kreis der Humanisten um Kaiser Maximilian I.* Mitteilungen des oberösterreichischen Landesarchivs 9 (1968), 239–264. – E. Chmelarz, *Die Ehrenpforte des Kaisers Maximilian I.* Jahrbuch der kunsthistorischen Sammlungen 4 (1886), 289–319, hier 290 f., 300–307.

[13] F. Schestag, *Kaiser Maximilian I. Triumph.* Jahrbuch der kunsthistorischen Sammlungen des Allerhöchsten Kaiserhauses 1 (1883), 154–181, hier 155.

[14] Appuhn (wie Anm. 11), 158. Es ist in der rechten Bildseite auf die erste Stufe der Ehrenpforte gelehnt.

[15] Vgl. J.-D. Müller (wie Anm. 1), 75.

jeder auf seinem Sektor. Undenkbar, einem Herold das Gesicht des Konrad Celtis zu leihen. Die ideologische Herabstufung des poeta laureatus vom Herrn des Ruhms zum Helfer am herrscherlicherseits konzipierten Ruhmeswerk und bei der Propaganda ist in den Dichterdiplomen seit 1505 faßbar[16]. Die lateinischen Dichter wurden darum dem Kaiser nicht weniger wichtig – im Gegenteil, die Institution des poeta laureatus scheint gezielter genutzt worden zu sein als zuvor. Aber die lateinischen Werke dienen nunmehr weniger dem Beweis, den Celtis erbringen wollte, daß die Musen über die Alpen nach Deutschland gezogen seien und hier über die Barbarei triumphierten, als vielmehr der Propagierung des militärisch-triumphalen Zuges der Regierung Maximilians. Und für diesen Zweck macht es dann auch nichts mehr aus, daß der aus Udine gebürtige poeta laureatus Riccardo Sbrulio und nicht ein Deutscher Maximilians 'Theuerdank' zu einem lateinischen Epos gestaltet und der aus Perugia stammende poeta laureatus Riccardo Bartolini mit der 'Austrias' das große lateinische Epos über Maximilian schafft, das Celtis wohl versprochen, aber nicht (nicht mehr) geliefert hatte[17].

Die Differenz zwischen beiden Darstellungen des Triumphs – am Anfang und zu Ende der Regierung Maximilians – veranschaulicht die Wandlungen der Zuordnung von Herrscher und gekröntem Dichter: der Dichter, der sich neben den Herrscher stellen wollte, wird in Dienst genommen. Die Differenz beider Triumphvisionen markiert aber auch den Spielraum der Aussagen über Krieg und Frieden. Denn es handelt sich um grundverschiedene Triumphe. Der Endsieg über die Türken wird der (lateinischen) Schedelschen Weltchronik zufolge errungen durch ein befriedetes Deutschland und die teils durch Frieden, teils wenigstens durch die Aussicht auf die Erbeutung ganzer Reiche geeinten europäischen Mächte[18]. Man kann diese Krieg und Frieden verquickende Vorstel-

---

[16] Mertens (wie Anm. 1), 157 f.
[17] J.-D. Müller (wie Anm. 1), 159–169, 172, 174–179.
[18] Die lateinische und die deutsche Version – die Stellen wie Anm. 10 – divergieren beträchtlich. Die deutsche Version entschärft die in der lateinischen enthaltene Polemik gegen Maximilians Vorgänger, seinen Vater Friedrich III. sicherlich eingeschlossen, durch Auslassungen: „Et si precedentes negligentes fuerint (bezüglich des Türkenkrieges) honoremque suum parvifecerint, suum negligere et turpitudini notare non patietur ac gloriosum nomen detersa superiorum infamia augere peroptat". Die lateinische Fassung ist vor dem Tod Friedrichs III., also zur Zeit der spannungsreichen Doppelregierung, verfaßt und gedruckt; die deutsche Fassung erschien nach dem Tod des alten Kaisers. Ferner werden in der deutschen Version die vereinigten christlichen Könige als Befreier des Hl. Landes, aber nicht in der folgenden Weise als Beutegemeinschaft gepriesen: „Cum dominum gloriosum (sc. Maximilianum) principes occidentales secuti

lung wohl am kürzesten mit dem Begriff „concors ira" zusammenfassen, wie es jene Motette tut, welche die kaiserliche Obödienzgesandtschaft 1513 vor dem neuen Papst Leo X. aufführen ließ[19]: als causa efficiens und causa finalis des Friedens in Europa der Krieg gegen die Türken, dessen gerechte Gründe von keinem der gekrönten Dichter bestritten werden, im Gegenteil. Denn es handelt sich um alte, z.T. aus der Kreuzzugzeit – an die ausdrücklich erinnert wird – herstammende und angesichts der osmanischen Expansion fortentwickelte Begründungen: Selbstbehauptung und Selbstverteidigung der in einen „angulus orbis", einen Winkel der Welt, gedrängten Christenheit – man kann geradezu von einem „angulus-Syndrom" sprechen; Befreiung der vom Islam unterjochten Christen, Rückeroberung Konstantinopels und des heiligen Grabes. Wobei freilich das wesentliche Kreuzzugselement, der geistlich-verdienstliche Charakter, sehr weit in den Hintergrund tritt und z. B. nur noch als „coelestis gloria" in Erinnerung gerufen wird, die aber noch nach der „mundana gloria" und der Beute rangiert. „Salus" heißt nicht Seelenheil, sondern diesseitige Selbstbehauptung[20].

Der Triumphzug Maximilians gründet dagegen nach des Kaisers eigener Konzeption auf seinen Kriegen im Hennegau, in Geldern, Burgund, Ungarn, der Schweiz, Italien, Bayern usw., auf insgesamt 16 allein bis 1512[21]. Dieses sind aber genau jene Christenkriege, welche die concors-ira-

fuerint, id omni christianae reipublicae felix et fortunatum erit. Cum ipse maximum et florentissimum imperium adipiscetur (gemeint ist Byzanz), tum omnes, qui sequentur, amplissimas opes consequentur ex hoc bello, proposita non facili, sed sperata certa victoria quoad mundanam et caelestem gloriam, plurimorum quoque et amplissimorum regnorum et ingentes opes et clarissima imperia perventura. Demum auxiliante domino Jesu cum insigni victoria et glorioso triumpho revertentur".

[19] Die von Heinrich Isaak vertonte Motette 'Optime pastor', Z. 10 ff: „Postmodum concordes generosi pectoris iras/In Turcas animate …". Text und Interpretation bei A. Dünning, *Die Staatsmotette 1480–1555.* Utrecht 1969, 46–52.

[20] Vgl. insbesondere den Anm. 10 bezeichneten und Anm. 18 teilweise zitierten Passus der Schedelschen Chronik, der sich z.T. wörtlich, so bezüglich der Vorstellung „Mahumeti perfidia … nos in angustulum Europe coartavit", auf die Türkenrede des Enea Silvio vom 16. 5. 1454 bezieht, die nach Ausweis Jakob Wimpfelings, *Epitoma rerum Germanicarum.* Straßburg, J. Knobloch, 1505, fol. XXXVIII^{rv}, mittlerweile zu den Klassikern der Türkenpropaganda zählte. Der Text der Rede Eneas, damals noch poeta laureatus Friedrichs III., in: *Deutsche Reichstagsakten* (ältere Reihe) 19, 1, hg. von H. Weigel und H. Grüneisen. Göttingen 1969, 265–270. Des weiteren vgl. die unten Anm. 22 und Anm. 24 genannten Schriften Huttens und Bartolinis. Allgemeiner R. Schwoebel, *The Shadow of the Crescent: The Renaissance Image of the Turk (1453–1517).* Nieuwkoop 1967.

[21] So das Programm des Triumphzugs, das Maximilian 1512 seinem Sekretär Marx Treitzsaurwein diktierte, abgedruckt bei Appuhn (wie Anm. 11), 171–196, bes. 184–187.

Argumentation so sehr beklagt[22]. Die Rechtfertigung dieser Kriege erfolgt auf zweierlei (nicht immer scharf geschiedenen) Argumentationswegen. Der eine nimmt die „res publica christiana" insgesamt zum Ausgangspunkt und überträgt auf sie die Forderung antiker Staatsethik, daß die „res privatae" den „res publicae" unterzuordnen seien und die „res publica" den Einsatz aller Kräfte und des eigenen Lebens beanspruchen dürfe. In dieser Perspektive besitzt die Politik der europäischen Mächte und erst recht der deutschen Fürsten, die den gemeinsamen Kampf um „salus publica" und "libertas" bisher verhindert hat, lediglich den Rang einer „res privata". Maximilian aber gilt als der Sachwalter der „res publica" (dies ist der ideologische Vorsprung, den das Kaisertum verleiht), ihn trifft keine Schuld an den immer wieder dazwischentretenden europäischen Kriegen. In diesen Kriegen hat er sich vielmehr als der geeignete militärische Führer der „res publica christiana" qualifiziert.

Der entscheidende Unterschied zum zweiten (gleich zu erläuternden) Argumentationsweg liegt darin, daß die „res publica christiana" insgesamt auf dem Bündnis und der „amicitia" der europäischen Mächte beruhend gedacht und der tatsächlich stattfindende europäische Hegemoniekampf euphemistisch zu einer bloß zeitweiligen Unterbrechung der „amicitia" erklärt wird – „amicitiae et benevolentiae parenthesis", die freilich schon mehr als 100000 Menschen das Leben gekostet habe; so Riccardo Bartolini unter Berufung auf Maximilian selbst[23].

Der andere Argumentationsstrang redet dagegen dem europäischen Hegemoniekampf auf italienischem Boden unverblümt das Wort, am brutalsten Hutten[24]. Er, und ähnlich Bebel[25], geht von der deutschen Nation

---

[22] So besonders nachdrücklich – „parum digna triumpho" seien die Christenkriege – Riccardo Bartolini, *Oratio ad Imperatorem Caes. Maximilianum Aug. ac potentissimos Germaniae principes.* Augsburg, S. Grimm und M. Wirsung, 1518; abgedruckt durch E. Böcking (Hg.), *Ulrichs von Hutten Schriften*, Bd. 5. Leipzig 1861, 249–263, hier 250 f.

[23] Ebd., 250, § 5. – In der Argumentation vergleichbar, aber einläßlicher die Rede des Hieronymus Balbi vor Papst Clemens VII. vom 2.8.1529, abgedruckt durch J. de Retzer (Ed.), *Hieronymi Balbi Veneti Gurcensis olim episcopi opera poetica, oratoria et politica-moralia*, Bd. 1–2. Wien 1791–1792, hier 1, 577–623. Ob Balbi, der Vorgänger des Celtis auf der Wiener Poetik-Lektur, poeta laureatus war – so H. Ankwicz-Kleehoven, *Der Wiener Humanist Johannes Cuspinian.* Graz/Köln 1959, 13 Anm. 44, wo die dort zitierte Quellenstelle in dieser Hinsicht irrig paraphrasiert ist –, mag vorerst dahingestellt bleiben; er scheint die Poetenkrone aber erstrebt zu haben, vgl. die Verse bei Zingerle (wie Anm. 7), 120 und 140.

[24] *Ad divum Maximilianum ... bello in Venetos euntem Ulrichi Hutteni equitis exhoratio*, hg. von E. Böcking, *Ulrichs von Hutten Schriften*, Bd. 3. Leipzig 1862, 123–158. – *Vlrichi de Hutten equitis ad principes Germanos ut bellum in Turcas concorditer suscipiant.* Ebd., Bd. 5, 97–134; eine teilweise zynisch argumentierende Rede.

und ihrem Anspruch auf das Imperium aus. Germania ist allein die „res publica" und „communis patria", zu deren militärischer Stärkung antike Staatsethik mobilisiert wird. Die deutsche Nation unterwerfe sich Italien zu Recht, um die französische Konkurrenz um die Weltherrschaft auszuschalten; Maximilian sei „caput rerum" von Indien bis Amerika; was er in seiner Gewalt noch nicht habe, stehe ihm doch zu. Nicht Bündnis und „amicitia" der europäischen Mächte sollen den Türkenzug sichern, sondern die Selbstbehauptung der Deutschen allein gegen alle anderen. Huttens zuerst 1511 verfaßte und 1518 erheblich erweiterte Aufforderung an Maximilian zum Krieg gegen Venedig stellt dem Leser alle Gegenden und Reiche der Welt vor Augen, die entweder – wie der gesamte Islam – mit Venedig gegen die Deutschen im Bunde seien oder deren Hilfe – z. B. Englands, Frankreichs, Polens, Ungarns – die Deutschen gar nicht bedürften:

> „Omnia pro Venetis, pro te Germania pugnet,
>   Haec manus ad bellum sufficit una tibi.
> Non opus est flavi ducantur in arma Britanni" usw.:
> „Adde nihil nobis"[26].

Der Kampf gegen Venedig sei schon der Kampf gegen die Türken. Venedig ist der Focus der „iustior ira"[27]. Einig sein müßten nur die Deutschen, deren namentlich aufgerufene Länder und Landschaften der übrigen namentlich benannten Welt Paroli bieten, wie auch die „felix Austria": „foelix Austria bella gerat"[28]. (Es ist das „angulus-Syndrom", das nach dem Grundsatz des vim-vi-repellere jeden Krieg rechtfertigt, übertragen von der res publica christiana auf die natio Germanica.) Daß im Krieg kein Heil sei, hätten, so Hutten, nur die Feinde zu gewärtigen, und nur für sie gelte das Gebot, den Frieden zu suchen[29].

Maximilian hat Bartolini und Hutten im selben Jahr 1517 zu poetae laureati kreiert[30]. Doch im Rahmen dessen, was ein poeta laureatus Maximilians über Krieg und Frieden zu sagen hat, sind größere Gegensätze

[25] z. B. *Opera Bebeliana*. Pforzheim, Thomas Anshelm, 1509, fol. [D IV]ᵛ/Eᴿ (= 'Triumphus Venereus', lib. IV); fol. [H IV]ᵛ–Iᵛ (= 'Laus Germanorum. Elegia hecatosticha …').
[26] Hutten, Bd. 3 (wie Anm. 24), 140, Zeilen 401–407.
[27] Ebd., 123.
[28] Ebd., 141, Zeile 420. – Daß die bekannte gegenteilige Devise „Bella gerant alii, tu, felix Austria nube…" für das 16 Jhdt. nicht nachweisbar ist, unterstreicht A. Lhotsky, *Quellenkunde zur mittelalterlichen Geschichte Österreichs*. Graz/Köln 1963, 71.
[29] Hutten, Bd. 3 (wie Anm. 24), Zeilen 339–346.
[30] Bartolini in Antwerpen, vgl. F. H. Schubert, *Riccardo Bartolini*. Zeitschrift für bayerische Landesgeschichte 19 (1956), 95–127, hier 102; Hutten in Augsburg, vgl. E. Böcking (Hg.), *Ulrichs von Hutten Schriften*, Bd. 1. Leipzig 1859, 143 f., 147.

nicht zu denken. Beide lösen das Spannungsverhältnis zwischen Nation, Imperium und Dynastie auf unterschiedliche Weise; Hutten zugunsten der Nation, die durch die Wiederherstellung des Imperiums unter der Führung der habsburgischen Dynastie die Weltherrschaft erringen soll. Bartolini unterstellt Nation, Imperium und Dynastie gemeinsam mit den übrigen christlichen Mächten dem Türkenzug und denkt sich die Welt zwischen allen Königen aufgeteilt. Hutten heizt den in Italien ausgefochtenen europäischen Hegemoniekampf an, Bartolini will ihn von dort weg gegen die Türken abgeleitet wissen.

Ein Detail ist für den Unterschied zwischen Hutten und Bartolini sehr bezeichnend: ihr Bezug zu Erasmus. Bartolini läßt sich in seiner Augsburger Türkenrede von 1518 immerhin eine kurze Strecke weit von der gerade erschienenen 'Querela pacis' des Erasmus beeinflussen, indem er vom Frieden als „munus naturae" ausgeht und wie Erasmus den Begriff „pax" stets durch „concordia" und „benevolentia" erläutert oder ersetzt[31]. Hutten dagegen glaubt (ebenfalls 1518), den Triumph der Deutschen über Venedig werde allen Dichtern voran ausgerechnet Erasmus besingen[32].

Jakob Spiegel verwischt später, 1531, den Gegensatz zwischen Bartolini und Hutten, wenn er zu einer fingierten Türkenkriegsrede Maximilians in Bartolinis Epos über den bayerischen Erbfolgekrieg folgendes Scholion anbringt: Die Deutschen, seien sie einig, könnten sich leicht den „totus orbis" unterwerfen. Dies meinten – so Spiegel – Campano, Enea Silvio, Bartolini in seiner Augsburger Rede und Hutten[33].

Obwohl Bartolini 1518 die Kriege der Christen untereinander als „parum digna triumpho" bezeichnete – womit doch auch die 16 Kriege des Triumphzuges Maximilians gemeint sein mußten –, war er es, der vor dem

---

[31] Vgl. Bartolini (wie Anm. 22), 250, §§ 3 f., mit Erasmus, 'Querela pacis', ed. O. Herding, in: *Opera omnia Desiderii Erasmi Roterodami* IV, 2. Amsterdam 1977, 62 f., 80. Die Benutzung der kurz zuvor erschienenen 'Querela' durch Bartolini ist freilich nicht ganz eindeutig. Eine gemeinsame Quelle, Plin., Nat. hist. VII,5, hat Bartolini sicher herangezogen; seine Formulierungen „serpens non petit serpentem", „nulli maiora intulerunt mala quam homines" gehen auf Plinius, nicht auf Erasmus zurück. Die Erweiterung des Verständnisses von pax scheint wichtiger. Immerhin versteht Bartolini die für den Türkenzug notwendige concordia nicht bloß taktisch, nicht zum Zweck der Erbeutung fremder Reiche, und wohl auch nicht zur Etablierung deutscher oder habsburgischer Weltherrschaft, sondern als Bedingung einer dauernden Wiedergeburt der Christenheit: „hac enim concordia capiti membra uniuntur novumque corpus, quod prius pene occiderat, Christianae reipublicae renascitur", Bartolini (wie Anm. 22), 251, § 9.

[32] Hutten, Bd. 3 (wie Anm. 24), 158, Zeile 767, 772: „Scribite, Germani, victura poemata, vates ... Immortale bonus texat Erasmus opus".

[33] *Guntheri ... Ligurinus ..., Richardi Bartholini Perusini Austriados Lib. XII ... Cum Scholiis Jacobi Spiegelii ....* 1531, 85 f. (Kommentar zu lib. III).

Augsburger Reichstag reden durfte, und nicht Hutten, der für seine aus-
gearbeitete Rede trotz Pirckheimers Redigierung nicht einmal eine Belohnung davontrug[34]. Bartolinis Rede entsprach den politischen Intentionen
Maximilians während des Augsburger Reichstags; ansonsten aber erfüllte
Huttens Agitation ebenfalls Absichten, die Maximilian mit der Dichterkrönung verband.

Das symbiotische Verhältnis, das Herrscher und Literaten in der Aetas
Maximilanea eingingen, hat gegensätzliche Qualifikationen erfahren –
nach Josef Engel bloßer Bildungströdel der Politiker, nach Heinrich Lutz
im Rahmen der Publizistik eines der wesentlichen neuen Mittel der Politik neben Diplomatie und modernem Kriegswesen –, und es hat verschieden gewichtete Interpretationen erfahren, jüngst durch Jan-Dirk Müller
die Herausarbeitung der die „gedechtnus" begründenden Absicht gegenüber der aktuellen politisch-publizistischen Funktion[35]. Das Thema
'Krieg und Frieden' gibt Anlaß, die politische Funktion der Symbiose von
Herrscher und Literaten zu unterstreichen. Sie wird in einschlägigen
Quellenstellen auch sehr zugespitzt ausgedrückt. Um die Bedeutung
dieser Äußerungen angemessen zu gewichten, sei an den zugehörigen allgemeinen Zusammenhang erinnert[36].

Die Symbiose von Herrscher und Literaten in der Aetas Maximilanea
ist das bewußt gestaltete Produkt einer Konvergenz politischer und bil-
dungsgeschichtlicher Entwicklungen im Reich. Denn politischerseits
gewinnen im 15. Jahrhundert die Foren des gesprochenen, geschriebenen
und dann vor allem auch des gedruckten Wortes enorm an Bedeutung:
mit der Intensivierung des Gesandtschaftswesens bis hin zur ständigen
Diplomatie; mit der Ausbildung des Reichstags und seines Zeremoniells;
mit der vielfältigen kaiserlichen Publizistik, die sich in der Summe ihrer
Mittel an jedermann (d.h. über den Kreis der an der politischen Organisation Beteiligten hinaus) richtet. Und bildungsgeschichtlich entwickelt
sich mit dem Humanismus die für die Foren des bewegenden Wortes
zuständige Wissenschaft, die zudem ihre Anfänge auf die Entstehung
menschlicher Gesellschafts- und Staatsbildung zurückführt und
dementsprechend eine politische Ethik zugunsten des Gemeinwesens,
der res publica = patria communis, propagiert.

---

[34] P. Kalkoff, *Huttens Vagantenzeit und Untergang.* Weimar 1925, 134–139.

[35] J. Engel, in: *Handbuch der europäischen Geschichte,* Bd. 3, hg. von Th. Schieder. Stuttgart
1971, 49–77, bes. 54. – H. Lutz, *Das Ringen um deutsche Einheit und kirchliche Erneuerung.*
Berlin 1983 (Propyläen Geschichte Deutschlands 4), 77–95, 153–157. – J.-D. Müller (wie
Anm. 1), 251–280.

[36] Vgl. Lutz (wie Anm. 35), 153–157.

Daß die Motivierung breiter Kreise die Chance bot, zentripetale Entwicklungen im Reich zu begünstigen, hatte sich in der ersten Hälfte des 15. Jahrhunderts zur Zeit der Hussitenkriege – einer causa fidei – schon erwiesen. Wie P. Moraw jüngst herausstellte, ist es damals gelungen, über die Teilhaber am Reich und über das Krongut hinaus die bloßen Glieder des Reiches aufgrund ihrer Gliedschaft zu Leistungen zu veranlassen[37]. Was in der ersten Hälfte des 15. Jahrhunderts aufgrund der Hussitengefahr erreicht worden war, sollte in der zweiten Hälfte angesichts der Türkengefahr (beziehungsweise der vorher abzuwehrenden Franzosen- und Venedigergefahr) fortentwickelt werden. Deswegen dringt Maximilian bei den Reichsständen auf die sogenannte eilende Hilfe, um ein kaiserliches Heer zu finanzieren, das pro honore imperii streitet oder gar schon pro salute patriae, für den Bestand der Nation kämpft. (Den Ständen war dagegen an einer durch die währende Hilfe finanzierten Durchsetzung von pax et iustitia im Reich gelegen.) Auf die monarchisch-kaiserliche Spitze und die habsburgische Dynastie konzentriertes Herrscherlob, Beschwörung der Türkengefahr und Vorstellen der ethischen Pflicht des Kampfes pro honore et salute, die Identifizierung der patria nicht bloß mit dem Gerichtssprengel oder der Heimatstadt, dem Teilterritorium oder neuerdings dem Gesamtterritorium, sondern mit der natio Germanica – all dies sind wesentliche Elemente in der politischen Auseinandersetzung auf deutscher und auf europäischer Ebene, also im monarchisch-ständischen Verfassungskampf, der im Schatten des europäischen Hegemoniekampfes stattfindet und wie dieser auf den Türkenkrieg bezogen wird, um von dessen Legitimitätspotential zu profitieren. Und hier eben konvergieren die politische und die bildungsgeschichtliche Entwicklung, tauschen Herrscher und Humanist lateinische Schriftstücke aus: Privileg gegen Panegyricus. Die Panegyrici auf Maximilian erfüllten nicht mehr nur die Aufgabe, die Petrarca dem poeta laureatus gestellt hatte: als die Herren des zu rühmenswerter virtus anspornenden Ruhms der Herrscher höchsten Rang für die Dichtung und die Dichter zu beanspruchen. Sie entwarfen nun stets auch ein Bild der erwünschten politischen Ordnung: Maximilian, unterstützt von den sich unterordnenden deutschen Fürsten und gefolgt von den verbündeten oder bezwungenen europäischen Königen, an der Spitze der Christenheit im Türkenzug[38]. Dazu wurde unter

---

[37] P. Moraw, *Organisation und Funktion von Verwaltung im ausgehenden Mittelalter (ca. 1350–1500)*, in: *Deutsche Verwaltungsgeschichte*, Bd. 1, hg. von K.G.A. Jeserich u.a. Stuttgart 1983, 21–65, hier 57 f.
[38] Mertens (wie Anm. 1), 150–159.

Maximilian auch die Aufgabe des poeta laureatus neu bestimmt: die Lenkung der Untertanen zugunsten von Folgsamkeit und Loyalität: „(oratoria) cetus hominum tenet; mentes allicit; voluntates impellit; unde autem vult deducit; populi seditiones, civium religiones, senatorum prudentiam una persuasione convertit …, retinet homines tranquillos, religiosos et pacatos in civitatibus …; (poetica) a crudelitate ad humanitatem instituit, civilibus quoque mores instruxit". So 1498 Maximilians Dichterdiplome für Josef Grünpeck und Gabriel Münzthaler[39]. Der im Jahr zuvor gekrönte poeta Jakob Locher begreift seine Aufgabe als Dichter – die ihm anscheinend tatsächlich so aufgegeben wurde – ausdrücklich als eine militärische. In der Anrede Maximilians an den soeben gekrönten Dichter heißt es: „Mit dem Reiterhorn sollst du die Schlachten und Siege besingen, die mit siegreicher Hand mein Heer vollführt. In den Kriegen der Heerführer erhebst du die Triumphgesänge …, du wirst die Mannschaften mit deiner Fanfare antreiben und mit deinem Vers den Mars entflammen, wenn ich die feindlichen Lager bedränge"[40]. 24 Jahre später hat Locher den Zusammenhang zwischen Humanismus und Heerwesen, Antikerezeption und Kriegswesen so deutlich ausgesprochen, wie wohl kein poeta laureatus Maximilians sonst.

Wozu, fragt Locher, sind meine Mahnschriften an Fürsten und Stände nütze? Zum Kriegs*hand*werk überhaupt nicht: Die Dichter legten nicht Hand an, hielten nicht Wache, ließen nicht antreten zur Schlacht und führten nicht die Heeresmatrikel, leiteten nicht das Treffen, schlügen kein Lager auf und schanzten nicht. Aber sie wirkten in Geist und Gemüt der

---

[39] Wien, Haus -, Hof- und Staatsarchiv, *Reichsregisterbücher Maximilians I.*, LL fol. 42[rv].

[40] (Jakob Locher) *Libri Philomusi Panegyrici ad Regem. Tragedia de Thurcis et soldano. Dialogus de heresiarchis.* Straßburg, Johannes Grüninger, 1497 (vgl. G. Heidloff, *Untersuchungen zu Leben und Werk des Humanisten Jakob Locher Philomusus (1471–1528)*, phil. Diss. Freiburg. Münster 1975, 47 f., Nr. XII), fol. [A VI][v]: „Verba regis ad poetam, quem hedera coronat" (d.h. Worte des thronenden Maximilian an den soeben zum poeta gekrönten und zur Linken des Thrones stehenden Locher, wie es der Holzschnitt darstellt, der zwischen diese Überschrift und die nachfolgenden 5 Distichen eingefügt ist):

Accipe laurigeram, vates Jacobe, coronam
    Et ramo viridi tempora docta tege.
Hos tibi regali vultu largimur honores,
    Scriptor ut electus Atria nostra colas.
Et lituo pugnas incurvo bellaque pangas,
    Victrici dextra quae mea signa parant.
Inter bella ducum cantus extollis ovantes
    Extendisque sacro Romula sceptra choro.
Aere ciere viros Martemque accendere versu
    Tum poteris, quando castra inimica tero.

Menschen, und das müsse vernehmlich gesagt werden: Sie entflammten die Kampfbereitschaft, machten die Führer beherzter, ermutigten die Soldaten zu schöner Siegeshoffnung, stellten dem Heer den glänzenden Triumphzug verlockend vor Augen, reizten zum Verteilen der Feindesbeute an und forderten auf, den unsterblichen Ruhm ihrer Kriegstaten zu erringen[41]. Nicht das Kriegshandwerk ist die Domäne dieser Dichter um 1500, sondern durch ihr Mund- und Schriftwerk die Kriegsmoral. Bebel hat sich ausdrücklich als literarischer Krieger verstanden und als moralischer Aufrüster insbesondere der Militärmacht des schwäbischen Bundes betätigt[42], Hutten hat entsprechend für die Deutschen insgesamt geschrieben. Locher faßt die Kriegerfunktion des Dichters sodann programmatisch in dem Namen zusammen, der Horaz (ars poet. 403 f.) und vielleicht schon Lykurg als Lochers Quelle erkennen läßt: Tyrtaeus – Tyrtaeus, der im Zweiten messenischen Krieg den schon wankenden Spartanern durch seine den Tod fürs Vaterland preisenden Verse doch noch zum Sieg verholfen haben soll; der Dichter also, der nicht wie Ennius in der Sicht Petrarcas[43] den errungenen militärischen Triumph besingt, sondern

---

[41] *Exhortatio heroica Jacobi Locher Philomusi ad principes Germaniae et status pro serenissimo Romanorum ac Hispaniarum rege Carolo contra hostes sacrosancti imperii detestabiles,* sla. (nach 3. 8. 1521, vgl. Heidloff (wie Anm. 40), 101 f., Nr. LVI), fol. [Ai]^v–Aii^R, aus dem Widmungsbrief an Leonhard von Eck, Ulm, 3. 8. 1521:
„Quid, inquis, tua monitoria scriptione opus? Quid Musae telis exarmatae et imbelles Helliconis accolae inter classica horribiliter sonantia, inter tubas obstrepero concentu clangentes meditari et efficere possunt? Nihil prorsus, inquam, aedificant, nullas excubia agunt, nullos ducunt ordines, militum auctoratorum nomina matriculis non scribunt, signa non convellunt, non castramentantur, nec aggeres construunt, sed quid agant in animis hominum, reticere non possum. Martem incendunt, duces animosiores reddunt, milites ad spem victoriae pulchram erigunt, ad speciosam pompam triumphi exercitum alliciunt, ad praedas hostium dividendas provocant, et ad immortalem rei gestae gloriam indipiscendam hortantur. Hoc quondam Athenienses considerarunt, qui Tyrteum poetam pro sociis adversus hostes ducem miserunt, qui carminibus ad temporis casum subito furore compositis et pro contione recitatis milites repentino metu terga vertentes ac pene victos ad conflictum rursus acriusque repetendum incitavit et prostratis hostibus victores effecit. Scipio consul longa dignus memoria Ennium tria corda habentem in Punicam expeditionem secum duxit, ut quae bello foeliciter gessisset, monumentis poeticis consecraret. Hinc Claudianus non tam eleganter quam vere cecinit (cons. Stil. III, praef., V. 6): 'Carmen quisquis amat, carmine dignus [g]erit'. Namque Musae Pierides heroum versibus acta praelia committunt et famae nomina sacrant. Quis est Allemannorum tam vesani capitis . . ., ut populosissimam, fortunatissimam, nobilissimam, indigenam, invictam, virtutis bellicae, politicae curae ac strenuitatis Germaniam genitricem tueri etiam proprio sanguine non gliscat? . . .".
[42] Mertens (wie Anm. 1), 165–172.
[43] Vgl. W. Suerbaum, *Poeta laureatus et triumphans. Die Dichterkrönung Petrarcas und sein Ennius-Bild.* Poetica 5 (1972), 293–328. Ders., *Ennius bei Petrarca. Betrachtungen zu literarischen Ennius-Bildern,* in: O. Skutsch (Hg.), *Ennius.* Vandoeuvres/Genève 1972 (Entretiens

ihn durch Kampfgesänge auf dem Schlachtfeld herbeiführen hilft. Diese Wende des dichterischen Selbstverständnisses von Petrarcas Ennius-Typus zum Tyrtaeus-Typus ist, bildlich gesprochen, die Umkehr des vom Schlachtfeld auf das Kapitol hinaufziehenden lorbeergeschmückten Triumphzugs: der Abstieg des Dichters vom Kapitol hinab auf das Schlachtfeld. Ihr entspricht in den Dichterdiplomen Maximilians die Herabstufung des kaisergleichen apollinischen Lorbeers bis hin zum Analogon einer militärischen Auszeichnung, der „corona vel muralis vel civica"[44].

Der poeta laureatus als literarischer Kämpfer, als in die herrscherliche Treuepflicht genommener orator, der den Willen der Untertanen lenkt, „unde vult"; als Lobsänger und Verewiger militärischer, im Reich, über christliche Nachbarn errungener und – „sperata victoria" – über die Türken zu erringender Triumphe – ihn trifft das 'Adagium' des Erasmus 'Dulce bellum inexpertis' als Verdikt, und die Klagerede des Friedens trifft ihn als Angeklagten[45]. Erasmus nennt die poetae laureati zwar nicht eigens neben Mönchen, Juristen, Theologen und Bischöfen, die den Krieg anpreisen. Aber die Friedensschriften des Erasmus sind die Gegenschriften auch zu dem, was die ihm großen Teils persönlich oder brieflich wohl-

sur l'antiquité classique XVII), 293–347. Suerbaum stellt heraus, daß bei Claudian, cons. Stil. III, praef., Ennius im Triumphzug des Scipio mehr triumphierender Mitkämpfer als triumphierender Dichter ist („et sertum vati Martia laurus erat"), bei Petrarca dagegen allein noch Dichter und nicht mehr Soldat. Suerbaum, 'Poeta laureatus', 314 f. erörtert die Benutzung der genannten praefatio Claudians durch Locher in der Darstellung seiner Dichterkrönung in den Libri Philomusi panegyrici von 1497 (wie Anm. 40), fol. [B VI]ᵛ. Locher überträgt die Claudianverse (praef. 11 f.) über das Verhältnis des Ennius zu Scipio „haerebat doctus lateri castrisque solebat / omnibus in medias Ennius ire tubas" auf sein künftiges Verhältnis an der Seite Kaiser Maximilians:
„haerebit sacro lateri Philomusus et usque
armisona incendet fortia membra cheli".
Locher versteht also den Ennius Claudians und sich selbst seit seiner Dichterkrönung als einen Tyrtaeus, der die Truppen anfeuert, und nicht allein als einen Dichter, der dem Ruhm des Feldherrn dient. Daher ist es bezeichnend, daß Locher auch in dem oben Anm. 41 zitierten, 24 Jahre jüngeren Brief zunächst diesen Tyrtaeus anführt und dann erst den Ennius, der die vollbrachten Kriegstaten besingt. Doch auch dieser dient der „lodernden" Kampf- und Todesbereitschaft aller in den künftigen Kriegen. – Beachtenswert ist eine Variante, in welcher der Claudianvers praef. 6 bei Locher erscheint. Anstelle der Wortfügung Claudians „carmen amat, quisquis carmine digna gerit" hat Locher 1497 (wie oben) „Quisquis [carmen] (dieses Wort ist im Druck versehentlich entfallen) amat, carmine digna gerit", und im Brief von 1521 (wie Anm. 41) „Carmen quisquis amat, carmine dignus [g]erit". Locher vertauscht beidemale Haupt- und Nebensatz und verschiebt damit die Aussage. Claudian sagt, der große Feldherr schätze den Dichter. Locher betont umgekehrt, daß die Wertschätzung der Dichtung zum Vollbringen großer Taten ansporne.
[44] Mertens (wie Anm. 1), 157 u. Anm. 41.

bekannten poetae laureati über Krieg und Frieden zu sagen haben. Den ihnen gemeinsamen Leitbegriff des Triumphes lehnt Erasmus als eine unchristliche Vorstellung ab[46]; in der Propagierung des „commune patriae vocabulum" (etwa = natio Germanica) als eines Wertes der Kriegsethik[47], in der Auswahl nur der kriegerischen „maiorum exempla et historiae" erkennt Erasmus verhängnisvolle Kriegspropaganda; durch das „angulus-Syndrom", das er exakt anspricht und von dem er Europa auch durch die Entdeckungen der neuen Welt nicht befreit sieht[48], hat er sich in seinen Friedensrufen nicht beirren lassen, hat statt dessen die Funktion der Türkenkriegspropaganda für Herrschaftssicherung und Machtkonzentration deutlich bloßgelegt[49]. Gegen das Ganze der literarischen Produkte der poetae laureati über Krieg und Frieden gelesen, erscheint Erasmus als der alleinstehende Friedensrufer zwischen lauter Kriegsrufern.

J. Delumeau hat in seiner Geschichte der Angst auch der Türkenkriegspropaganda ein Kapitel gewidmet[50], und H. Lutz hat auf den Zusammenhang zwischen der „anscheinend nur irreal prahlenden Nationalidee" der Deutschen und ihrer mit der Machtlosigkeit des Heiligen Reiches verbundenen eschatologischen Angst hingewiesen[51]. In diese Dimension

[45] Desiderii Erasmi Roterodami, *Opera omnia* II, Lugduni Batavorum 1703, 951–970 (Adagium 3001, 'Dulce bellum inexpertis'), hier 956 EF: „Belligeramur assidue... Christianus cum homine..., Christianus cum Christiano. E to caecitatem mentis humanae! Haec nemo miratur, nemo detestatur. Sunt qui applaudant, qui vehant laudibus, qui rem plusquam tartaream sanctam appellent ac principes ultro furentes instigant, oleum, quod aiunt, addentes camino ... Alius clamat: Invictissime princeps, tu modo serva mentem istam religioni faventem, Deus pugnabit pro te. Alius promittit certam victoriam ...". – 967 F bezieht sich Erasmus auf die „Beutegemeinschaft" und das „angulus-Syndrom" der Türkenkriegspropaganda, die den militärischen Triumph der Christen als selbstverständlich unterstellt: Wenn man aber militärisch unterliege, welcher winzige Winkel der Erde („quantulus orbis angulus") werde dann wohl noch übrig bleiben? – 968 D: „nonnulli juvenes et rerum imperiti, maiorum malis exemplis, historiarum, quas de stultis prodidere stulti monumentis ad hoc inflammati ... bellum suscipiunt".

[46] triumphus gehört bei Erasmus in das Spektrum der seinem christlich begründetem Friedensbegriff entgegenstehenden Begriffe, vgl. *Querela pacis*, ed. O. Herding, in: *Opera omnia Desiderii Erasmi Roterdami* IV, 2. Amsterdam 1977, 72, Zeile 256 und *Dulce bellum inexpertis* (wie Anm. 45), 959 F; vgl. auch 960., 958 E.

[47] *Querela pacis* (wie Anm. 46), 92, Zeilen 712 f.: „nos commune patriae vocabulum gravem causam iudicamus, cur gens in gentis internecionem tendat...", dazu die Einleitung, 25, 47 f.

[48] Vgl. Anm. 45 und Erasmus, *Colloquia* (Ἰχθυοφαγία), edd. L.-E. Halkin, F. Bierlaire, R. Hoven, in: *Opera omnia* I, 3. Amsterdam 1972, 504 f., Zeilen 329 ff.

[49] *Dulce bellum inexpertis* (wie Anm. 45), 968 BE.

[50] J. Delumeau, *La peur en Occident (XIVᵉ–XVIIIᵉ siècles)*. Paris 1978, 262–272 und Index thématique s.v. Musulman.

[51] Lutz (wie Anm. 35), 92.

gerückt, wird die Konzentration der Thematik 'Krieg und Frieden' auf den 'Triumph' verständlicher und wird auch die Differenz deutlicher zwischen der Konzeption des Triumphes am Ende der Darstellung der sechsten Aetas mundi in der Schedelschen Weltchronik 1493 und dem zwei Jahrzehnte später von Maximilian konzipierten Ruhmeswerk.

Galt 1493 Maximilian selbst als der, welcher die Hoffnungen erfüllen und den Anbruch der Endzeit aufhalten würde, so leitete er schließlich am Ende seiner Regierung die Hoffnungen weiter auf seine Dynastie, welche auf dem Triumphbogen (der 'Ehrenpforte') in Gestalt des Stammbaumes die ganze Geschichte umgreift und in Gestalt von 108 Wappen ihre gegenwärtige, über Nation und Imperium hinausgreifende, durch Kriege und Heiraten errungene und im habsburgischen Pfau[52] anstatt im Reichsadler symbolisierte Macht darstellt. Nicht die deutsche Nation und nicht ihr römisch-deutsches Imperium, sondern die habsburgische Dynastie sollte demnach den Triumph über die Angst gewährleisten. Wie die bis Hektor zurückgreifende Geschichtskonzeption Maximilians – vom sogenannten Mennel-Meister in der 'Fürstlichen Chronik' als Stamm und als Kette zugleich dargestellt, die die ganze Geschichte verbinden[53], und von dem poeta laureatus Glarean zutreffend als „catena multorum saeculorum" charakterisiert[54] – die Vorstellung von den wechselhaften Translationes imperii unterlief, indem sie ihr eine genealogische Teleologie substituierte, so sollte der von Maximilian konzipierte Triumph der Dynastie

---

[52] Darstellung des „ersten Pfauen" mit den Wappen der habsburgischen Königreiche und des „zweiten Pfauen" mit den Herzogswappen auf den ausgebreiteten Flügeln im 4. Buch der 'Fürstlichen Chronik' Mennels, Wien ÖNB, Cod. 3075, fol. 12^v / 13^r; 32^v / 33^r. Zur Erläuterung ebd., fol. 4^r ff. und Cod. 3072*, fol. 65^v ff.

[53] Wien ÖNB, Cod. 3072* (1. Buch der 'Fürstlichen Chronik'), fol. 44^r ff., Erläuterung fol. 62^r ff. Die Darstellung bringt 3 „lineae": die mittlere = „linea Graecorum" ist Stamm und Kette, stellt die Abfolge des habsburgischen Geschlechts im Mannesstamm von Hektor an dar. Die „linea Hebraeorum" (links) und die „linea Latinorum" (rechts), beide allein Ketten, sind keine (oder nur zufällig) Geschlechterabfolgen, sondern Amtssukzessionen, seit der Zeitenwende links die Päpste, rechts die Kaiser seit Augustus. Diese Linien dienen allein der zeitlichen Einordnung der auf der mittleren Linie angegebenen Personen. Nur wenn Habsburger zugleich Kaiser sind, besetzen sie die mittlere und die rechte Linie zugleich. Wäre Maximilians Papst-Kaiser-Plan zur Ausführung gekommen, hätte er alle drei Linien besetzt. Daß man „am liebsten ... alle drei Hauptlinien ... in den einen habsburgischen Stamm einmünden lassen" wollte, „um alles edle Blut des Ostens und des Westens ... den Habsburgern zurückzuführen" – so H. Wiesflecker, *Kaiser Maximilian I.*, Bd. 1. München 1971, 45 –, läßt sich aus der 'Fürstlichen Chronik' jedenfalls nicht begründen.

[54] Brief Glareans, in dem er Ferdinand I. anbietet, Mennels 'Fürstliche Chronik' in das Lateinische zu übersetzen; abgedruckt bei J. Chmel, *Die Handschriften der K. K. Hofbibliothek in Wien*, Bd. 1. Wien 1840, 13 f.

statt des befürchteten Endes der sexta aetas deren habsburgisch bewirkte Fortdauer „plus ultra" sichern. Wie weit die poetae laureati Maximilians Idee des Triumphes anfänglich inspiriert haben – etwa die frühen Ludovico Bruni, Celtis und Locher[55] –, ist kaum zu entscheiden. Die Vorstellung von der umfassenden und überhöhten, der triumphalen Bedeutung des habsburgischen Geschlechts könnte aber gewiß nur von einem Angehörigen dieses Geschlechtes selbst gewonnen werden und sicher nur von Maximilian, der mit der Sorge, seine „gedechtnus" in Schrift und Stift zu bewahren[56], sich selber gleichsam als den Inbegriff der Bedeutung seines Geschlechtes zu verewigen trachtete.

Zwischen den gewaltigen Grabmalplänen Maximilians und ihrer, daran gemessen, bescheidenen Verwirklichung in dem von 28 Bronzefiguren umstellten und mit den Darstellungen vieler Schlachtensiege geschmückten Kenotaph in der Innsbrucker Hofkirche besteht eine signifikante Diskrepanz, die Karl Schmid vor kurzem gedeutet hat[57]. Weder ersetzt die Hofkirche die geplante Grabkirche mit Grabstift und betender Bruderschaft noch geben die aus dem Programm des Triumphzuges und des Triumphbogens herausgenommenen Darstellungen am Kenotaph die Gesamtkonzeption des Ruhmeswerkes Maximilians angemessen wieder. Es sind 24 einzelne Triumphe, 18 militärische und 6 politische, wie sie die poetae laureati in ihren Schriften jeweils besungen haben, aber nicht der schließliche Triumph überhaupt, wie ihn die beiden großen Holzschnittwerke gemeinsam zum Ausdruck bringen wollen. Da das intendierte Ganze fehlt, bleibt das Einzelne augenfällig problematisch. Den Darstellungen der 18 Siege und Kriege mit den Bergen von

[55] P. du Colombier, *Les Triomphes en images de l'empereur Maximilien Ier*, in: J. Jacquot (Ed.), *Les fêtes de la Renaissance*, Bd. 2. Paris 1960, 99–112, nennt mögliche Anreger. Unberücksichtigt bleibt die m.W. früheste Darstellung eines Triumphs Maximilians, ein Holzschnitt, der den König im pferdebespannten Planwagen von Sängern zu Fuß begleitet zeigt, in: J. Locher, *Libri Panegyrici* (wie Anm. 40), fol. I^v.

[56] Daß er „in schrifften und stifften" die Nachrichten über Maximilians Vorfahren und Seitenverwandte aufgefunden habe, betont Mennel in der 'Fürstlichen Chronik' mehrfach. Schrift und Stift sind die Quellen der „Gedechtnus" der Vorfahren, die Maximilian „wieder erhebt", und sollen das Wesen seiner eigenen „Gedechtnus" ausmachen; humanistisch als „Schrift" und mittelalterlich als „Stift", die erste erforscht von J.-D. Müller (wie Anm. 1), das zweite von K. Schmid, „*Andacht und Stift". Zur Grabmalplanung Kaiser Maximilians I.*, in: K. Schmid / J. Wollasch (Hgg.), *Memoria. Der geschichtliche Zeugniswert des liturgischen Gedenkens im Mittelalter*. Münster 1984 (Münstersche Mittelalterschriften 48), 750–771.

[57] K. Schmid (wie Anm. 56).

Leichen (mehr wohl, als je selbst ein Kriegerdenkmal dargestellt hat) fehlt das Komplement: militärischer Triumph erscheint allein als Krieg und nicht etwa auch als Frieden – so, wie Erasmus den Triumph beurteilt und verurteilt hatte.

Krieg und Frieden im Denken und Handeln Heinrich Rantzaus (1526–1598)

von Reimer Hansen

Andreas Hillgruber zum 60. Geburtstag

Leben und Werk Heinrich Rantzaus sind noch großenteils unerforscht. Eine umfassende biographische Darstellung liegt bis heute nicht vor. Dies kann wohl kaum auf fehlendes Interesse zurückgeführt werden, denn an Bemühungen und Vorarbeiten, vor allem aber an Spezialuntersuchungen besteht durchaus kein Mangel[1]. Der Hauptgrund hierfür dürfte vielmehr in der ungewöhnlichen Vielseitigkeit Rantzaus zu suchen sein, der gleichermaßen als Gutsherr und Großgrundbesitzer, als Finanz- und Handelsunternehmer, als Mäzen, als Bauherr, als Humanist und schließlich als Politiker von Interesse ist. In meinen Ausführungen wird neben dem Humanisten insbesondere der Politiker Heinrich Rantzau im Mittelpunkt stehen[2].

Heinrich war neben seinem Vater, dem Feldherrn und Staatsmann Johann, der bedeutendste Repräsentant des zahlreichen und weitverzweigten adligen Geschlechts der Rantzau, das im 16. Jahrhundert in der schleswig-holsteinischen Ritterschaft bestimmenden Einfluß ausübte und höchste landesherrliche Ämter in den nordelbischen Herzogtümern bekleidete[3]. 1526 geboren, ist er bereits 1538 im Alter von zwölf Jahren als

---

[1] Eine umfassende Zusammenstellung der einschlägigen Literatur über Heinrich Rantzau bietet: D. Lohmeier, *Heinrich Rantzau und die Adelskultur der frühen Neuzeit*, in: *Arte et Marte. Studien zur Adelskultur des Barockzeitalters in Schweden, Dänemark und Schleswig-Holstein*, hg. v. D. Lohmeier. Neumünster 1978 (Kieler Studien zur Deutschen Literaturgeschichte 13), 67–84.

[2] Die nach wie vor bedeutendsten biographischen Artikel: J. Moller, *Cimbria literata*, Bd. 3. Kopenhagen 1744, 567–599; J. Skovgaard, *Henrik Rantzau*. Dansk Biografisk Leksikon 19 (1940), 135–145.

[3] H. v. Rumohr, *Über den holsteinischen Uradel. Die sogenannten Originarii*, in: *Dat se bliven ewich tosamende ungedelt. Festschrift der Schleswig-Holsteinischen Ritterschaft zur 500. Wiederkehr des Tages von Ripen am 5. März 1960*, hg. v. H. v. Rumohr. Neumünster 1960, 115 ff.; M. Venge, *Johann Rantzau*. Schleswig-Holsteinisches Biographisches Lexikon 5 (1979), 217–225.

„Henricus Ranzow ex Equestri ordine" an der Universität Wittenberg immatrikuliert[4]. Er hat dort bis 1545 unter dem Einfluß Luthers, vor allem aber wohl Philipp Melanchthons und seines namentlich überlieferten Präzeptors Johannes Saxo, soweit die spärlichen Quellen Auskunft geben, offenbar zur Hauptsache philologische, juristische und rhetorische Studien getrieben[5]. 1548 folgte er Herzog Adolf von Schleswig-Holstein-Gottorf für gut fünf Jahre an den Hof Kaiser Karls V., wo man sich, wie er rückblickend schrieb, „quasi clarissima in luce et theatro totius orbis terrarum"[6] befand. So wurde er Augenzeuge der wechselvollen Regierungsjahre des Kaisers vom „geharnischten" Reichstag zu Augsburg bis zur glücklosen Belagerung von Metz, insgesamt jener bedeutsamen Ereignisse und Entwicklungen am Hofe und im Feldlager Karls V., deren Fortgang schließlich in die Regelung der konfessionellen Frage auf dem Augsburger Reichstag 1555 und die Abdankung des Kaisers einmünden sollte. Heinrich Rantzau war indes in die Dienste König Christians III. von Dänemark getreten. Er wurde 1554 als königlicher Rat, 1555 als Amtmann von Segeberg und 1556 als königlicher Statthalter in den Herzogtümern Schleswig und Holstein bestallt. Zu diesen Funktionen kam 1566 noch eine weitere hinzu, als König Friedrich II., der Sohn und Nachfolger Christians III., ihm auch die Regierung des gemeinschaftlichen Anteils aller drei Landesherren der Herzogtümer übertrug. Er hat diese zweifellos einflußreichste seiner politischen Funktionen, die ihn in Vertretung des Königs neben die Herzöge Johann den Älteren und Adolf stellte und erst zum eigentlichen „Produx" oder „Vicarius Regis" machte, wie er sein Statthalteramt gern beschrieb, dann in drei-, nach dem Tode Johanns in zweijährigem Turnus ausgeübt, auch während der Vormundschaftsregierung für den minderjährigen Christian IV. und nach dessen Regierungsantritt. 1598 ist er – mit den Worten des jungen Königs – „Unser Gelegenheit und seinem selbst eigenen Begehren nach" von allen landesherrlichen Ämtern entbunden worden und in der Silvesternacht desselben Jahres gestorben[7]. Heinrich Rantzau war nicht nur Statthalter des königlichen Landesherrn in den Herzogtümern, er war zugleich auch der führende politische Kopf der schleswig-holsteinischen Ritterschaft. Darüber

4 *Album Academiae Vitebergensis*, Bd. 1 (1502–1560), hg. v. K. E. Förstemann. Leipzig 1841 (Neudruck Aalen 1976), 169.
5 D. Lohmeier (wie Anm. 1), 72 f.; R. Hansen, *Philipp Melanchthon – Lehrer des Friedens.* Grenzfriedenshefte 29 (1981), 73, 86.
6 Christianus Cilicius Cimber, *Belli Dithmarsici … vera descriptio.* Basel 1570, 54.
7 R. Hansen, *Heinrich Rantzau als Politiker.* Zeitschrift der Gesellschaft für Schleswig-Holsteinische Geschichte 97 (1972), 25 f., 28 f.

hinaus war er einer der einflußreichsten außenpolitischen Ratgeber König Friedrichs II., der das Königreich und die Herzogtümer von 1559 bis 1588 regierte. Seine hervorragende Stellung und sein bedeutender politischer Einfluß wurden auch außerhalb Dänemarks, Schleswigs und Holsteins weithin respektiert. So galt er am Hofe Königin Elisabeths als „the King of Denmark's chief subject" und „a principal man about the King"[8]. Aber auch an anderen Höfen und an der Kurie genoß der Politiker Heinrich Rantzau solchen Ruf[9].

Der Humanist Heinrich Rantzau zeichnete sich vor allem durch bemerkenswerte Vielseitigkeit aus. Sein Œuvre umfaßt Abhandlungen der Geschichte und Landesbeschreibung, der Astrologie und Astronomie, der Medizin und Ökonomik, der Kriegsgeschichte und Kriegslehre. Er schrieb lateinische Verse und Prosa, ließ aber auch junge Gelehrte bürgerlicher Herkunft für sich schreiben. D. Lohmeier hat in diesem Zusammenhang von einem regelrechten, im Laufe der Jahre an Umfang und Aufwand gewachsenen „Literatur- und Wissenschaftsbetrieb in den Formen der internationalen Renaissance" gesprochen, in dessen Mittelpunkt Heinrich Rantzau als Anreger und Mäzen gestanden habe[10]. Hinzu kamen ausgedehnte humanistische Korrespondenzen sowie die Mitarbeit an Georg Brauns Städtebuch und Gerhard Mercators Atlas[11]. Will man dieses in wenigen Strichen grob umrissene Werk in seine weiteren Zusammenhänge einordnen, so gehört es zunächst der Spätzeit des Renaissancehumanismus an. Darüber hinaus läßt es sich, wie mir scheint, am ehesten dem von Otto Brunner definierten Typ der – aus der Praxis erwachsenen und wiederum für sie bestimmten – „technischen" Wissenschaften des Humanismus subsumieren[12]. G. Oestreich, der Brunner hierin folgt,

---

[8] *Calendar of State Papers, Foreign Series of the reign of Elizabeth,* June 1586 – March 1587, ed. by Sophie Crawford Lomas. London 1927, 38 f., 320.

[9] R. Hansen (wie Anm. 7), 26 f.; H. Fuhrmann, *Heinrich Rantzaus römische Korrespondenten.* Archiv für Kulturgeschichte 41 (1959), 63–89.

[10] D. Lohmeier (wie Anm. 1), 69. Hierzu auch: F. Bertheau, *Heinrich Rantzau als Humanist.* Zeitschrift der Gesellschaft für Schleswig-Holsteinische Geschichte 18 (1888), 133–196; ders., *Heinrich Rantzau als Geschichtsforscher,* ebd. 21 (1891), 309–364; R. Haupt, *Heinrich Ranzau und die Künste,* ebd. 56 (1926), 1–66; P. Hirschfeld, *Herrenhäuser und Schlösser in Schleswig-Holstein.* München und Berlin [5]1980, 28–81.

[11] Hierzu: F. Bertheau, *Aus dem Briefwechsel Heinrich Rantzaus.* Zeitschrift der Gesellschaft für Schleswig-Holsteinische Geschichte 22 (1892), 241–283; H. Fuhrmann (wie Anm. 9); J. Skovgaard, *Georg Braun und Heinrich Rantzau.* Nordelbingen 15 (1939), 100–125; O. Klose und L. Martius, *Ortsansichten und Stadtpläne der Herzogtümer Schleswig, Holstein und Lauenburg,* Textband. Neumünster 1962, 54–74.

[12] O. Brunner, *Adeliges Landleben und europäischer Geist.* Salzburg 1949, 261.

spricht auch von der Literatur des „technischen" oder „realen" Humanismus[13]. Beide rechnen ausdrücklich die Kriegswissenschaft dazu.

Fragen wir nun nach Krieg und Frieden im Denken und Handeln Heinrich Rantzaus, so wenden wir uns einem – in den skizzierten Zusammenhängen – durchaus nicht beiläufigen, sondern vielmehr zentralen Thema zu, das für das historische Verständnis des humanistischen Werkes wie der politischen Praxis Rantzaus gleichermaßen von wesentlicher und höchst aufschlußreicher Bedeutung ist. Dies ist auch aufmerksamen Zeitgenossen Heinrich Rantzaus schon bewußt gewesen. So charakterisierte ihn Minuzio Minucci in seinem für die Kurie bestimmten Memorandum über den Zustand der katholischen Kirche in Deutschland im Jahre 1588 als „huomo dottissimo et versatissimo nei mestieri della pace e della guerra"[14]. Seine Versiertheit im Kriegshandwerk beruhte freilich weniger auf militärischer als auf politischer Erfahrung und humanistischen Studien. Unter seinen veröffentlichten Schriften sind die erste und die letzte, die 1570 unter dem Namen Christianus Cilicius Cimber in Basel erschienene Beschreibung des Dithmarscher Krieges[15] und das Christian IV. gewidmete, 1595 in Frankfurt gedruckte Kriegsbuch, der 'Commentarius bellicus'[16], dem einschlägigen Kriegsthema gewidmet. In den gegebenen Grenzen dieses Beitrags ist es nicht möglich, im Blick auf die Fragestellung aber auch nicht nötig, Rantzaus Ausführungen jeweils Buch für Buch zu behandeln; hier soll vielmehr versucht werden, den Kriegsbegriff beider Schriften des näheren zu bestimmen.

Die 'Belli Dithmarsici ... vera descriptio' beschreibt ein zeitgeschichtliches Ereignis, das weithin große öffentliche Beachtung gefunden hatte: die Eroberung und Unterwerfung der Bauernrepublik Dithmarschen durch die drei Landesherrn der Herzogtümer Schleswig und Holstein, König Friedrich II., Herzog Johann den Älteren und Herzog Adolf von Gottorf, im Jahre 1559, woran auch die Rantzaus auf seiten der Fürsten führend beteiligt waren: Johann als Feldherr, „summus belli dux (quem Imperatorem olim Romani vocabant)", und Heinrich als Rat, „consiliarius belli"[17]. Die Dithmarscher werden durchweg als aufständische und über-

---

13 G. Oestreich, *Geist und Gestalt des frühmodernen Staates*. Ausgewählte Aufsätze. Berlin 1969, 112.

14 *Stato della religione d'Alemagna, pericoli che soprastanno e rimedii*, in: *Nuntiaturberichte aus Deutschland nebst ergänzenden Aktenstücken*, 3. Abteilung, 1. Bd.: *Der Kampf um Köln 1576–1584*, bearb. v. J. Hansen. Berlin 1892, 749.

15 S. Anm. 6.

16 Henricus Ranzovius, *Commentarius bellicus*. Frankfurt 1595. Hierzu: F. Lammert, *Heinrich Rantzau und sein Kriegsbuch*. Nordelbingen 14 (1938), 302–334.

17 *Belli Dithmarsici ... vera descriptio* (wie Anm. 6), 73 ff.

mütige Bauern, als „rebelles et insolentes agrestes", charakterisiert, wobei das sicherlich nicht ohne Bedacht gewählte „agrestis" überdies seine weiteren Bedeutungen – tierisch, wild, roh, grausam, ungebildet, ungesittet und unmanierlich – assoziiert, zumal den Bauern wiederholt attestiert wird, sie seien gerechtfertigten Ansprüchen mit ungeheuer großer und grausiger Wildheit, „dira et immani saevitia", begegnet[18]. Der Krieg erscheint daher als gerechte und rechtmäßige Maßnahme, die Unterwerfung der Dithmarscher unter die holsteinische Landesherrschaft als längstverdiente Strafe, damit sie – Heinrich Rantzau zufolge – „endlich lernten, sich einer wahren und rechtschaffenen Obrigkeit zu unterwerfen, gerechten und rechtmäßigen Herren zu gehorchen und von ehrenhaften und billigen Gesetzen gebändigt und geleitet zu werden"[19]. Krieg erscheint in diesem Konzept als legitimes Mittel gerechter Bestrafung zum Zweck der Disziplinierung und Zivilisierung.

Dieser Kriegsbegriff ist auch im 'Commentarius bellicus' als „bellum iustum et legitimum" noch gegenwärtig[20]. Daneben tritt indes auch eine andere Bedeutung hervor, die „bellum" als andauernden Zustand und Gegenteil des Friedens begreift. Heinrich Rantzau wendet sich mit seinem Kriegsbuch unmittelbar an Christian IV. und unterrichtet ihn in sechs Büchern ausführlich über die erforderlichen Voraussetzungen eines Krieges, über die Pflichten des Feldherrn, die Taktik, die Belagerungskunst und den Seekrieg. In einem gesonderten Abschnitt behandelt er schließlich das spezielle „problema bellicum" der Befestigung. Und ein Anhang enthält Epigramme und andere Verse, die großenteils älteren Werken entnommen und dem Frieden gewidmet sind. Bereits der vorangestellte Widmungsbrief an Christian IV. thematisiert, im Anschluß an das Vergilzitat „nulla salus bello; pacem te poscimus omnes"[21], mit eindeutigen Wertungen den fundamentalen Gegensatz von Krieg und Frieden: Wie dieser nämlich von friedfertigen Menschen erstrebt werde, so jener von furchtbaren Tieren. Der liebe Friede, „pax alma", sei zu allen Zeiten aufgrund zahlloser Triumphe für vorzüglicher gehalten worden, weil durch ihn die Freiheit bewahrt, die Würde von Kirche und Staat verbreitet, die Herrschaften erhalten, die Landschaften gepflegt und die Bürger anständig erzogen und gebildet worden seien. Gleichwohl hätten Übermut, Unbilligkeit, Ehrgeiz und aufwallende Herrschbegierde von Nachbarn des

---

[18] Ebd., passim; hier: 145.
[19] Ebd.: „… ut tandem vero pioque magistratui sese subiicere, iustis et legitimis obedire dominis, legibusque honestis et aequis frenari ac regi discerent"; s. auch: 148 f.
[20] *Commentarius bellicus* (wie Anm. 16), passim, vgl. 6, 28 f.
[21] *Aeneis* 11, 362.

öfteren Veranlassung gegeben, nach Bruch des Friedens durch die Unfriedfertigen – zuweilen wider Willen – zu den Waffen schreiten und – nachdem der Krieg nach der Väter Gewohnheit angesagt worden sei – für Haus und Herd kämpfen zu müssen[22].

Eindringlich ermahnt er den jungen Fürsten, die erforderlichen Voraussetzungen für die Führung eines legitimen Krieges gewissenhaft zu beachten. „Zuallererst", führt er aus, „muß von zeitig zu Rate gezogenen vornehmen und staatsklugen Männern sorgfältig ermittelt werden, daß der Krieg, auf den du sinnst, auch notwendig und gerecht sei (ut bellum, quod meditaris, sit necessarium et iustum), damit nicht der die Gerechtigkeit und Billigkeit liebende Gott und auch nicht die Kriegsleute, die Untertanen, die Blutsverwandten und übrigen Verbündeten durch dein Vorhaben aufgebracht werden"[23]. Schließlich müsse der gerechte Krieg dem Feind „per feciales" angekündigt werden. So sei auch sein Vater, König Friedrich II., verfahren, bevor er „expeditionem in Dithmarsos, ac alteram illam in Svecos" unternommen habe[24]. Mit letzterem Feldzug ist die Eröffnung des dänisch-schwedischen Krieges im Jahre 1563 gemeint, der freilich im Unterschied zum Dithmarscher lange dauern sollte und von der Geschichtsschreibung als Nordischer Siebenjähriger Krieg überliefert worden ist. Rantzau nimmt diese offensichtliche Differenz beider Expeditionen zu Felde hier allerdings nicht zum Anlaß einer begrifflichen Differenzierung. Sie ist ihm jedoch – wie noch zu zeigen sein wird – durchaus nicht verborgen geblieben.

Zu Ende seines Kriegsbuchs nimmt Heinrich Rantzau den im Widmungsbrief an Christian IV. explizierten veränderten Kriegsbegriff wieder auf, freilich nicht in historischer, sondern in allgemeiner Erörterung und diametraler Konfrontation mit einem Idealbild des Friedens. Er schließt es, wie er schreibt, der langandauernden Kriege und Kriegsrüstungen überdrüssig: „pertaesi diutinorum bellorum armorumque"[25]. Bellum und Pax werden so zu extremen Gegensätzen: „bellum est malum malorum omnium taeterrimum"; „pax" hingegen: „opportunitatum omnium ... genitrix, copiae cornu, et prorsus coeleste bonum et donum"[26]. Das bekannte Diktum Ciceros, demzufolge selbst ein ungerechter Friede dem gerechtesten Krieg vorzuziehen sei, will er jedoch

---

22 *Commentarius bellicus*, 1 f.
23 Ebd., 12.
24 Ebd., 30; s. auch: *Belli Dithmarsici ... vera descriptio* (wie Anm. 6), 85.
25 *Commentarius bellicus*, 343.
26 Ebd., 343 f.

nicht gelten lassen. Werde ein ehrenhafter Friede verweigert, lautet sein Urteil, sei es löblicher, in Würde zu fallen, als fortan mit Schimpf Sklave zu sein[27].

Heinrich Rantzau entläßt den Leser, ohne die Ungereimtheiten, die sich aus dem ungeklärten Nebeneinander beider Kriegsbegriffe ergeben, auch nur zu erörtern, geschweige denn aufzulösen. Sie dürften vor allem durch das Festhalten an dem tradierten normativen Begriff des „bellum iustum" bei gleichzeitiger Aufnahme des eher empirisch vermittelten Begriffs vom „bellum malum" zu erklären sein. Je mehr sich dieser in der Realität bestätigen ließ, je mehr er erfahren, erlebt und erlitten werden konnte, um so mehr mußte jener sich als fragwürdig erweisen und zur Ideologie verblassen. Der seinen literarischen Vorbildern und Gewährsmännern verhaftete Humanist Heinrich Rantzau schien hierzu weniger in der Lage zu sein als der Politiker, der – mit den Worten des dänischen Historikers Poul Colding – „det danske riges udkigsmand mod Europa"[28] war und die dänischen Könige in seinen Relationen beständig mit „Zeitungen" über die politischen Vorgänge in Europa informierte, der sie darüber hinaus in ihren außenpolitischen Entscheidungen beriet und ihnen als Gesandter und Unterhändler – namentlich im Nordischen Siebenjährigen Krieg – diente.

Die Frage nach den literarischen Vorbildern und Einflüssen kann hier nur gestreift werden. O. Brandt hat ohne nähere Begründung für die Geschichte des Dithmarscher Krieges Caesar, für das Kriegsbuch Machiavelli als Vorbild benannt[29]. Ersteres scheint mir aufgrund der offenkundigen formalen und stilistischen Analogien durchaus triftig zu sein; letzteres wird man jedoch nach den Forschungen G. Oestreichs, die Justus Lipsius als Vorbild nachgewiesen haben, nicht länger aufrechterhalten können. Oestreich spricht sogar von starker Abhängigkeit und bezeichnet Heinrich Rantzau als „Lipsius-Nachahmer"[30]. D. Lohmeier hat freilich zu Recht darauf aufmerksam gemacht, daß die grundlegende Philosophie der Disziplinierung, wenn überhaupt, so doch nicht allein von Lipsius herrühren könne, da sie bereits vor seinem möglichen Einfluß Heinrich Rantzaus Welt- und Lebensanschauung deutlich mitgeprägt

---

[27] Ebd., 344. Vgl. hierzu: Cicero, *Epistulae ad Atticum* 7, 14, 3: „equidem ad pacem hortari non desino; quae vel iniusta utilior est quam iustissimum bellum cum civibus".
[28] P. Colding, *Studier i Danmarks politiske Historie i Slutningen af Christian III. s og Begyndelsen af Frederik II. s Tid.* København 1939, 110.
[29] O. Brandt, *Heinrich Rantzau und seine Relationen an die dänischen Könige. Eine Studie zur Geschichte des 16. Jahrhunderts.* München und Berlin 1927, 14.
[30] G. Oestreich (wie Anm. 13), 60, s. auch 68, 99 f.

habe. Er denkt dabei – ohne Namen zu nennen – an stoizistisches Gedankengut im älteren Humanismus[31]. Für Heinrich Rantzau war die Philosophie der Disziplinierung im übrigen keineswegs auf die spezielle Kriegslehre beschränkt, sondern galt einer umfassenden „eruditio" – im ursprünglichen Bedeutungssinn: Entrohung – des Menschen. Dies war eine gleichsam selbstevidente humanistische Weisheit, die hier sicherlich keiner näheren einflußgeschichtlichen Untersuchung bedarf. Heinrich Rantzau wird sie sich höchstwahrscheinlich schon in Wittenberg, namentlich als Schüler Philipp Melanchthons[32], zu eigen gemacht haben. In unserem Zusammenhang besagt sie, daß Disziplinierung, Zivilisierung und schließlich – als deren eigentlicher Zweck – Humanität gleichermaßen durch Wissenschaft und Kunst wie durch Krieg – in humanistischer Terminologie „armis et literis" oder „Arte et Marte" – bewirkt werden können. Am höchsten galt dem Humanisten Heinrich Rantzau die Selbstdisziplinierung. Die stereotypen Bildnisse, die ihn in der Mitte seines Lebens unter dem Wahlspruch:

> „Fortior est qui se, quam qui fortissima vincit
> Moenia, nec virtus altius ire potest"

im Prunkharnisch präsentieren – unter ihnen die bekannten Stiche von Jakob Mores (1574) und Hendrik Goltz (1580)[33] –, vermögen dies anschaulich zu bezeugen.

Anders als der Verfasser des 'Commentarius bellicus' hat sich der Politiker Heinrich Rantzau stärker an den Realitäten orientiert. So konnte er aufgrund leidvoller Erfahrungen den Nordischen Siebenjährigen Krieg, an dessen Vorbereitung, Hergang und Beendigung er an der Seite seines Königs „consilio et auxilio" mitgewirkt hatte[34], aus der Sicht des Stettiner Friedens 1570 durchaus als „bellum malum" bezeichnen[35]. Und so konnte

---

[31] D. Lohmeier (wie Anm. 1), 80.

[32] R. Hansen (wie Anm. 5), 74, 81 f.

[33] Vgl. R. Haupt (wie Anm. 10), Tafeln 2,3,5. Ders., *Zur Erinnerung an Heinrich Ranzau.* Schleswig-Holsteinische Jahrbücher 1 (1884), 381, überträgt den Wahlspruch versmaßgetreu:
> „Tapferer, wer sich selbst als wer die gewaltigsten Mauern
> Kämpfend besiegt; nie fand Tugend ein höheres Ziel".

[34] F. Lammert (wie Anm. 16), 310, übertreibt indes, wenn er Heinrich Rantzau „als eine Art Kriegsminister während des dänisch-schwedischen Krieges 1563–1570" bezeichnet.

[35] Freilich wiederum in humanistischer Kunstform unter einer Darstellung des Stettiner Friedensschlusses 1570:

Heinrich Rantzau. Stich von Jakob Mores (1574)

der Politiker äußern, was der Humanist nicht gelten lassen mochte. Als Georg Braun ihm 1585 – frei nach Cicero – schrieb: „Ego iniquam pacem iusto bello praefero"[36], machte er sich dieses Urteil sogleich zu eigen und gab es in einem Schreiben an Herzog Ulrich von Mecklenburg weiter: „dan ein beschwerlicher Friedt ist alle Zeit besser alß ein gerechter Krieg"[37].

Heinrich Rantzau hat dem Frieden nicht immer diese Priorität in seinem politischen Denken und Handeln eingeräumt. Er war ja an der Vorbereitung und Führung des Dithmarscher und des Nordischen Siebenjährigen Krieges beteiligt gewesen; und in seiner Geschichte des Dithmarscher Krieges hatte er ausgeführt, daß das Kriegswesen gleichsam der eigentliche Beruf des holsteinischen Adels sei. Die Männer des holsteinischen Adels, heißt es dort, seien zum weitaus größten Teil äußerst kriegerisch und vorzüglich in der Praxis und Theorie des Militärwesens, „rei militaris usu scientiaque"[38]. Sie folgten ihren Fürsten mit höchster Liebe und fast unglaublicher Treue; und sie seien davon überzeugt, daß ihre Abkunft durch nichts mehr bekräftigt und ausgezeichnet werden könne, als wenn sie sich in Kriegen mit beharrlichem Eifer durch hervorragende Taten zum glänzenden Ruf und beständigen Ruhm ihres Namens anstrengten. Sie hielten diejenigen Reichtümer für die ehrenhaftesten, die durch kriegerische Strapazen erworben würden; und das Lob militärischer Festigkeit und Tapferkeit gelte ihnen als das bei weitem hervorragendste. Heinrich Rantzau läßt dies alles freilich nur unter der Voraussetzung des legitimen Krieges gelten: „siquidem consilio et ratione recta gubernetur, ac pro patriae et principum incolumitate ac salute pie iusteque impendatur"[39]. Von einer prinzipiellen Priorität des Friedens – auch

---

„Hic Danis Svecos pax; aurea iungit, et almus
  Dira feri dirimit praelia Martis amor
Felix, qui bello pacem praeponit honestam
  Omne malum Mavors, pax habet omne bonum".
Res Gestae ... Friderici II. ... ex monumento Pyramidali Segebergae ab Henrico Ranzovio ... erecto ... per Franciscum Hogenbergium et Simonem Novellanum ..., 1589, 12.

36 Wien, Österreichische Nationalbibliothek, Cod. 9737 1: 6. XII. 1585. – Vgl. hierzu: Cicero, *Epistulae ad Atticum* 7, 14, 3 (wie Anm. 27) und Cicero, *Epistulae ad Familiares* 6, 6, 5 (ad Caecinam): „... quid ego praetermisi aut monitorum aut querelarum, cum vel iniquissimam pacem iustissimo bello anteferrem"?

37 Schwerin, Staatsarchiv, Altes Archiv, Internum, Correspondentia ducum cum ministris, collegiis et officialibus suis – Herzog Ulrich. 1 B 21/16: 20. XII. 1585.

38 *Belli Dithmarsici ... vera descriptio* (wie Anm. 6), 62.

39 Ebd., 63.

134

gegenüber einem gerechten Krieg – ist er hier indes noch weit entfernt[40]. Unter dem Eindruck des langwierigen, die Herzogtümer wirtschaftlich erheblich belastenden Nordischen Siebenjährigen Krieges und des erbitterten spanisch-niederländischen Konfliktes, der ihn durch den drohenden Verlust seiner in Antwerpen gebundenen Gelder auch persönlich schwer traf, hat er dann dem „lieben Frieden" – wie er seither zu sagen pflegte – den uneingeschränkten Vorrang vor dem Krieg gegeben, und sei er noch so gerecht motiviert.

Von besonderem Interesse für unser Thema ist Heinrich Rantzaus Initiative, diesen Frieden auch in Europa zu verwirklichen. Friedrichs II. Bemühungen um Friedensstiftung zwischen England und Spanien in den Jahren 1586/87 gehen vermutlich auf seinen Einfluß zurück; und nach dem Tode des Königs unterbreitete er dann selbst im Jahre 1591 einen europäischen Friedensplan. Dieser Friedensplan war ein für seine Zeit ungewöhnlich moderner und kühner Vorstoß, weil er die Überwindung der Konfessionskriege durch einen europäischen Generalfrieden aller am Konflikt beteiligten Mächte mit Glaubens- und Gewissensfreiheit erstrebte. Doch hören wir die entscheidenden Bedingungen dieses europäischen Friedensentwurfs mit Heinrich Rantzaus eigenen Worten. Sie besagen, „daß man uf keine Handlung gedengken dörffte, wo nicht Spanien, Frangkreich, Engel- und Niederlandt gleichsam unter ein Dach begriffen, ein general Friedt gemacht und die Religion frey gestelt und die Gewißen ungezwungen sollen gelaßen werden"[41].

Heinrich Rantzaus Friedensplan beruhte auf zwei grundlegenden Einsichten, die er in langjähriger Beobachtung und Erfahrung gewonnen hatte und von denen er überzeugt war, daß sie den Schlüssel für die Herstellung einer sicheren Friedensordnung enthielten. Die eine konstatierte, daß keine partielle Friedensvereinbarung, sondern nur ein Ausgleich aller in den spanisch-niederländischen Konflikt verwickelten Mächte einen beständigen Frieden garantieren könne; die andere, daß „ein gueter Fried" die freie Religionsausübung erfordere: „Dan die Gewißen laßen sich nicht zwingen, und ist zubefürchten, das schwerlich Friede wirdt können getroffen werden, wo das liberum exercitium religionis nicht soll statt haben". Und er fährt dann fort: „Da aber zuhoffen, daß solchs zuerheben sein möchtte, wollt an menschlicher und müglicher

---

[40] Diese und die nachstehenden Ausführungen folgen im wesentlichen meiner Abhandlung über Heinrich Rantzau als Politiker (Anm. 7), 33–38.
[41] Schwerin, Staatsarchiv (wie Anm. 37), Heinrich Rantzau an Herzog Ulrich von Mecklenburg am 4. VII. 1591.

Befurderung, was zu Friedt, Einigkeit dienlich, ich nichts ersitzen laßen"[42].

Heinrich Rantzau hatte mit seiner Forderung nach einem Generalfrieden, nach Glaubens- und Gewissensfreiheit die seines Erachtens unerläßlichen Fundamentalbedingungen eines dauerhaften Friedens unter den christlichen Mächten in Europa formuliert. Daneben hatte er aber auch schon konkrete Vorstellungen über spezielle Bedingungen des erstrebten Ausgleichs der Gegensätze entwickelt. Im Zentrum dieser Vorstellungen standen die Niederlande: sie müßten dem König von Spanien „widerumb eingereumet werden", weiterhin müßten die spanischen Soldaten „abgeschaffet und den Niederlanden daß exercitium religionis frey und daß alte gewönliche Gouvernement vormüge der Privilegien vorstadet und gelassen werden". Optimistisch setzte er dann noch folgende Bemerkung hinzu: „Wen die Friedtshandelung uf solche Mittel könte gerichtet werden, halte ichs dafür, eß sollte dieselbe zu allen Theilen so ghar unleidtlich nicht sein"[43].

Rantzau hat seinen Friedensplan beiden Parteien unterbreitet: der spanisch-katholischen durch den gefürsteten Grafen Karl von Arenberg, einen einflußreichen Diplomaten, Militär und Ratgeber König Philipps II., und der protestantischen durch Herzog Ulrich von Mecklenburg, der ihn dann an die Kurfürsten von Brandenburg und Sachsen weiterleiten sollte. Er blieb freilich ohne Erfolg. Arenberg und die spanische Seite waren nur an einer Schließung des Sundes interessiert, die die abgefallenen niederländischen Provinzen entscheidend treffen und in die Knie zwingen sollte; und Ulrich wollte die Friedensstiftung fatalistisch dem Sohn Gottes überlassen: er, der die Herzen und Gemüter aller Potentaten in Händen habe und nach seinem Willen regiere, so gab er Rantzau zur Antwort, möge ihre Herzen erleuchten, damit sie selbst den Frieden zu Werk brächten[44].

Versuchen wir schließlich noch, diesen Friedensplan historisch einzuordnen. Wer ihn geistesgeschichtlich betrachtet, mag ihn in die Tradition humanistischer Friedensbemühungen und -pläne stellen. Genuin humanistische Impulse, wie wir sie bei Erasmus oder auch bei Sebastian Franck wahrnehmen können, haben sich indes nicht nachweisen lassen,

---

[42] Wien, Österreichische Nationalbibliothek, Cod. 9737 m, Heinrich Rantzau an Georg Braun am 13. V. 1591.

[43] Schwerin, Staatsarchiv (wie Anm. 37), Heinrich Rantzau an Herzog Ulrich von Mecklenburg am 13. VII. 1591.

[44] Schwerin, Staatsarchiv (wie Anm. 37), Herzog Ulrich von Mecklenburg an Heinrich Rantzau am 9. VII. 1591 (Konzept).

dürften nach unserem Befund wohl auch wenig wahrscheinlich sein. Auch religiös-konfessionelle Motive dürften kaum in Frage kommen, da Rantzau sich zu keiner Zeit religiös oder konfessionell engagiert – geschweige denn exponiert – hat. Seine Sympathien galten zwar der protestantischen Partei, gleichzeitig konnte sich aber auch der Deutschlandexperte des Vatikans Minuzio Minucci nicht gänzlich unbegründete Hoffnungen machen, ihn vielleicht für einen Übertritt zur katholischen Konfession gewinnen zu können[45].

Wirtschaftliche Motive lagen hingegen auf der Hand, und Heinrich Rantzau hat sie gelegentlich auch selbst genannt. Als 1574 das Gerücht bevorstehender Friedensverhandlungen aus den Niederlanden zu ihm drang, kommentierte er sie in einem Schreiben an Friedrich II. mit den Worten: „Dar solte der Hovemeister wol zu rathen und ich auch; damit wir unser Gelt einmal krigten"[46].

Daneben wird man dann die erörterten – von den wirtschaftlichen freilich nicht gänzlich isolierbaren – politischen Motive geltend zu machen haben, denen die Erfahrungen aus dem Nordischen Siebenjährigen Krieg und die Furcht vor einer Einbeziehung Dänemarks und der Herzogtümer in den langwierigen Krieg der westeuropäischen Mächte zugrunde lagen.

Abschließend sei einem möglichen Mißverständnis vorgebeugt: Der Versuch der systematischen Differenzierung hat nichts mit einer nachträglichen Persönlichkeitsspaltung zu schaffen, sondern möchte eine möglichst plausible Erklärung für die bemerkenswerte Entwicklung im Denken und Handeln des – im durchaus wörtlichen Sinne – historischen Individuums Heinrich Rantzau geben. Die politischen Einsichten haben das humanistische Œuvre selbstverständlich nicht unberührt gelassen, wie umgekehrt die humanistische Philosophie nicht ohne Einfluß auf das politische Handeln gewesen ist. Die kunstvollen Epigramme über den Frieden[47] mögen das eine, die einschlägigen Zitate aus der politischen Korrespondenz das andere bezeugen. Gleichwohl scheint mir der stärker normative, um nicht zu sagen ideologische Humanismus weniger geeig-

---

45 H. Fuhrmann (wie Anm. 9), 88.
46 København, Rigsarkivet, Tyske Kancelli, Indenrigske Afdeling, A 77: Statholder Henrik Rantzaus Relationer VI, 14. III. 1574.
47 Vgl. zum Beispiel das 'Laudes et commoda pacis' überschriebene Epigramm in: Henricus Ranzovius, *Epigrammatum historicus liber.* Antwerpen 1581, 152 f. Es ist auch in den Kreis der Friedensgedichte aufgenommen worden, die den 'Commentarius bellicus' beschließen: ebd., 349 f.

net zu sein, den Friedensplan historisch zu erklären, als die – sicherlich nicht weniger humanitäre – pragmatisch-rationale Politik[48]. Daß der Friedensplan in der politischen Realität letztlich auf taube Ohren stieß, mag nur bekräftigen, wie sehr auch der Politiker Heinrich Rantzau zugleich Humanist war.

---

[48] Eine analoge Entwicklung hat auch das Rußlandbild Rantzaus erfahren: R. Hansen, *Heinrich Rantzaus Rußlandbild*, in: *Fruchtblätter. Freundesgabe für A. Kelletat*, hg. v. H. Hartung, W. Heistermann und P. M. Stephan. Berlin 1977, 235–256.

Krieg und Frieden
in den Bildern des Dogenpalastes

von Wolfgang Wolters

Will man zum unerschöpflichen Thema 'Krieg und Frieden' in den Gemäldezyklen des Dogenpalastes einige Überlegungen vortragen, so ist es sicher nicht müßig, sich zuvor Gedanken über die Funktion von Bildern in einem italienischen Regierungsgebäude der Renaissance zu machen. Zeitgenossen haben den erzieherischen, beflügelnden Einfluß der Bilder auf die Betrachter, in unserem speziellen Fall also auf die sehr zahlreichen Mitglieder der Räte, betont, eine Funktion, die ebenso der offiziellen, vom Staat geförderten und pedantisch kontrollierten Geschichtsschreibung zukam. 1587 begründete Comanini in einer Rede an den Herzog von Mantua die Wahl kriegerischer Ereignisse für einen von Jacopo Tintoretto gemalten Zyklus (heute in der Alten Pinakothek), indem er auf die angebliche Sitte der Alten verwies, vor den Augen der Kriegselephanten Blut zu verspritzen, um deren Wildheit zu entfesseln. Das Entfesseln von martialischen Instinkten verband sich in Comaninis Augen bruchlos mit der Darstellung historischer Ereignisse, an die Stelle distanzierten Belehrens – der Reflexion – trat die Aufforderung, es den Vorfahren gleichzutun, zu handeln. Comanini überging dabei schweigend all die Vorbehalte, wie sie Patrizzi um 1560 aufgezählt und neu durchdacht hatte, daß man aus der Geschichte nun einmal, wie schließlich erwiesen, keine brauchbaren Hinweise auf aktuelle Problemlösungen erhalten könne.

Comanini wandte sich damals an Vincenzo Gonzaga, der aus einer Condottierenfamilie stammte und der militärischen Karriere seiner Vorfahren nacheiferte. Comaninis Begründung für die Auswahl der Themen trifft somit sicher nur mit Einschränkungen auf die in der Regel doch friedfertigen Mitglieder des Großen Rats in Venedig zu. Die sehr zahlreichen Schlachtenbilder im Dogenpalast sollten hingegen – so die Verfasser des schriftlich überlieferten Programms – beweisen, daß die Geschichte

Venedigs von Anbeginn an durch militärische Siege und tugendhaftes Verhalten der Staatsbürger bestimmt gewesen sei. Die Kontinuität der Regierung nicht nur – wie sie sich in den Dogenreihen im gleichen Raume zeigt –, sondern eine schier ununterbrochene Folge auch militärischer Triumphe wird dem regelmäßigen Benutzer oder dem Besucher des Großen Rats vor Augen gestellt, ja mehr noch, in den Bildern dokumentiert.

Die sehr große Zahl der Schlachtenbilder entstand in den Jahren nach 1574 und 1577, nachdem zwei Brände die ursprüngliche Ausstattung des Dogenpalasts nahezu vollends vernichtet hatten. Vor 1570 waren Schlachten im Palast nur Stationen auf dem Weg zu Friedensschlüssen, wie zu jenem Frieden von Venedig, bei dem der Doge Sebastiano Ziani Friedrich Barbarossa und Papst Alexander III., wie man heute sagen würde, erfolgreich an den Verhandlungstisch gebracht hatte. Diese Schlachten von der Hand des Giovanni Bellini und des Tizian sind zerstört, mehrere Kopien nach Tizians Bild und eine detaillierte Beschreibung von Giovanni Bellinis Seeschlacht geben eine Vorstellung von dem Verlust. Auslösendes Moment für das in Venedig so ungewöhnliche, den so vielfältig propagierten Idealen widersprechende Säbelgerassel war wohl der militärische Triumph über die Türken bei Lepanto (1571), zu dessen Konsequenzen allerdings für Venedig alsbald der Verlust von Zypern und ein in Europa mit Mißtrauen gesehener Separatfrieden (1573) mit den Türken gehörten.

Die Bilder des Dogenpalasts sind Teil einer vom Staat geförderten und kontrollierten Selbstdarstellung, die sich ebenso nach innen wie nach außen wandte. Diese Selbstdarstellung bediente sich der „offiziellen" und somit besonders parteiischen Geschichtsschreibung ebenso wie der eigenen Gesetzen verpflichteten Lobrede, wobei man beim gebildeten Leser eine Fähigkeit zur Bewertung der nicht nur im Stil, sondern auch in ihren Inhalten so unvereinbaren Aussagen voraussetzen darf. Hier aber beginnt das Problem des Kunsthistorikers. Ausgangspunkt der Bilderzyklen in der Sala del Maggior Consiglio und in der angrenzenden Sala dello Scrutinio sind Texte, die von drei gebildeten Venezianern, zwei Aristokraten und einem Camaldulensermönch, verfaßt wurden. Diese Texte lagen den Malern vor, sollten in Bilder – so die Intentionen der Auftraggeber – übersetzt werden. Diese Texte sind – soweit sie historische Ereignisse betreffen – jedoch so knapp, beschränken sich auf einige wenige Aussagen über den Ablauf der Ereignisse, daß den Malern erhebliche Freiheiten blieben, die sie zu nutzen verstanden. Ein einheitlich konzipiertes, den Staat und seine Bürger rühmendes Programm wurde von den Malern Jacopo Tintoretto, Paolo Veronese, Palma il Giovane und Francesco Bassano (um nur die wichtigsten zu nennen) interpretiert. Der Standpunkt dieser Maler im Hinblick auf historische Ereignisse, ihre Protagonisten und Statisten läßt sich in solchen Bildern in Umrissen erkennen. Die Bilder des Dogenpalastes werden somit auch für den Historiker zu einer Quelle. Sie verraten etwas über das Bild, das sich humanistisch nicht vorgebildete Bürger, nämlich unsere Maler, vom Krieg und vom Frieden machten oder von ihnen vermitteln wollten.

Bei der Verteilung der Bilder an die Maler scheint die ausgewiesene Befähigung in einem Genre – hier der Schlachtenmalerei – keine Rolle gespielt zu haben. Die Republik verfuhr streng ausgewogen – ein heute ja sehr beliebtes Verfahren –, jeder bekam seinen Teil, auch mancher, der es nicht verdiente.

Paolo Veronese gehörte zu den Malern, die sich – ganz anders als Tintoretto – auf dem Gebiet der Schlachtenmalerei bisher nicht versucht hatten. Bei der Erläuterung der Ereignisse bei der Einnahme von Smyrna hatten die Programmgestalter wie üblich die Rolle eines einzelnen, des Heerführers, hervorgehoben, dem wie üblich auch der Erfolg zugeschrieben wurde. Dies entsprach der Praxis der Geschichtsschreibung. In diesem Fall war es Pietro Mocenigo, der spätere Doge, der bei dieser Gelegenheit den Anführer des türkischen Heeres gefangennehmen konnte. Auf Veroneses Bild (Abb. 1) sind kriegerische Aktionen in den Hintergrund gedrängt, sie beschränken sich auf das im Text natürlich nicht erwähnte Laden eines Geschützes und einer Flinte, Vorbereitungen zum Angriff also, während Smyrna im Hintergrund friedlich am Berghang liegt. Paolo Veronese hat den Kontrast zwischen der friedlich am Hang liegenden, von den großen Bäumen des Vordergrunds gerahmten Stadt und der Geschäftigkeit einiger Soldaten, die sich zum Angriff bereitmachen, thematisiert. Der gefesselte Türke unterhalb des Capitano verweist bereits auf den Ausgang des Kampfes.

Noch unkonventioneller und vermutlich für die geschulten Betrachter überraschender ist Veroneses Schilderung der Verteidigung von Scutari durch Antonio Loredan und seine Truppen (Abb. 2). Der Text des Programms, an das Veronese gebunden war und das anschließend veröffentlicht wurde, lautete wie folgt: Antonio Loredan verteidigte Skutari gegen 80000 Mann, die von Mahomet, „re de turchi", gesandt worden waren. Damals seien 11000 Angreifer getötet worden. Bei diesem Ereignis habe die Treue (fedeltà) der Bewohner der Stadt der militärischen Leistung des Capitano entsprochen. Mehr könne man nicht erwarten. Gleichzeitig nannten die Autoren des Programms Quellen für dieses Ereignis, bei denen sich der Maler, so er es wünschte, Rat suchen konnte.

Abb. 1. Paolo Veronese, Die Einnahme von Smyrna

Abb. 2. Paolo Veronese, Die Verteidigung von Scutari

143

Veronese verzichtete abermals auf die Darstellung der Schlacht, wie man sie wohl von ihm erwartet hatte, zeigte nicht die unzähligen Toten, sondern verlegte die Handlung auf einen Hügel vor Scutari, also in das Lager der Türken. Fern im Hintergrund flattert, als einzige venezianische Fahne, das Wappen des Antonio Loredan. Zwei verletzte Türken im Vordergrund zeigen, daß es bereits Kampf gegeben hat, ja, es ist nicht völlig ausgeschlossen, daß die Schlacht bereits geschlagen ist, der Rückzug nach der Schlacht zum Thema wurde. Veronese hat sodann eine Episode eingefügt, die weder im Programm noch in den venezianischen Berichten von der Schlacht erwähnt wird. Eine junge Frau, vielleicht eine Venezianerin, wird Soliman vorgeführt, der mit herrischer Gebärde, von ihr weggewandt, eine Entscheidung trifft. Daß Veronese diese Frau besonders beschäftigte, zeigt ein Entwurf im Ashmoleen Museum.

Während Veronese seine Bilder fast wie Wandbilder aufbaute, verdammte Tintoretto den aufblickenden Betrachter in die Froschperspektive des Unterlegenen. Er widmete sich ganz dem Kampfgeschehen und ließ dabei kaum eine Gelegenheit aus, seine Fähigkeit zur Darstellung virtuoser Verkürzungen und fesselnder Gruppen zu zeigen. Aus dem Gewühl der Kämpfenden sind wenige durch ihre Größe, ihre Position im Bild und dadurch, daß niemand und nichts sie verdeckt, herausgehoben. Sie werden zu Protagonisten, zu Vorkämpfern, zu Helden, ohne daß die Geschichte ihre Namen überliefert hätte. Diese Kämpfer werden zu Sinnbildern des Kampfes, der Virtus venezianischer Soldaten. Dabei war Tintoretto der physische Aspekt der Aktion wesentlich. Die Gesichter, sofern sie nicht abgewandt, verdeckt, verschattet sind – und das sind sehr viele –, wirken unbewegt, der Schrecken der Schlacht scheint sie nicht zu berühren. Tintoretto übte gleichzeitig Zurückhaltung bei der Darstellung von gräßlichen Einzelheiten, wie sie auf Schlachtenbildern in der Regel zu finden sind.

Dieser Verzicht verdient auch im Hinblick auf ein Publikum Erwähnung, das auch in Venedig an grausamste, öffentliche Hinrichtungen – fast möchte man sagen – „gewöhnt" war. So pflegte man die Köpfe gefangener Piraten auf der Piazza tagelang auszustellen, bis der Verwesungsgeruch unerträglich wurde.

Das unbeteiligte Töten wird im Bild der Verteidigung Brescias gegen Filippo Maria Visconti im Vordergrund exemplarisch veranschaulicht (Abb. 3). Ein jugendlicher Soldat schießt mit einer Art Flammenwerfer einem liegenden Gegner ins Gesicht. Der ernste Blick des Siegers, das feste Zupacken kontrastiert mit der hilflosen Gebärde des Sterbenden, dessen Gesicht ins Bild gewendet und so, vom Helm verdeckt, dem

Abb. 3. Jacopo Tintoretto, Francesco Barbaro verteidigt Brescia gegen Filippo Maria Visconti

Betrachter entzogen ist. Dabei kommt kein Nachdenken über die Folgen des Kampfes, des Krieges für den einzelnen auf, Tod und Sterben gehen in der Hektik des Kampfes unter. Der Krieg als ein legitimes Mittel der Politik – ich erspare mir, die natürlich auch in Venedig sehr zahlreichen Quellen für diese Auffassung anzuführen – wird als ein Naturereignis mit großem Pathos, aber ohne jede Anteilnahme geschildert. Kein Hinweis, daß Tintoretto Schriftsteller studiert hatte, die sich über Krieg und Frieden Gedanken machten. Erasmus oder Machiavell standen wohl nicht in seinem Bücherschrank, der allerdings eine indizierte Bibel enthielt.

Anders als die Soldaten hat Tintoretto die Feldherren in eigentümlich steifen, befangenen Posen wiedergegeben. Die Absicht, die Heerführer von den Kämpfenden zu unterscheiden und doch Mut, Tatkraft und geistige Überlegenheit zu veranschaulichen, ist deutlich. Lomazzo hat 1584 in seinen sehr lesenswerten Hinweisen zu Schlachtenbildern, wohl nicht in Unkenntnis von Tintorettos Werken, die herkulisch gebildeten Kämpfer und deren geradezu animalische Wildheit ausführlich beschrieben. Demgegenüber sollten Heerführer und andere eine Schlacht leitende Persönlichkeiten, er sagt: Herrscher, ganz anders dargestellt werden. Eher zartgliedrig, dabei nicht ohne Stolz, in jedem Fall nobel, ja majestätisch. Tintorettos Heerführer wirken isoliert, körperliche Kraft scheint der Maler bei seinen Helden und deren Beruf als selbstverständlich vorausgesetzt zu haben. Dabei ist Tintorettos Auffassung von der angemessenen Darstellung des Feldherrn in Mantua am Hof der Gonzaga (wo auf Etikette und Zeremoniell auch in den Bildern sehr sorgfältig geachtet wurde) auf unverhüllte Kritik gestoßen. So forderte der Conte Teodore Sangiorgio – eine Art Surintendent des Monuments – über den venezianischen Geschäftsträger Tintoretto auf, dem Herrscher in einem Schlachtenbild weitere Figuren zuzugesellen, und wenn im bereits begonnenen Bild kein Platz mehr für die angemessenen Reiter sei, so solle er die Begleiter eben zu Fuße malen. Um ja nicht mißverstanden zu werden, korrigierte Sangiorgio Tintorettos Skizze mit der Feder. Ich frage mich allerdings, ob er sich diese Freiheit auch beim „eques palatinus" Tizian genommen hätte. Wohl kaum.

Anders als Veronese verzichtete Tintoretto auf genaue, nachprüfbare topographische Angaben, die damals in der Regel vom Auftraggeber erwartet wurden und im schriftlich vorliegenden Programm auch gegeben worden waren. Der einmalige Ort des Ereignisses tritt gegenüber den verallgemeinerbaren Beobachtungen und Aussagen über das Handeln von venezianischen Feldherren und Soldaten gänzlich in den Hintergrund.

146

Kam schon der Auftrag an Paolo Veronese, ein Schlachtenbild zu malen, doch einigermaßen überraschend, so muß die Aufgabe, eine historische Schlacht zu malen, einen Francesco Bassano zu großem Nachdenken gezwungen haben. Schließlich hatte auch er sich in diesem Genre noch nicht erprobt, seine Stärke oder seine Spezialisierung (sein Markt) waren und blieben auch in Zukunft vor allem Genreszenen.

Francesco Bassanos Interesse konzentrierte sich bei seinen vier Bildern an der Decke der Sal del Maggior Consiglio auf das Schicksal der Soldaten, der einfachen Leute. Anders als Tintoretto verzichtete er auf jede Heroisierung, keine herkulisch gebauten, unwiderstehlich wirkenden Kämpfer, keine Kämpfergruppen, wie sie zuvor Raffael oder Vasari unter Berufung auf die Antike kunstvoll komponiert hatten. Im Mittelpunkt stehen Mühsal und Elend des Soldatenlebens, eine im tiefen Schlamm steckengebliebene Kanone muß wieder flottgemacht werden, Pferde quälen sich durch eine tiefen Fluß, müssen gegen heftiges Sträuben vorwärts gezwungen werden (Abb. 4). Dabei sind auch Erinnerungen an Tizians 1577 in der Sala del Maggior Consiglio verbrannte Schlacht von Spoleto zu finden, bezeichnenderweise jedoch nicht in der strudelnden Komposition oder den virtuosen Kämpfergruppen. Francesco Bassano hat die ins Wasser gefallene junge Frau gefesselt, die, wie die Kinder in seinen Schlachtenbildern, der Erzählung an einigen Stellen eine geradezu friedliche Note gibt.

Eine Summe von Francesco Bassanos Erfahrungen und zugleich ein unmißverständliches Dokument für seine Bewertung des Krieges gibt die Schlacht bei Cadore (Abb. 5). Im Text, der ihm in die Hand gegeben worden war, war über das verschneite Gelände, über die Schwierigkeit, den Gegner auf dem Berg anzugreifen, über den Tod von mehr als 1000 Soldaten und über die Gefangennahme von mehr als 2500 Mann berichtet worden.

Francesco eröffnet die Erzählung mit einem Knaben, der konzentriert mit einem Hund spielt. Neben ihm bewegt sich, von ihm scheinbar unbemerkt, der Zug tief gebeugter Soldaten vorbei. Die Haltung des barhäuptigen Feldherrn zeugt von der Anstrengung des Steigens, die heroische Gebärde fehlt, das kunstvolle Gruppieren von Figuren hat er anderen überlassen. Der Zug der Soldaten quält sich den Berg hinan an einer Freifläche vorbei, auf der zwei Tote, vielleicht auch ein schwer Verletzter und ein Toter, liegen. Aus dem Zug sticht ein Venezianer mit einer langen Lanze auf einen am Boden Liegenden von hinten ein, der Tote daneben, fast nackt, erinnert unmißverständlich an Darstellungen des toten Christus. Reflexion über die Schattenseiten des sonst glorifizierten

Abb. 4. Francesco Bassano, Sieg der Venezianer über den Herzog von Mailand

Metiers wird beim Betrachter angeregt, eine Tätigkeit, die dem nur rühmenden Text des Programms zuwiderläuft. Übereinstimmungen mit der Schlachtenschilderung in der Totenrede des Historikers Paruta auf die Gefallenen von Lepanto, Parallelen aber auch mit Parutas Feststellung, daß zu seiner Zeit Kriege nicht mehr nur um der gerechten Sache willen, sondern nur noch mit Haß und allergrößter Grausamkeit geführt wurden.

Abb. 5. Francesco Bassano, Niederlage Maximilians I. im Cadore gegen die
Venezianer

Veronese, Tintoretto und Francesco Bassano wandelten das gestellte
Thema „Siegreiche Schlacht" in jeweils grundverschiedene Bilder um. Die
venezianische Praxis, Aufträge zu vergeben nach dem Prinzip: jedem
Protegé eines einflußreichen Regierungsmitglieds oder einer Gruppe

149

seinen Anteil zu geben, hat beim Städtelob mit Bildern zu einer Vielstimmigkeit geführt, in der heftige Dissonanzen vorherrschen. Ebenso wie bei der literarischen Bewertung historischer Ereignisse (hier Geschichte, da Poesie, dort Panegyrik – von allen Mischformen ganz zu schweigen) haben sich die genannten venezianischen Maler höchst unterschiedlicher Kunstmittel zur Verdeutlichung ihrer Sicht der Ereignisse bedient.

Venedig mußte aber auch mit Niederlagen leben. Traumatisch war dabei zweifellos die Niederlage gegen die Verbündeten von Cambrai bei Agnadello 1509. Dabei ging die Empfindlichkeit in Venedig so weit, daß man bei Buchveröffentlichungen, die diese Ereignisse schilderten, auf die bildliche Darstellung der Schlacht verzichtete (alle übrigen Schlachten der Venezianer in diesem Werk sind gezeigt) und sich auf den Aufmarsch der Truppen beschränkte.

Die Reflexion über die Ursachen und Konsequenzen von Agnadello blieb während des ganzen 16. Jahrhunderts den Historikern vorbehalten, und so ist es bezeichnend, wie man um 1580 das damals immer noch heiße Eisen anpackte. Man vermied es natürlich, diesen absoluten Tiefpunkt der venezianischen Geschichte in Bildern darzustellen – wer wird schon seine Niederlagen feiern lassen – und konzentrierte sich auf die folgenden hoffnungsvollen Ereignisse. Damals war es dem späteren Dogen Andrea Gritti gelungen, Padua wieder einzunehmen, womit der Wiederaufstieg des ehemals so stolzen, nun gedemütigten Venedig – worüber sich ganz Europa gefreut hatte – begann. Ein Bild des Jacopo Palma in der Sala del Senato, auf dem der Wiedergewinn von Padua dargestellt ist, zeigt eine weitere Möglichkeit der Darstellung von venezianischen Würdenträgern – in unserem Fall des Dogen – im Zusammenhang mit einem so bedeutenden Sieg.

Venetia hetzt mit erhobenem Schwert den Markuslöwen gegen den angreifenden europäischen Stier, auf dem ein gesichtsloser Reiter das Wappen der übermächtigen Verbündeten zeigt. Hinter dem Markuslöwen und der Venetia erscheint der Doge Leonardo Loredan, in dessen Dogat die Niederlage bei Agnadello, aber auch der Wiedergewinn Paduas fiel. Über dieser Gruppe schweben zwei Viktorien mit einem Lorbeerkranz. Dieser Kranz des Triumphs ist, ganz im Sinn der venezianischen Auffassung vom Dogenamt, einzig dem Markuslöwen, also dem Staat, zugemessen. Der Maler rückte den Kranz jedoch so sehr in die Nähe des Dogen, daß zahlreiche, darunter sehr erfahrene Betrachter ihn dem Dogen zugeordnet haben. Eine solche Nähe kann im schriftlich vorliegenden Programm nicht angedeutet gewesen sein, weil sie den venezianischen

150

Usancen widersprach. Sie ist ein Beitrag des Malers, der hier – wir werden weitere Beispiele sehen – mit mehrdeutigen Formulierungen operierte, ohne daß bei genauem Hinsehen seine Aussage als falsch oder gar als Verstoß gegen Konventionen zu bewerten gewesen wäre.

Waren an den Decken der Sala dello Scrutinio und der Sala del Maggior Consiglio einzelne Höhepunkte aus der venezianischen Geschichte vom 8. bis zum 16. Jahrhundert dargestellt, so erzählte man an den Wänden der Sala del Maggior Consiglio in großer Ausführlichkeit die Ereignisse um den Frieden von Venedig und den Fall Konstantinopels von 1204. In beiden Zyklen finden sich Schlachtenbilder als Stationen auf dem Weg zu Friedensschlüssen.

Die Entscheidung, auch nach dem Brand von 1577 die Ereignisse von 1177 erneut darstellen zu lassen, wurde mit dem Dokumentcharakter der Bilder begründet. Die zwischen venezianischen und römischen Historikern immer wieder aufflackernde Kontroverse um die historische Wahrheit der venezianischen Überlieferung und deren Konsequenzen für die venezianischen Territorialansprüche sollte durch die Bilder im venezianischen Sinn festgehalten werden. Dabei wäre es jedoch falsch, von einer venezianischen Auffassung zu sprechen, da zwischen Traditionalisten (wie dem Mönch und Historiker Girolamo Bardi oder dem hochgelehrten Giacomo Contarini) und hellsichtigen venezianischen Historikern (wie Fra Paolo Sarpi) keine Einigkeit bestand, ob die Herrschaft über das Mittelmeer vom Papst 1177 zum Dank für die geleisteten Dienste verliehen oder von alters her erworben worden war.

Die zweifellos legendäre Schlacht von Salvore, in der angeblich der Sohn des Friedrich Barbarossa nach vergeblichen Vermittlungsversuchen vom Dogen Ziani entscheidend geschlagen wurde, war somit für die unbefangenen Betrachter und die informierten Besucher nicht in erster Linie ein Historienbild, sondern eher eine Demonstration einflußreicher Kreise der Republik Venedig, vom traditionellen Standpunkt und den hiermit verbundenen Argumentationen nicht abweichen zu wollen. Während im 1577 verbrannten Zyklus der Friedensschluß noch auf einem eigenen Bilde dargestellt war, konzentrierte man sich konsequenterweise nach 1577 auf die Ereignisse des Unternehmens, vor allem auf die vom Papst verliehenen Privilegien – „quaedam regalia insignia".

Die Unterwerfung Barbarossas unter den Papst wurde im Bild des Federico Zuccari durch eine geschickte Inszenierung des Malers zu einer Unterwerfung des Kaisers auch unter den Dogen. Die Fähigkeit der Maler, ein Ereignis so zu inszenieren, daß die Darstellung die Verdienste des Auftraggebers mehrt, ohne daß beim genauen Hinsehen, beim Nachprüfen, die Darstellung sich als grob unrichtig erwiese, war damals weit entwickelt. Es sind Kunstgriffe, die auch die Autoren der Lobrede schätzten. Aktuelle Diskussionen um die rechtmäßige Herrschaft im Mittelmeer führten nach dem Brand des Dogenpalastes von 1577 zu einer deutlichen Akzentverlagerung. Die Parteinahme der Venezianer für den Papst sowie die vom Papst nach dem Frieden von Venedig bestätigte Herrschaft über das Meer, die der Doge jährlich in seiner feierlichen Vermählung mit dem Meer bekräftigte, haben den Friedensschluß aus dem Zyklus verdrängt.

Auf der gegenüberliegenden Seite des Saals, schwer zwischen den hellen Fenstern zu entziffern, berichten Bilder vom 4. Kreuzzug. Damals hatte es Venedig verstanden, eigene politische Ziele, wie die Niederwerfung von Zara, mit den Zielen der Kreuzfahrer so kaltblütig zu verbinden, daß die Republik am Ende Teile des oströmischen Reichs ihr eigen nennen konnte. Auch hier Schlachten (Zara, Konstantinopel), auch hier die Absicht, neben dem Triumph venezianischer Waffen das politische Ergebnis in Bildern zu feiern und festzuhalten. Wenige Bilder aus dem Zyklus seien ausgewählt.

Schon beim ersten Bild sind die Übereinstimmungen mit dem Programmtext gering. Weder die Ankunft Balduins von Flandern, Heinrichs und Bonifaz Marchese von Monferrat in Venedig noch der Schwur der Kreuzfahrer in S. Marco auf den so mühevoll und listenreich ausgehandelten Vertrag sind, wie im schriftlich fixierten Text angegeben, dargestellt. Statt dessen hat der Maler, ein Giovanni Leclerc, dem Betrachter so etwas wie Kreuzzugsstimmung gezeigt, die jedoch in erster Linie die Venezianer ergriffen hat. Die hohen Gäste und Vertragspartner sind im Gewühl nicht auszumachen. Während das Getümmel den Betrachter fesselt, blickt Andrea Dandolo, auf der Kanzel über das Volk erhoben, konzentriert in Richtung des Presbyteriums. Leclerc hat die Frömmigkeit des greisen Dandolo und die Ergriffenheit des Klerus sowie die Begeisterung der Venezianer und der Kreuzfahrer zum Thema gemacht und somit dem Beginn der kontroversen Unternehmung das politische, schon von Zeitgenossen so häufig kritisierte Kalkül genommen. Diese Auffassung entspricht venezianischem Selbstverständnis – Venedig als in Glaubensdingen unerschütterlich die Interessen der Kirche wahrende Republik – und war gleichzeitig eine Art Rechtfertigung des ganzen Unternehmens.

Auf dieses einstimmende Bild – wie sollte es anders sein – folgen Schlachten (Sieg über Zara, die Einnahme von Konstantinopel) sowie die Wahl Balduins VI. von Flandern zum Kaiser. Das friedliche Ende des Unternehmens – von Frieden ist bis jetzt noch nicht oft die Rede gewesen –, die Krönung Balduins zum Kaiser, ist ein Musterbeispiel für die Leichtfertigkeit, mit der manche Maler ihre Quellen manipulierten. Ohne jede Rücksicht auf den historisch fundierten, als Richtschnur für den Maler formulierten und wenige Jahre später veröffentlichten Programmtext sowie die einstimmige historische Überlieferung wird Balduin auf dem Bild des Aliense kniend vom thronenden Dogen gekrönt. Dabei hatte man in Venedig keine Mühe gescheut. Der Rat der Zehn hatte sich Villehardouins Schilderung der Ereignisse zuerst übersetzen und schließlich durch Ramusio auch veröffentlichen lassen. Die Quellen standen denen, die sich informieren wollten, zur Verfügung. Es scheint, daß in Venedig weder einzelne noch eine Institution mit Sachverstand die Ausführung dieser Bilder überwachten. So konnten Maler wie Aliense, ganz im Sinne der Panegyriker, dem Dogen eine Rolle zumessen, die er nie gespielt hatte – was jeder im Saal, der lesen konnte, wußte. Die ganze Problematik des Historischen Ereignisbildes wird hier deutlich.

Wurde der Krieg, die Schlacht in der Regel in einem Historienbild dargestellt, bevorzugte man für den Frieden die Allegorie. So ist Pax, meist zusammen mit Justitia, in den Ratssälen des Dogenpalastes häufig zu finden. Ich beschränke mich auf wenige Beispiele:

So finden sich an der Flachdecke der Sala del Collegio Justitia und Pax (als „custodes libertatis", wie die Beischrift präzisiert) vor der Venetia (Abb. 6), in einem weiteren Bild dann Mars und Neptun („Robur imperii") und schließlich in der Mitte „Religio" und „Fides" (als „rei publicae fundamentum").

Paolo Veronese, dem alle Bilder an dieser prachtvollen Decke in Auftrag gegeben wurden, hat Venedig auf dem Erdball thronend, wie entrückt, als weitblickende Herrscherin gemalt, während Justitia und Pax der Stadtgöttin (die beide schlicht übersieht) ihre Symbole darbringen. Dies geht über die herkömmliche Zuordnung von Eigenschaften an das Gemeinwesen hinaus, die Huldigung der Stadtgöttin (der Akt der Devotion) durch die staatstragenden Tugenden Friede und Gerechtigkeit macht deutlich, daß hier Programmgestalter und Maler die gleiche Sprache der Panegyriker sprechen. Dabei muß angemerkt werden, daß alle Verträge mit den Künstlern, ebenso wie die schriftlich fixierten Programme, von einer beachtlichen sprachlichen Armut sind. Sie beschränken sich bei der Zuordnung von Figuren – wenn überhaupt – auf so allgemeine Formulierungen wie „vor", „unter" und „über", genauere Charakterisierungen fehlen. Die Art der Zuordnung von Figuren, deren Habitus, Gestik, all die für die Aussage entscheidenden Elemente wurden von den Programmgestaltern den Künstlern überlassen, wobei sich die Programm-

Abb. 6. Paolo Veronese, Justitia und Pax vor Venetia

gestalter vermutlich beim Formulieren ihrer Texte an ältere Kunstwerke erinnerten, ohne in der Lage zu sein, diese sprachlich adäquat umzusetzen.

Veroneses Bild von der Stadtgöttin, seine an Nuancen reiche Aussage über den Rang und die Eigenschaften der handelnden Personifikationen ist aus dem Bild herauszulesen. Das von Spezialisten erdachte Programm war gegenüber diesem Bild sicher recht trivial, aber auch eindeutiger im Hinblick auf die Verhältnisse. Versucht man, das Programm zu rekonstruieren, so wird es etwa so gelautet haben: „Venetia thront, reich gekleidet, auf dem Erdball, während Justitia und Pax ihr Verehrung bezeugen".

Wie schwierig die Entschlüsselung solcher Bilder ist, läßt sich an Tintorettos Votivbild des Dogen Girolamo Priuli im sog. Atrio Quadrato an der Decke des letzten Treppenabsatzes der Scala d'Oro zeigen (Abb. 7).

Venetia (der Tintoretto den Olivenzweig des Friedens ganz beiläufig wie zum Schmuck um den Arm gewunden hat) geleitet Justitia mit einer einladenden Gebärde zum knienden Dogen. Auch wenn es auf den ersten Blick so scheinen mag, ist keine Übergabe des Schwerts dargestellt – die venezianische Verfassung gab dem Dogen keine richterliche Gewalt –, sondern das friedlich oder zum Zeichen des Friedens nach unten zeigende Schwert wird dem Dogen vorgehalten, der jedoch nicht danach greift, um es zu empfangen. Eine solche Interpretation kann in dieser Prägnanz, aber auch in der bewußten Akzeptierung von Mißverständnissen nur auf Tintoretto selbst zurückgehen. Spätere, in der Regel gut informierte Betrachter wie Carlo Ridolfi (1648) haben Tintorettos Prägung bezeichnenderweise im Sinne absolutistischer Ikonographie als Übergabe von Herrschaftszeichen mißverstanden, ein Mißverständnis, das von Tintorettos Interpretation ausgelöst wurde. Venetia als Verkörperung der Gerechtigkeit (in forma di Justitia) war spätestens seit Sansovinos Loggetta die übliche Darstellung. Hier in Tintorettos Bild begegnet uns zum ersten und, soweit ich sehe, auch einzigen Mal eine Venetia mit dem Attribut der Pax.

Neben den sehr zahlreichen kriegerischen Ereignissen, den „imprese", haben die Programmgestalter deren Konsequenzen – die „risultati" – in drei riesengroßen Bildern an der Decke der Sala del Maggior Consiglio darstellen lassen. Im ersten sollten Venetia, von der Siegesgöttin gekrönt, und vor ihr trauernde Gefangene dargestellt werden, darunter einige Frauen als Verkörperung der unterworfenen Provinzen, so wie es die Alten auf den Medaglien getan hätten. Dies war in Venedig ein brisantes, seit langem kontroverses Thema, wenn man bedenkt, daß die freiwillige Unterwerfung der venezianischen Provinzen (von Brescia bis Zypern) zu

Abb. 7. Jacopo Tintoretto, Venetia und Justitia vor dem Dogen G. Priuli

den immer wiederkehrenden Kernsätzen der literarischen Selbstdarstellung gehörte. In der offiziösen Programmerklärung, die Girolamo Bardi 1587 in einem handlichen Bändchen veröffentlichte, werden die Provinzen Padua, Verona, Mailand und Genua namentlich als auf diesem Bild dargestellt genannt. Jacopo Palma il Giovane hat ganz im Sinn der Auftraggeber die Territorialherrschaft „iure iusti belli", „all'antica" als Triumph gemalt. Wohl ganz im Sinne einer „ausgewogenen Propaganda" – ausgewogen im Hinblick auf die inneren Verhältnisse – hatte Tintoretto im

156

mittleren Bild den Dogen und seine Begleiter darzustellen, wie er Botschafter fremder Völker empfängt, die sich nun spontan Venedig unterwerfen, indem sie Stadtschlüssel und andere Herrschaftszeichen dem Dogen überbringen (Abb. 8). Dieser Concetto der gewaltlosen, freiwilligen Unterwerfung spielt, wie schon gesagt, im venezianischen Selbstverständnis und vor allem in der venezianischen Panegyrik eine zentrale Rolle. Ein so vollkommener Staat wie Venedig durfte nicht in erster Linie auf militärische Überlegenheit bei der Wahrung oder Mehrung seines Territoriums angewiesen sein.

Tintoretto hat diese Übergabe auf eine komplizierte, irreale Treppenanlage verlegt und dabei die Mühsal des Aufstiegs ebenso wie das Sehnen, diesen Weg zu erklimmen, thematisiert. Er zeigt den Aufbruch, den steilen Weg zum Ziel und schließlich die Ankunft, die in der Übergabe (fast ist man gedrängt zu sagen: Hingabe) gipfelt. Durch die Komposition des Deckenbildes, dessen Treppenanlage auch der Betrachter mit den Augen Schritt für Schritt erklimmt, überbrückte Tintoretto die Distanz zwischen den Provinzen und dem Betrachter, eine Distanz, die in Palmas Bild eine wichtige Rolle spielt.

Betrachtet man Palmas und Tintorettos Bilder nebeneinander und liest noch einmal aufmerksam den Programmtext, so wird deutlich, daß in beiden Fällen mehrere Provinzen, die alle damals zu Venedig gehörten, dargestellt sind. Selbstbewußte Drohung mit der Unterwerfung (in Palmas Triumph der Venetia) und werbendes Versprechen (in Tintorettos freiwilliger Unterwerfung unter die perfekte Republik) folgen direkt aufeinander. Auch in diesem Bild gibt es mit dem Dogen einen Protagonisten, dessen Rolle bei dieser freiwilligen Unterwerfung Tintoretto darzustellen hatte. Der Programmtext war unmißverständlich: Während der Doge und seine Begleiter Botschafter empfangen, die sich spontan der Republik Venedig unterwerfen, indem sie Stadtschlüssel und andere Herrschaftszeichen dem Dogen übergeben, empfängt Venetia, begleitet von Kybele und Thetis, vom Markuslöwen einen Palmenwedel. Der Markuslöwe soll außerdem einen Lorbeerkranz im Maule halten.

Tintoretto hat den Dogen mit erhobenem Haupt auf eine hohe Treppenanlage postiert. Mit der Linken greift er nach den dargebotenen Schlüsseln, mit der Rechten holt er weit aus. Über ihm, recht nah, erscheint – in einer Gloriole – Venetia, die sich herunterbeugt. Neben ihr der Löwe. Diese Verbindung von Doge und Venetia erinnert an die zahlreichen Votivbilder im Dogenpalast, die vom kompositionellen Schema her den Benutzern vertraut waren. Eine solche Beziehung von Doge und Venetia war im Programm nicht vorgesehen.

Abb. 8. Jacopo Tintoretto, Die freiwillige Unterwerfung unter Venedig

Durch die von Tintoretto gewählte Darstellung wird der Doge zum Vermittler, die Unterordnung unter den Staat, die in der beim Amtsantritt verlesenen promissio verankert war, wurde anschaulich und gleichzeitig als Unterordnung unter eine himmlische Macht erklärt. Schon Raffaello Borghini (1584) hob diese Verehrung der Venetia durch den Dogen hervor, Coryate hingegen hatte – sehr bemerkenswerte – Schwierigkeiten. „A little above the Duke is painted the Vergin Mary again with a crown on her head, attended with two angels, she feedeth the winged lion with the branch of an olive tree, by which is signified peace". Die stets vom Frieden redende Propaganda Venedigs, die ja in England besonders wirksam war, hatte hier den Blick des Betrachters getrübt. Die Verwechslung der Jungfrau Maria mit Venetia entsprach der Topik der venezianischen Panegyriker, Tintoretto hatte durch die Lichterscheinung diese Interpretation noch gefördert.

Im Programm war vorgeschrieben, daß der Löwe den Lorbeerkranz im Maule halten solle, ein unmißverständlicher Hinweis, daß der Triumph dem Staat, nie seinem obersten Repräsentanten gebührt. Tintoretto ließ den Kranz vom Löwen der Venetia darbringen und stellte diese Übergabe gleichzeitig so dar, daß sie auch als Spende an den Dogen verstanden werden kann. Venetia kann mit der geöffneten rechten Hand den Kranz greifen, ihn aber auch verleihen. Ridolfi, ein höchst kenntnisreicher Venezianer, hat dieses Bild 1648 als Verleihung interpretiert und konsequenterweise – konsequent im Sinne der venezianischen Verfassung – den Lorbeerkranz des Triumphes zu einem Olivenkranz des Friedens uminterpretiert. So ist der Friede als ein Mißverständnis wohl für viele Betrachter auch in diesem Bild der Unterwerfung enthalten gewesen.

Das Programm kulminiert in einem Bild, das Paolo Veronese übertragen wurde. Venetia, thronend über Stadt und Land, als „imitazione" einer Roma, von einer kleinen geflügelten Viktoria mit Lorbeer gekrönt, umgeben von sieben einzeln genannten Tugenden. Eine festlich gestimmte Volksmenge, darunter Alte, Kinder und Frauen, sollte ebenfalls dargestellt werden zum Zeichen des Glücks und der allgemeinen Zufriedenheit der (freiwillig) unter Venedigs Fittiche geflüchteten Völker. Weitere Allegorien oder Themen wurden dem Maler nicht vorgeschrieben. Girolamo Bardi hat in seiner offiziösen Erklärung des Programms, ein Text, der immer wieder von der Kunstwissenschaft mit einer Erklärung der Bilder verwechselt wird, die Abfolge der drei Bilder erläutert: Während im ersten Bild die auf Waffen gegründete Macht Venedigs, im zweiten Bild die freiwillige Unterwerfung fremder Völker unter Venedigs Herrschaft dargestellt sei, finde man im dritten, dem des Veronese, die Freude und den Jubel all der Völker wieder, die zwar bar jeder Freiheit, aber vor Übergriffen fremder, tyrannischer Herrscher sicher seien.

Nicht ein Triumph der Venetia, sondern eine „Pax Veneta" war darzustellen. Dabei unterscheidet sich diese Pax Veneta grundlegend von der Pax Romana, die auf Viktoria, dem militärischen Sieg, also nicht der freiwilligen Unterwerfung basierte.

Es kann hier nicht meine Aufgabe sein, die politischen Hintergründe dieses Programms zu analysieren. Sicher ist, daß die Behauptung, Venedig sei allein durch militärische Stärke und die Überlegenheit seines Systems in der Lage, ein Leben in Frieden und Freiheit zu garantieren, bei politisch erfahrenen Venezianern wie Paolo Paruta nicht bestehen konnte.

Wie also hat Paolo Veronese auf das gelehrte Programm reagiert? Als Maler hatte er nicht die Möglichkeit, wie ein Historiker mit mehr oder minder subtilen Argumenten in die Diskussion einzugreifen, konnte jedoch aus seiner Lebenserfahrung heraus zur zentralen Behauptung des Programms Stellung nehmen, daß die Unterwerfung der fremden Völker ein Akt freiwilliger Hingabe, der Devotion gewesen sei.

Zuerst einmal schuf Veronese durch die Erfindung einer triumphalen Architektur den Hintergrund für den Auftritt der Venetia und ihres Gefolges. Venetia schwebt in den Saal hinein, begleitet von Tugenden, unter denen Honor, herausgehoben durch seine Position, die Züge Heinrichs III., des 1589 ermordeten französischen Königs, trägt. Heinrich III. war 1574 in Venedig mit großem Pomp auf seinem Weg von Polen nach Paris empfangen worden. Der zeitgenössische Betrachter wurde sicherlich an aktuelle Diskussionen um die frankophile Politik des damaligen Dogen Niccolo de Ponte erinnert, der höchstpersönlich, ebenso wie einer der Autoren des Programms, Giacomo Contarini, diese im Programmtext nicht vorgesehene, in der offiziösen Programmerklärung verschwiegene Identifizierung veranlaßt haben könnte.

Wichtiger aber für unser Thema Krieg und Frieden ist die untere Zone des Bildes. Hier hat Veronese die beiden heftig bewegten Reiter eingefügt, ein uraltes anschauliches Symbol militärischer Stärke und Präsenz. Der lagernde, vom Rücken gesehene Soldat, die im Frieden abgelegten, jedoch allzeit bereiten Waffen und Rüstungen, die Trommel machten deutlich, daß – so Veronese – der propagierte Friede, das Glück all der freiwillig unter Venedigs Fittiche geflüchteten Völker wesentlich auch auf Waffen basiert. Veronese hat somit die Akzente in diesem Bild neu gesetzt, korrigierend in das Programm eingegriffen. Programm und Bild sind auch hier nicht nur nicht deckungsgleich, sondern voller Widersprüche. Die Hoffnung, ein Programm durch die Analyse des Bildes zu erschließen, entpuppt sich auch hier als nicht erfüllbar. Die Frage, inwieweit die übliche Praxis der Ikonographie auf der falschen Prämisse basiert, Bild und Programm seien deckungsgleich oder zumindest annähernd deckungsgleich, stellt sich in aller Schärfe.

Veroneses Abweichung vom Programm hat – so scheint es – keine Konsequenzen für den Maler gehabt. Offensichtlich blieben solche Äußerungen im Rahmen des Tolerierbaren. Der Rat der Zehn, der über die Riformatori dello Studio di Padova schriftliche Äußerungen zum Staat und zur Religion kontrollieren ließ, hat keine vergleichbar empfindlich reagierende Zensur für die Kunst eingeführt.

Man verbot erotische Darstellungen ebenso wie graphische Blätter aus dem Norden, die protestantische Ideen verbreiteten, ließ den Malern im Dogenpalast jedoch eine sehr weitgehende, vielleicht sogar unbeschränkte Freiheit. Tintoretto und Veronese – um nur zwei prominente Namen zu nennen – wußten sie zu nutzen. Historiker und Kunsthistoriker haben die Möglichkeit, diese Äußerungen der Maler zu zentralen Themen des venezianischen Selbstverständnisses zu deuten. Wie gar nicht anders zu erwarten, sind Dissonanzen für das geübte Ohr im vielstimmigen Chor zum Lobpreis der perfekten Republik nicht zu überhören.

Dank schulde ich dem Kollegen Franz Josef Worstbrock, daß er mir Gelegenheit gegeben hat, die Überlegungen eines Kunsthistorikers zu Bildern des Dogenpalastes im Rahmen dieser Tagung vorzutragen. Da ich mich kurz zuvor bereits zu diesem Thema in einer Arbeit über den Dogenpalast geäußert habe (Der Bilderschmuck des Dogenpalasts – Untersuchungen zur Selbstdarstellung der Republik Venedig im 16. Jahrhundert, Wiesbaden 1983), habe ich das Angebot, bei der unveränderten Veröffentlichung meines Vortrags gänzlich auf Belege zu verzichten, dankbar angenommen.

Vitruv, Festungsbau und Humanismus

von Hanno-Walter Kruft

In der Renaissance sind die Vorstellungen von Städtebau, Idealstadtdenken, Sozialutopie und Festungsbau in einer bemerkenswerten Weise miteinander verklammert. Realisierte, erhaltene oder überlieferte Stadt- und Festungsanlagen erlauben nur eine begrenzte Einsicht in diesen komplexen Zusammenhang. Vielmehr wird dieser erst durch die Kenntnis der theoretischen Diskussionen verstehbar, die in der Literatur zur Kunst-, Architektur- und Festungsbautheorie geführt wurden. Es handelt sich bei dieser umfangreichen theoretischen Literatur nicht nur um einen literarischen Überbau, der mit der Realität in geringem Zusammenhang stand, sondern sie konnte als Planungsprämisse durchaus in der Wirklichkeit Gestalt gewinnen.

Die Vermischung städteplanerischer und fortifikatorischer Überlegungen liegt in der Natur der Sache, darüber hinaus fand man sie bei Vitruv bestätigt, dessen Angaben zu Stadtplanung und Befestigung das Denken der Renaissancearchitekten weitgehend fixierten. Stadtplanung und Festungsbau wurden im 15. und 16. Jahrhundert als Einheit unter dem Begriff „Architektur" verstanden, die Emanzipation des Festungsbaus als einer primären Ingenieur-Leistung vollzog sich schrittweise erst seit der Mitte des 16. Jahrhunderts[1].

---

[1] Zur Militärarchitektur vgl. vor allem: M. Jähns, *Geschichte der Kriegswissenschaften, vornehmlich in Deutschland*, 3 Bde. München und Leipzig 1889–1891; H. de la Croix, *Military Architecture and the Radial Plan in Sixteenth Century Italy.* The Art Bulletin 42 (1960), 262–290; ders., *The Literature on Fortification in Renaissance Italy.* Technology and Culture 4, 1, Winter 1963, 30–50; ders., *Military Considerations in City Planning: Fortifications.* New York 1972; P. Marconi u. a., *La città come forma simbolica. Studi sulla teoria dell'architettura nel Rinascimento.* Rom 1973; J. R. Hale, *Renaissance Fortification. Art or Engineering?* London 1977; R. Huber und R. Rieth (Red.), *Festungen. Der Wehrbau nach Einführung der Feuerwaffen.* Tübingen 1979 (Glossarium Artis, Bde. 7).

© VCH Verlagsgesellschaft mbH, D-6940 Weinheim, 1986

163

Vitruvs Angaben zum Städtebau und ihrer Befestigung befinden sich im fünften und sechsten Kapitel des ersten Buches seines Architektur-traktats. Ausschlaggebend für Vitruv ist die Wahl gesunder Bauplätze, die er im vorangehenden Kapitel behandelt. Seine Ausführungen über die Anlage der Stadt beschäftigen sich vor allem mit dem Einfall und der Brechung der Winde, während er auf die innere Gliederung der Stadt nicht eingeht. Er erwähnt Schemata, die er seinem Traktat beigeben wollte – sie sind in ihrer ursprünglichen Form nicht bekannt –, die sich auf die Windrose und die Windströmungen beziehen. Dabei bedient er sich einer Kreiskonstruktion für die von ihm nicht beschriebene Anlage der Stadt, um die richtige Windbrechung zu erzielen[2]. Dies bedeutet nicht, daß Vitruv kreisförmige oder auch nur kreisförmig ummauerte Städte meinte, die es in der römischen Antike nicht gab[3]. Da Vitruv jedoch von kurvierten Stadtmauern und Türmen spricht, die nicht mehr als einen Pfeilschuß voneinander entfernt sein sollen, lag es nahe, aus seinem Text auf eine kreisförmige Stadtanlage zu schließen. Jedenfalls haben viele Renaissancetheoretiker den Text so verstanden, zumal ihnen die Kreis-form als Planungsgrundlage vorzüglich in ihre Auffassungen von der voll-kommenen geometrischen Form paßte[4]. Dies trifft z. B. für Alberti zu, der sich in seinen Angaben zur Stadt (De re aedificatoria IV, 2 ff.) weitgehend an Vitruv hält. Ein Teil der frühen illustrierten Vitruv-Ausgaben und zahl-reiche Idealstadtplanungen des 15. und 16. Jahrhunderts erweisen sich, pointiert ausgedrückt, als fruchtbare Mißverständnisse von Vitruvs Beschreibung der Windrose.

Dies gilt insbesondere für oktogonale Radialanlagen und läßt sich seit Filaretes Konzept für seine Idealstadt „Sforzinda" verfolgen[5]. Am inter-essantesten ist in diesem Zusammenhang der bedeutendste Festungs-architekt in der zweiten Hälfte des Quattrocento, Francesco di Giorgio Martini, der in seinen Traktaten Stadt- und Festungsgrundrisse beinahe wie Planspiele vorführt und mit einer wörtlich genommenen Anthropo-metrie überlagert: Stadt und Festung werden zum Abbild des Menschen[6]

---

2 Vgl. Vitruv, *Zehn Bücher über Architektur* (lat.-deutsche Ausgabe), hg. v. C. Fensterbusch. Darmstadt 1964, 52 ff. Abb. 1–3.
3 Vgl. etwa J. B. Ward-Perkins, *Cities of Ancient Greece and Italy: Planning in Classical Anti-quity.* New York 1974.
4 Hierzu vor allem R. Wittkower, *Architectural Principles in the Age of Humanism* (1949). London 1962 (zahlreiche weitere Ausgaben).
5 Antonio Averlino detto il Filarete, *Trattato di Architettura,* hg. v. A. M. Finoli und L. Grassi, Bd. 2. Mailand 1972, Taf. 6, 7, 23.
6 Francesco di Giorgio Martini, *Trattati di architettura, ingegneria e arte militare,* 2 Bde., (Hg.) C. Maltese. Mailand 1967; Bd. 1, Taf. 1, 9; Bd. 2, Taf. 236, 253, 262 etc.

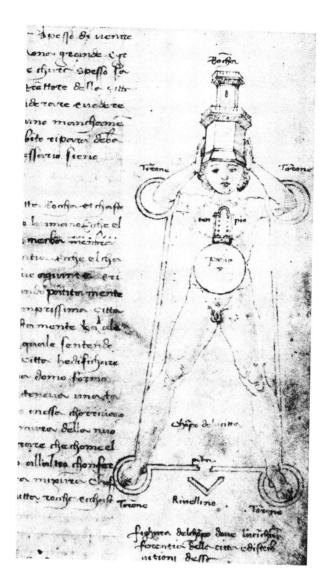

Abb. 1. Francesco di Giorgio Martini, Anthropometrische Darstellung der Stadt. Turin, Cod. Saluzziano 148, fol. 3

165

(Abb. 1). Francesco di Giorgio, der an einer Vitruv-Übersetzung arbeitete, versuchte als Humanist, das proportionale Analogieschlußverfahren Vitruvs zur Planungsgrundlage zu machen. Dieser Ansatz ist forciert, aber faszinierend und beeinflußt das architekturtheoretische Denken bis heute.

Ein derartig freier und spekulativer Umgang mit Vitruv war dem Quattrocento vorbehalten. Die Interpretation des Cinquecento war wesentlich starrer und dogmatischer.

Die Entwicklung des Festungsbaus im 16. Jahrhundert ist eine Konsequenz der technologischen Revolution in der Artillerie am Ende des 15. Jahrhunderts, die in der Einführung von Kanonen bestand, die mit Pulver gezündet wurden, Eisen- anstelle von Steinkugeln verwendeten und erfolgreich beim Italienfeldzug Karls VIII. im Jahre 1494 eingesetzt wurden. Dies bedeutete, daß die Mauern niedriger und aus den Türmen Bastionen wurden. Festungsarchitektur ist im 16. Jahrhundert, ingenieurmäßig gesehen, weitgehend eine Antwort auf den jeweiligen Stand der Ballistik.

Eine Kodifizierung des Wissens über Ballistik erfolgte in dem Werk des Mathematikers Nicolo Tartaglia, der 1537 seine 'Nova Scientia' und ein Jahr später seine 'Quesiti et inventioni diverse' veröffentlichte[7]. Tartaglia, der in diesen Werken genaue Berechnungen von Flugbahnen vorlegt, gilt als „Vater der Ballistik". Obwohl seine Werke keine Befestigungslehre enthalten, wurden sie im 16. Jahrhundert zur Grundlage des Festungsbaus. Tartaglia gibt in seiner Ausgabe der 'Nova Scientia' von 1550 ein bemerkenswertes Frontispiz (Abb. 2): zu einem geschlossenen Mauerring öffnet Euklid die einzige Tür; innerhalb des Mauerrings steht Tartaglia im Kreise der Artes Liberales und führt die Flugbahn einer Kanonenkugel vor. Zu einem zweiten, kleineren Mauerring öffnet Aristoteles eine Tür, hinter ihm steht Plato, der ein Schriftband hält, dessen Text lautet „Nemo huc Geometrie expers ingrediat". Über dem kleineren Mauerring thront die Philosophie. Die gesamte Anlage sieht wie eine Stadt mit Festung aus, wie wir sie aus zahlreichen Illustrationen des 16. Jahrhunderts kennen. Der einzige Weg ins Innere führt über die Geometrie; das Bild ist doppelsinnig.

Die neue Technologie erzwang eine Zusammenarbeit von Ingenieuren, Militär und Architekten. Soldaten wurden Ingenieure und begannen,

---

[7] Nicolo Tartaglia, *La Nova Scientia*. Venedig 1537 (Nachdruck im Selbstverlag: Venedig 1550); ders., *Quesiti et inventioni diverse*. Venedig 1538 (Nachdruck im Selbstverlag: Venedig 1554); vgl. Jähns (wie Anm. 1), 1 (1889), 596 ff.

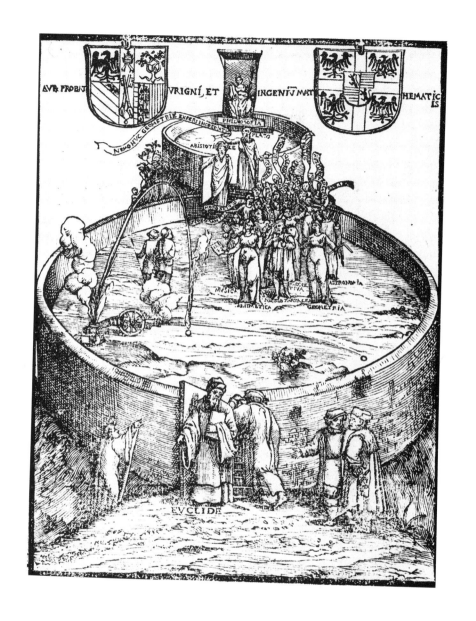

Abb. 2. Nicolo Tartaglia, La Nova Scientia (1550). Frontispiz

Traktate über Festungsbau zu schreiben. Doch bedeutet dies nicht, daß ästhetische Prinzipien, die letztlich von Vitruv abgeleitet waren, aufgegeben wurden.

Einen Sonderfall bietet der erste Festungstraktat im strengen Sinn, Albrecht Dürers 'Etliche underricht, zu befestigung der Stett, Schloß, und flecken' von 1527[8]. Dürers Beschäftigung mit Festungsarchitektur geht kaum in die Zeit seiner italienischen Reisen zurück, sondern wurde wahrscheinlich erst durch die von ihm und seinem Freund Willibald Pirckheimer beobachtete Belagerung der Feste Hohenasperg im Jahre 1519 ausgelöst. Der Anlaß zur Entstehung seines Traktates war offensichtlich das Vordringen der in Ungarn stehenden Türken, auf deren Abwehr sich Dürer ausdrücklich bezieht.

Der Traktat besitzt eine doppelte Ausrichtung. Einerseits entwickelt Dürer verschiedene Alternativen für den Bau von Bastionen bestehender Städte; dies ist der aktuelle Aspekt. Im Kern des Traktats entwirft er eine Stadtutopie, wobei der Charakter der Befestigung nur den Auslöser für die Darstellung einer räumlich organisierten sozialen Struktur bietet. Dürer spricht nicht von einer Stadt, sondern er nennt sie ein „fest schloß", das er als Quadrat an einem Fluß in die Ebene bauen möchte[9] (Abb. 3). Die einzige von Dürer erwähnte Quelle ist Vitruv[10], doch auch dieser Hinweis bleibt vage. Zunächst beschreibt Dürer ein System von Gräben und Wällen, in deren Zentrum der „gefierte Platz" mit dem ebenfalls über einem quadratischen Grundriß errichteten Schloß liegt. Dann folgt eine genaue Aufteilung des übrigen Stadtareals. Benachbarte Handwerke werden einander zugeordnet; Schmiede sollen in der Nähe der Gießhütten wohnen etc. Das Rathaus und die Häuser des Adels befinden sich in der Nähe des königlichen Schlosses. Die gesamte Organisation erscheint hierarchisch und funktional. Dürer bedenkt alle Funktionen der Stadt bis zu den Weinschänken. Er formuliert den Sinn seines Ordnungsprinzips so:

[8] Albrecht Dürer, *Etliche underricht, zu befestigung der Stett, Schloß und flecken*. Nürnberg 1527 (Reprint: Unterschneidheim 1969); lat. Ausg.: Paris 1535. Zu den Vorstudien vgl. H. Rupprich, *Dürers schriftlicher Nachlaß*, Bd. 3. Berlin 1969, 371 ff. Vgl. ferner Jähns (wie Anm. 1), 1 (1889), 783 ff.; W. Waetzoldt, *Dürers Befestigungslehre*. Berlin 1916; A. von Reitzenstein, *Etliche underricht ... Albrecht Dürers Befestigungslehre*, in: *Albrecht Dürers Umwelt*. Festschrift zum 500. Geburtstag Albrecht Dürers am 21. Mai 1971. Nürnberg 1971 (= Nürnberger Forschungen 15), 178–192; ders. im Katalog *Albrecht Dürer 1471–1971*. München 1971, 355 ff.
[9] Dürer (wie Anm. 8), fol. D.
[10] Dürer (wie Anm. 8), fol. D[v].

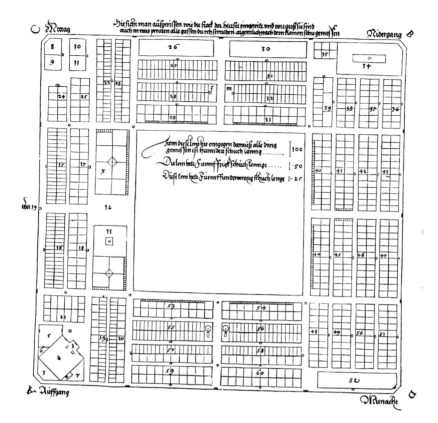

Abb. 3. Albrecht Dürer, Stadtgrundriß (1527)

„Der König sol nicht unnütze leut in disem schloß wonen lassen, sunder geschickte, frumme, weyse, manliche, erfarne, kunstreyche menner, gute handwercksleut die zum schloß düglich sind, püchsengiesser und gute schützen"[11].

Dürer argumentiert mit weitsichtigen, wirtschaftlich und sozial pragmatischen Überlegungen, wenn er den Einsatz arbeitsloser armer Leute im Festungsbau befürwortet, die man ohnehin durch Almosen unterhalten müsse und die man durch Tagelohn am Betteln hindere und deren Lust

---

[11] Dürer (wie Anm. 8), fol. D II^v.

zum Aufruhr man auf diese Weise unterdrücke; Dürer erwähnt zur Stützung seines Arguments die nutzlose Kostenverschwendung beim Bau der ägyptischen Pyramiden[12]. Festungsarchitektur wird so zugleich zum Arbeitsbeschaffungsprogramm.

Formal kann Dürer für seinen quadratischen Stadtentwurf aus der vorangehenden italienischen Architekturtheorie, die den Bau polygonaler oder sternförmiger Anlagen vertrat, kaum Anregungen gewonnen haben. Eine mögliche Quelle wäre für Dürer wie für Machiavelli, Serlio und Palladio die 'Castrametatio' des Polybius. Doch fehlt für Dürer jeder Hinweis in diese Richtung. Vielmehr scheint Serlio in dem sechsten Buch seines Traktats mit seiner Polybius-Rekonstruktion bereits auf Dürer zurückgegriffen zu haben[13]. Es darf daran erinnert werden, daß 1524 in Nürnberg die ersten von Hernando Cortés an Kaiser Karl V. gerichteten Briefe über die Eroberung Mexikos in einer lateinischen Ausgabe veröffentlicht wurden[14], der ein Holzschnitt mit einer Darstellung der aztekischen Hauptstadt Tenochtitlan (Abb. 4) beigegeben ist. Diesen Holzschnitt hat Dürer wahrscheinlich gekannt. Das quadratische Rastersystem der auf einer Insel gelegenen Stadt ist als Quelle für Dürers Entwurf nicht von der Hand zu weisen[15]. Quadratische Stadtentwürfe wie diejenigen Francesco de' Marchis, Cataneos und Ammannatis gehören der zweiten Hälfte des 16. Jahrhunderts an und setzen Dürers Entwurf bereits voraus. Die nach Plänen Heinrich Schickhardts ab 1599 im Schwarzwald errichtete Stadt Freudenstadt[16] geht deutlich auf Dürers Projekt zurück.

Völlig phantastische Züge besitzt das anschließend von Dürer als „feste Clause" vorgestellte Sperrfort in einer Paßenge zwischen Gebirge und Meer. Dürer entwickelt hier aus der reinen Kreisform eine „Zircularbefestigung" von gewaltigem Ausmaß. Die Benutzung der geometrischen Grundform tritt mit der gleichen Selbstverständlichkeit auf wie bei dem Stadtprojekt. Fortifikatorische Gründe für ihre Wahl werden nicht angeführt.

[12] Dürer (wie Anm. 8), fol. A II^v.

[13] Vgl. M. N. Rosenfeld, *Sebastiano Serlio on Domestic Architecture*. New York 1978, 35 ff.

[14] Hernando Cortés, *Praeclara de Nova maris Oceani Hyspania Narratio*. Nürnberg 1524; vgl. E. W. Palm, *Tenochtitlan y la Ciudad ideal de Dürer*. Journal de la Société des Americanistes, n. s. 40 (1951), 59–66.

[15] Vgl. P. Zucker, *Town and Square* (1959). Cambridge, Mass. und London 1970, 120 ff.; H. Bauer, *Kunst und Utopie*. Berlin 1965, 100; ablehnend von Reitzenstein (wie Anm. 8), 186.

[16] Über die Planung von Freudenstadt vgl. den Bericht von Schickhardt selbst: W. Heyd, *Handschriften und Handzeichnungen des herzoglich württembergischen Baumeisters Heinrich Schickhardt*. Stuttgart 1902, 346 f.; ferner J. Baum, *Heinrich Schickhardt*. Straßburg 1916, 17 ff.; der Zusammenhang mit Dürer blieb von Baum unbemerkt.

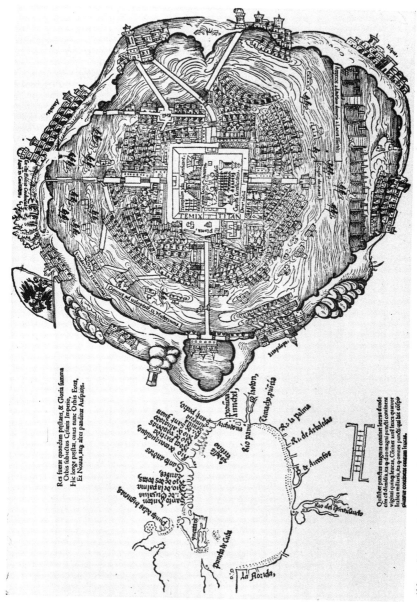

Abb. 4. Hernando Cortés, Praeclara de Nova maris Oceani Hyspania Narratio (1524). Darstellung von Tenochtitlan

Dürers Befestigungslehre ist eine Verbindung realer fortifikatorischer Überlegungen mit einem utopischen Idealstadtdenken unter Rekurs auf vollkommene geometrische Grundformen. Diese Kombination tritt in Traktaten zum Festungsbau immer wieder auf.

Die wichtigsten theoretischen Beiträge zum Festungsbau kamen im 16. Jahrhundert aus Italien. Es hätte wenig Sinn, hier eine Übersicht über die zahlreichen Veröffentlichungen auf diesem Gebiet anzustreben, vielmehr muß der Hinweis auf einige markante Punkte in dieser Diskussion genügen. Die hohe Einschätzung von Stadtplanung und Festungsbau im übergreifenden Kontext der allgemeinen Architekturtheorie wird in dem Traktat des sienesischen Architekten Pietro Cataneo von 1554 deutlich[17], in dem erstmalig die Stadtplanung als zentrale Aufgabe der Architektur bezeichnet wird: „La più bella parte dell'Architettura certamente serà quella, che tratta delle città"[18]. Fortifikatorische Überlegungen haben den Vorrang vor den eigentlich stadtplanerischen, sie sind für Cataneo identisch. Er entwickelt regelmäßige quadratische und polygonale (Abb. 5) Anlagen und befürwortet für die Wohnbebauung im Innern ein Schachbrettsystem; an einem zentralen Platz sollen der Dom und die wichtigsten öffentlichen Gebäude liegen. Die Stadt ist für ihn ein Körper mit Gliedern, die man sich wohlproportioniert wünscht. Cataneo greift hier auf die Vorstellungen seines Landsmannes Francesco di Giorgio zurück. Er unterbreitet spezielle Grundrisse für Hafenstädte, unter denen einer[19] eine Vorstufe für Francesco Laparellis Plan für La Valletta (1565/66) bildet[20].

Das gewichtigste Werk zum Festungsbau des 16. Jahrhunderts ist Francesco de' Marchis 'Architettura militare', an der der Verfasser von den 1540er Jahren bis in die 1560er Jahre in Italien und in Brüssel arbeitete, die jedoch erst 1599 posthum erschien[21]. Ähnlich wie Cataneo schwankt de Marchi zwischen Städtebau und Festungsbau, deren Planung er sich als Teamarbeit vorstellt: der Architekt soll die Pläne zeichnen und die Bauführung übernehmen, ein Soldat soll die Lage und die Form festlegen, ein

---

[17] Pietro Cataneo, *I quattro primi libri di architettura*. Venedig 1554 (Reprint: Ridgewood, N. J. 1964); erweiterte Ausg. in acht Büchern unter dem Titel *L'architettura*, Venedig 1567.

[18] Cataneo (1554; wie Anm. 17), Widmung.

[19] Cataneo (1554; wie Anm. 17), fol. 17.

[20] Zur Planung von Valletta vgl. vor allem die entsprechenden Beiträge in: *Atti del XV Congresso di Storia dell'Architettura. L'architettura a Malta dalla preistoria all'Ottocento* (1967). Rom 1970; vgl. ferner H.-W. Kruft, *Reflexe auf die Türkenbelagerung Maltas (1565) in der Festungsliteratur des 16. Jahrhunderts.* Architectura 12 (1982), 34–40.

[21] Francesco de Marchi, *Della Architettura militare libri tre.* Brescia 1599.

Abb. 5. Pietro Cataneo, I quattro primi libri di architettura (1554). Hexago-
nale Stadtanlage

Arzt wegen der klimatischen Verhältnisse und der Nahrungsqualität kon-
sultiert werden, ein Landwirtschaftler wegen der Nahrungsbeschaffung,
ein Mineraloge wegen Rohstoffvorkommen, ein Astrologe wegen des
Termins für den Baubeginn etc.

Die eigentliche Planung geht aus der Zusammenarbeit von Architekt
und Berufssoldat hervor. De Marchi bringt jedoch an entscheidender
Stelle ästhetische Kategorien ins Spiel, wenn er sich für geographische
Situationen ausspricht, in denen sich „l'arte" in der Planung ausdrücken
könne und bei der sich die Planung nicht dem Gelände zu unterwerfen
habe. De Marchi möchte funktionale und ästhetische Gesichtspunkte zur
Deckung gebracht sehen: „Però li valenti, & ingeniosi Soldati, & Archi-

173

tetti, potranno in simil sito far cose inespugnabili, & belle per la comodità del sito, che ubidirà all'arte, posta in essecutione da valent'huomo ingenioso"[22]. Er respektiert asymmetrische Befestigungen, meint jedoch, sie sollten „eguali ò al più che fusse possibile" sein[23]. Geometrische Regelmäßigkeit bleibt das eindeutige Ziel jeder Planung. Diese Haltung drückt sich auch in den meisten seiner eigenen Entwürfe aus.

De Marchi stellt neben die Vorstellung des im Sinne Vitruvs umfassend gebildeten Architekten den „uomo senza lettere", der durch Erfahrung und Liebe zur Sache das Recht erwerbe, als Planer zu arbeiten und sogar über Architektur zu schreiben, womit er sich selbst legitimieren möchte. Hier wird das Berufsbild des aus der Praxis kommenden Ingenieurs begründet, der den Architekten aus bestimmten Bereichen seiner Tätigkeit verdrängt. Die Tatsache, daß dieser Anspruch auf die theoretische Ebene getragen wird, eröffnet die Möglichkeit einer prinzipiellen Trennung von Zivil- und Militärarchitektur.

In seinen 161 Entwürfen von Festungen und Städten in fiktiven und realen geographischen Situationen zeigt de Marchi eine Vorliebe für regelmäßige geometrische Anlagen mit radialem oder gerastertem Straßensystem (Abb. 6). Seine langjährige Tätigkeit in den Niederlanden führt zu einer eigenartigen Verbindung nordischer und mediterraner Architekturformen. Nordische Gotik und italienische Renaissance treten nahezu historistisch nebeneinander auf.

Einen interessanten Versuch, das Ingenieurmäßige des Festungsbaus in einen humanistischen Rahmen einzubetten, stellt der 1564 veröffentlichte Traktat 'Della Fortificatione della Città' von Girolamo Maggi und Jacomo Fusto Castriotto dar[24]. Der Kern des Traktates stammt von dem in Italien und Frankreich tätigen Festungsingenieur Castriotto, während der humanistisch gebildete Jurist Maggi Einführungen und Kommentare beifügte, die dem soldatisch-trockenen Text zu einem Anspruch von Bildung verhelfen[25]. Castriotto intendierte offensichtlich einen praxisbezogenen Traktat über Festungsbau, wobei der Bau von Belagerungsforts eingeschlossen ist. Maggi stellt einen mit Zitaten und historischen Exkursen durchsetzten Vorspann voran, in dem er sich über die Faktoren menschlichen Zusammenlebens verbreitet (Familie, Haus, Nachbarschaft, Stadt), wobei er der

---

[22] De Marchi (wie Anm. 21), fol. 6[v].
[23] De Marchi (wie Anm. 21), fol. 6[v].
[24] Girolamo Maggi und Jacomo Castriotto, *Della Fortificatione della Città ... libri tre.* Venedig 1564.
[25] Vgl. de la Croix (1960; wie Anm. 1), 278 f.

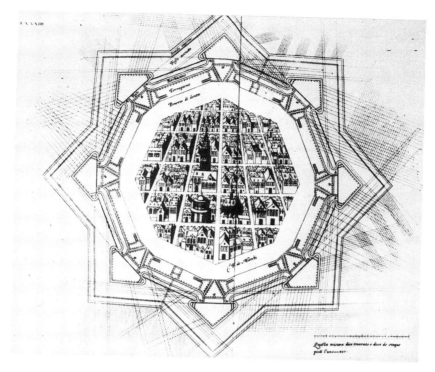

Abb. 6. Francesco de Marchi, Della Architettura militare libri tre (1599). Polygonale Stadtbefestigung

sozialen Struktur den Vorrang vor fortifikatorischen Argumenten einräumt. Maggi wendet sich gegen den Entwurf von Städten über quadratischen oder dreieckigen Grundrissen, die er als „le più imperfette" bezeichnet[26], und polemisiert wiederholt gegen Dürer[27], dessen Werk ihm offensichtlich vorlag. Castriotto befürwortet die Kreisform oder regelmäßige Polygone für Festungen und Städte[28] und kurvierte Mauern, da sie widerstandsfähiger seien. So gelangt er zu einem kreisförmigen, radial gegliederten Stadtentwurf mit oktogonaler Befestigung (Abb. 7)[29].

[26] Maggi/Castriotto (wie Anm. 24), fol. 7ᵛ.
[27] Maggi/Castriotto (wie Anm. 24), fol. 22ᵛ, 73 f.
[28] Maggi/Castriotto (wie Anm. 24), fol. 18 ff.
[29] Maggi/Castriotto (wie Anm. 24), fol. 51ᵛ ff.

Della Fortif. delle Città

che così grande spatio di terreno fusse stato chiuso dentro alle mura per custodir-
ui e nutrirui bestiami, ò uero per seminarui quando il luogo fusse assediato, tenen
do e cittadini la rocca picciola fortificata dalla natura.

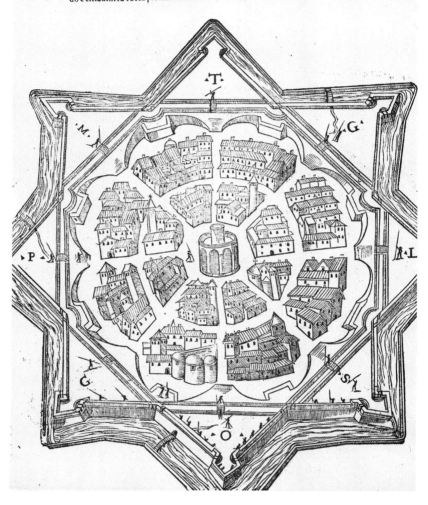

Abb. 7. Girolamo Maggi und Jacomo Castriotto, Della Fortificatione della
Citta (1564). Oktogonale Stadtanlage

176

Interessanterweise ist aber die skizzierte Bebauung der einzelnen Häuserblöcke völlig verschieden.

Die Kreisform als Planungsvoraussetzung beherrscht die Diskussion am Ende des Cinquecento vollständig. Die Stadteinteilung erfolgt radial[30]. So veröffentlichte Bonaiuto Lorini einen Radialplan mit neun Bastionen und einer inneren Verteilung der Plätze (Abb. 8)[31], wie er tatsächlich von ihm und Giulio Savorgnano ab 1593 in Palmanova realisiert wurde[32]. Früher wurde der Entwurf für Palmanova Vincenzo Scamozzi zugeschrieben. Dieser scheint tatsächlich einen Entwurf vorgelegt zu haben. Im Index seiner 'L'idea della architettura universale' (1615) findet man unter dem Stichwort „Palma Città nova" den Seitenhinweis auf die Beschreibung seiner Idealstadt[33]. Ohne daß im Text Palmanova erwähnt wird, darf man m. E. in seinem bekannten Idealstadtentwurf tatsächlich ein Projekt für Palmanova erblicken. Scamozzi hatte sich mit seinem Schachbrettsystem, das deutlich an Pietro Cataneo anknüpft, gegen die reinen Festungsarchitekten, die einem Radialsystem den Vorzug gaben, nicht durchsetzen können.

Die Bevorzugung des radialen Systems im Stadtinnern hatte ästhetische, aber auch fortifikatorische Gründe. Es gewährte eine nahezu totale, auf einen Punkt bezogene Übersicht über das Stadtganze. Palmanova war primär eine Garnisonstadt, die von Venedig gegen die türkische Aggression errichtet wurde. Daher sind fortifikatorische Erwägungen auch in der Anlage des Stadtinnern dominant.

In welche Richtung solche Überlegungen gingen, zeigt im deutschsprachigen Bereich der nach Dürer erste bedeutende Beitrag zur Theorie des Festungsbaus, Daniel Speckles 1589 erschienene 'Architectura von Vestungen'[34]. Er beschreibt eine idealtypische Stadtanlage mit acht Bastionen

---

[30] Vgl. vor allem de la Croix (1960; wie Anm. 1), 275 ff.

[31] Bonaiuto Lorini, *Delle fortificationi libri cinque.* Venedig 1592; so das Datum der Erstausgabe nach Jähns (wie Anm. 1), 1 (1889), 845. De la Croix gibt wechselnd 1596 und 1597 für die Erstausgabe Lorinis an. Die hier benutzte Ausgabe: Bonaiuto Lorini, *Le fortificationi ... nuovamente ristampate ... con l'aggiunta del sesto libro.* Venedig 1609, 52 ff.

[32] Über Palmanova vgl. vor allem H. de la Croix, *Palmanova: A Study in Sixteenth Century Urbanism,* in: *Saggi e memorie di storia dell'arte 5.* Florenz 1967, 25–41; P. Damiani u.a., *Palmanova,* 3 Bde. Istituto Italiano dei Castelli, Sez. Friuli Venezia Giulia, 1982; Ausstellung der Biennale Venedig 1984 'Piazze di Palmanova' (III Mostra Internazionale di Architettura), Venedig 1984.

[33] Vincenzo Scamozzi, *L'idea della architettura universale.* Venedig 1615 (Reprints: Ridgewood, N. J. 1964; Bologna 1982), Teil 1, Buch 2, 164 ff.

[34] Daniel Speckle, *Architectura von Vestungen, wie die zu unsern zeiten mögen erbawen werden ....* Straßburg 1589 (Reprints: Unterschneidheim 1971; Portland, Or. 1972); eine von sei-

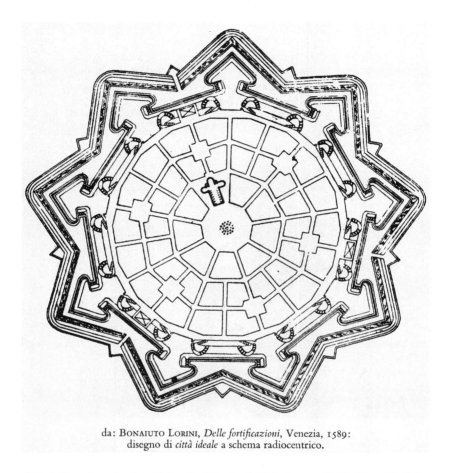

da: Bonaiuto Lorini, *Delle fortificazioni*, Venezia, 1589:
disegno di *città ideale* a schema radiocentrico.

Abb. 8. Bonaiuto Lorini, Delle fortificationi libri cinque (1589). Plan für Palmanova

(Abb. 9), die an dem zentralen Platz Kirche, königlichen Palast, Rathaus und Waage/Kaufhaus/Herberge konzentriert. Speckles Entwurf entspricht weitgehend demjenigen Lorinis und der in Palmanova realisierten Planung. Das Militär ist in die Nähe der Bastionen verlegt. Fortifikatorische Argumente bestimmen seine Planung bis ins Detail. So schreibt er über Privathäuser:

178

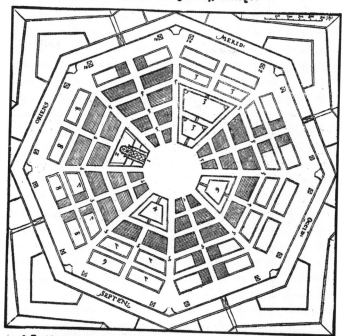

deſſen/ich ordnung fürzuſchreiben nit belade auch hie her nit gehört. Jedoch muß das Kirchenregiment alſo angeſtellt/vnd in ſolcher ſchärffe ſein/das alle Laſter/Mord/Todtſchlag/Ehebruch/Hurerei/Gottsläſterung/Vollſauffen/vnd Diebſtall/ dardurch Gott höchlich erzürnt wirdt/mit dem Bann/neben der Weltlichen Oberkeit auch in der Kirchen geſtrafft/ der Sünder auch noch warer Rew vnd Buß/ von der Kirchen widerumb zu gnaden auffgenommen werde/ ſonſt wirdt vnder dem Kriegsvolck / in beſatzungen ein Viehiſch leben entſtehen wo die Kirch nicht ſo wol/als die Oberkeit/ihr ſtraff vnd bann handhabt wirde.

Den 2. puncten.

Was aber das Politiſch oder Weltlich Regiment belangt dardurch auch der Baw gegen dem Feind erhalten muß werden/allen verrähtereien vnd anderm vorzukommen/ſo muß ein Fürſt oder Potentat ein Statthalter allda haben/auff das auch wann ein Potentat dohin kompt er ein wonung habe/muß deß Fürſte Hauß oder Hoff am Platz gegen der Kirche vber mit Nº.3.bezeichnet/liegen/damit das geſicht gegen mitnacht vnd Morgen/dem Platz vnd Kirchen gelegt ſei vnd daſſelb quartir gantz bleibe.

Nº.4.ſoll das Rahthauß ſein/damit es von allen groben Handwercken gelegt werde/auff das es allem boßlen klopffen ſchlagen vnd faren entlegen ſeie/ auch ſein Geſicht gegen dem Platz vnd Marckt habe/in den andern Heuſſern ſo auff dem Marck ſtehen/mögen die obern vom rahte/auch
vom

Abb. 9. Daniel Speckle, Architectura von Vestungen (1589). Ideal-Stadtanlage

„Woh müglichen sollen alle Häuser von puren Steinen und zum wenigsten die undern Gemach und Zimmer, auch die Keller alle Gewölbe, und alle Häuser inn gleicher schnur ebne, auch hohe und alle Dächer von Ziglen und nicht mit Holtz bedeckt. Die undern Fenster alle vergettert, mit starcken thüren versehen und alle Gassen gepflästert sein auff das, da ein Feind ein solche Vestung schon einneme, man sich auß allen Häusern mit schiessen und werffen wehren könne"[35].

Festungsbau und Stadtplanung wurden am Ende des 16. Jahrhunderts in der theoretischen Literatur häufig zu formalistischen Planspielen. Besonders typisch sind Jacques Perrets 1601 veröffentlichte 'Fortifications et artifices d'architecture et perspective'[36]. Perret stellt zunächst einige Festungsentwürfe mit vier, fünf und sechs Bastionen vor, die er jeweils im Grundriß und in der Vogelschau darstellt. Die innere Einteilung leitet er aus der Anzahl der Bastionen ab. Ein sechzehneckiger Stadtentwurf mit einer einbezogenen Zitadelle bietet Perret den Anlaß, einen Stadtentwurf als „quadrature parfaite" zu entwickeln (Abb. 10). Um einen quadratischen zentralen Platz, auf dem lediglich ein Brunnen steht, legt Perret schachbrettartige Häuserblöcke; die kommunalen Bauten befinden sich am Rande, in der Nähe der Befestigung; Kirchen fehlen. Im Zentrum der Zitadelle steht ein mehrgeschossiger „grand pavillon" für den Kommandanten, der diesem den Überblick über die gesamte Befestigung gestattet.

Perrets Denken in geometrischen Mustern und Rastern drückt sich noch stärker in einer dreiundzwanzigseitigen Befestigung mit Zitadelle aus, in die er eine radial angelegte Stadt aus acht großen Segmenten legt. Das fast textile Muster der Stadt (Abb. 11) interessiert ihn weit mehr als ihre praktischen Funktionen. Im Zentrum des oktogonalen Hauptplatzes steht die rechteckige Anlage eines „grand pavillon Royal", die merkwürdige Utopie eines vielgeschossigen Hochhauses, das nach seiner Angabe 500 Personen beherbergen könne (Abb. 12). Der Gedanke dieses stadtbeherrschenden Hochhauses muß Perret sehr fasziniert haben. Am Ende des Traktats schildert und illustriert er den zwischen Gärten und Pavillons gelegenen Bau ausführlich. Der Sinn des insgesamt zwölfgeschossigen

nem Schwager, dem Verleger Lazarus Zetzner, um hinterlassenes Material und eine gereimte Lebensbeschreibung erweiterte Neuausgabe erschien in Straßburg 1599 (Nachdrucke: Straßburg 1608, Dresden 1705, 1712, 1736).

35 Speckle (1608; wie Anm. 34), fol. 59.

36 Jacques Perret, *Des fortifications et artifices d'architecture et perspective*. Paris 1601 (Reprint: Unterschneidheim 1971); deutsche Ausgaben: Frankfurt 1602, Oppenheim 1613, Frankfurt 1621.

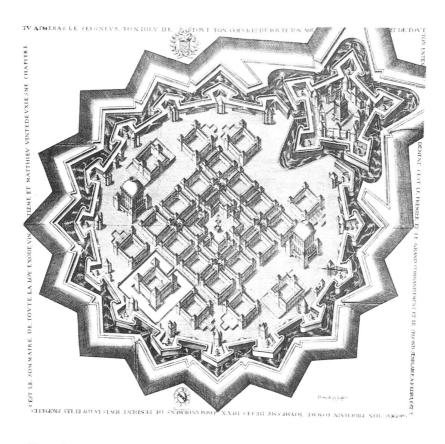

Abb. 10. Jacques Perret, Des fortifications et artifices d'architecture (1601). Stadtentwurf

Gebäudes bleibt vage. Zwar spricht er von einer zentralen Küche und Gemeinschaftsräumen, doch über die soziale Struktur der Gesamtheit der angeblich 500 Bewohner verliert er kein Wort. Der Grundriß mit seinem Mangel an tragenden Innenwänden zeigt deutlich, daß sein Projekt konstruktiv völlig undurchdacht ist. Ihn interessieren mehr die Aussicht und die Feuerwerke, die man von der Dachterrasse abbrennen kann.

Perrets Entwürfe und ihre Darstellungen besitzen einen spielerischen Reiz, eigentliche Festungsentwürfe oder Idealstadtutopien sind sie nicht.

181

Abb. 11. Jacques Perret, Des fortifications et artifices d'architecture (1601). Stadtentwurf

Abb. 12. Jacques Perret, Des fortifications et artifices d'architecture (1601). „Grand pavillon Royal"

Die gegebenen Hinweise sollten andeuten, daß in der Stadt- und Festungsbautheorie der Renaissance eine merkwürdige Verklammerung formaler ästhetischer Prämissen, die sich letzten Endes auf Vitruv beriefen, und des technologischen Fortschritts nach dem jeweiligen Stand der Belagerungstechnik gegeben ist. Die Formfrage ist von größter Wichtigkeit, was durch die Stadtbeschreibungen in den Idealstaatutopien von Thomas Morus (1516) am Beginn und von Tommaso Campanella am Ende des 16. Jahrhunderts (1602) bestätigt wird[37]. Morus beschreibt eine fast quadratische Stadtanlage, Campanella eine kreisrunde, auf einem Hügel gelegene Stadt mit sieben konzentrischen Mauerringen, die er symbolisch interpretiert und zum Träger eines enzyklopädischen Bildprogramms macht.

Die humanistische Haltung der Festungsbautheorie des 16. Jahrhunderts liegt darin, daß der funktionale und technologische Aspekt niemals von der Gesellschaft, der sie dienen soll, völlig abgelöst wird.

[37] Thomas Morus, *De Optimo Rei publicae Statu, deque nova Insula Utopia . . .* (1515). Löwen 1516. Tommaso Campanella, *La Città del Sole* (1602), in: Luigi Firpo (Hg.), *Scritti scelti di Giordano Bruno e Tommaso Campanella.* Turin ²1968, 405–464. Beide Texte in deutscher Übersetzung in: K. J. Heinisch (Hg.), *Der utopische Staat.* Reinbek 1960.

Humanismus und Militarismus.
Antike-Rezeption und Kriegshandwerk in der oranischen Heeresreform

von Wolfgang Reinhard

Wie kann man „Humanismus" und „Militarismus" provokatorisch zu einem Titel verkoppeln, wenn im Humanismus zu Recht die Wurzeln des modernen Pazifismus zu suchen sind? Die bunte, aber für uns fremdartige Welt des Renaissance-Krieges kann nicht gemeint sein, denn sie ist ja gerade nicht diejenige des neuzeitlichen Militärstaates, die im preußisch-deutschen Militarismus kulminieren wird. Doch dank Berliner Historikern wissen wir heute, daß eine der Wurzeln dieses modernen Militarismus eine höchst bemerkenswerte Art von Antike-Rezeption durch gelehrte niederländische Militärs gewesen ist. Mitten in der Bedrängnis des „eisernen Zeitalters" nahmen sie gegen Ende des 16. Jahrhunderts ihre Zuflucht zu den Lehren der Antike, um Wege zu finden, wie man mit den überlegenen spanischen Kräften fertig werden könnte. Dabei kam etwas zustande, was mit einigem Recht die erste moderne Armee genannt wird, das Vorbild für das kriegerische Europa des 17. Jahrhunderts, und nicht zuletzt für Brandenburg-Preußen.

In den achtziger Jahren des 16. Jahrhunderts schien den aufständischen Niederländern der endgültige Untergang zu drohen. Der neue Generalstatthalter des spanischen Königs, Alessandro Farnese von Parma (1578–92), unbestritten der erste Feldherr seiner Zeit, hatte den Süden des Landes 1579–85 politisch wie militärisch zurückgewonnen. 1583–85 konnte Philipp II. seine gewaltigen finanziellen Mittel vollständig auf den niederländischen Feldzug konzentrieren. Und die Versorgungsschwierigkeiten der spanischen Armee 1587–89, ihr Einsatz gegen England 1588 und ihr Eingreifen in Frankreich seit 1589 nahmen ihr aus der Sicht zeitgenössischer Nordniederländer nichts von ihrer Bedrohlichkeit. Zwar scheiterte Parma 1589 vor Bergen-op-Zoom, aber im selben Jahr fiel weiter nördlich Geertruidenburg an der Maasmündung durch Verrat in seine

Hand. Und von Groningen aus konnte er Holland und Friesland auch unmittelbar im Norden bedrohen[1].

Dazu kam die kritische Lage im Inneren der aufständischen Provinzen. Die französische Hilfe hatte 1580-84 mehr Zwietracht als Nutzen gestiftet. 1584 wurde Wilhelm von Oranien, der Führer des Aufstandes, ermordet. Die daraufhin erbetene und 1585 gewährte englische Unterstützung erwies sich ebenfalls als wenig wirksam, zumal Elisabeths Vertrauter Leicester Konflikte hervorrief und 1587 das Land verlassen mußte. Aber die einheimischen Befehlshaber waren sich ebenfalls nicht einig.

Doch als 1589 zwei von ihnen starben, konnte Wilhelms Sohn Moritz von Oranien (1567–1625) bis 1591 Statthalterschaft und Oberbefehl in den Provinzen Holland, Seeland, Overijssel, Utrecht und Gelderland in seiner Hand vereinigen, während sein Vetter Wilhelm Ludwig von Nassau (1560–1620) diese Stellung im besonders bedrohten Friesland bekleidete. Bereits 1590 begann die Gegenoffensive mit der Einnahme von Breda, bis 1594 folgten weitere Festungen, darunter Deventer, Geertruidenburg, Nijmwegen und Groningen, so daß die Republik allmählich einen Sicherheitskordon um ihre Kerngebiete legen konnte, der nicht mehr durchbrochen wurde[2].

Parallel zu diesen Operationen lief die militärische Reform, in der sich die beiden Vettern durch ihre Erfolge bestätigt fühlen konnten. Da der Krieg vor allem ein Infanterieduell war[3], kam es darauf an, dem als unbesiegbar geltenden spanischen Fußvolk – das allerdings in der niederländischen Armee Philipps ungeachtet seiner ausschlaggebenden Bedeutung zahlenmäßig stets in der Minderheit blieb[4] – in Taktik und Kampfmoral gewachsen zu sein. Weil es sich auch bei den Niederländern wie überall um eine Söldnertruppe aus aller Herren Länder handelte, der im Gegensatz zur spanischen Armee sogar ein nationaler Kern gefehlt zu haben scheint[5], war die elementare Voraussetzung für alles weitere die regel-

---

[1] L. van der Essen, *Alexandre Farnese, prince de Parme, gouverneur général des Pays-Bas (1545–1592)*, Bd. 5 (1585–1592). Brüssel 1937, 1–271; G. Parker, *The Army of Flanders and the Spanish Road, 1567–1659. The Logistics of Spanish Victory and Defeat in the Low Countries' War.* Cambridge 1972, 240–245; B. H. Nickle, *The Military Reforms of Prince Maurice of Orange.* Ph. D. Univ. of Delaware Ms. 1975, 10–13.

[2] Grundlegend L. Mulder (Hg.), *Journaal van Anthonis Duyck, advocaatfiskaal van den Raad van Stade (1591–1602),* 3 Bde. 's-Gravenhage/Arnhem 1862–1866; Parker (wie Anm. 1), 246; Nickle (wie Anm. 1), 12–22; W. Hahlweg, *Die Heeresreform der Oranier und die Antike.* Berlin 1941, 13, 21; vgl. *Algemene geschiedenis der Nederlanden,* Bd. 6. Haarlem 1979.

[3] Parker (wie Anm. 1), 11.

[4] Parker (wie Anm. 1), 28.

[5] Hahlweg (wie Anm. 2), 20.

Abb. 1. Moritz von Oranien. Stich von H. Hondius 1598 (Rijksprentenkabinet Amsterdam, nach J. de Gheyn, Wapenhandelinghe, hg. v. J. B. Kist, 5)

mäßige Soldzahlung. Nach ausgedehnten Meutereien im Jahre 1588 reduzierten die Generalstaaten die Truppenzahl und reorganisierten die Kriegsfinanzen so erfolgreich, daß künftig die niederländischen Soldaten

Abb. 2. Wilhelm Ludwig von Nassau. Unbekannter Stecher (Rijksprentenkabinet Amsterdam, nach J. de Gheyn, Wapenhandelinghe, hg. v. J. B. Kist, 4)

regelmäßig Geld erhielten[6], während bei den Spaniern die Meuterei wegen ausbleibendem Sold nicht nur Tradition, sondern geradezu eine an modernen Streik gemahnende Institution blieb[7]. Nur einer zufriedenen Truppe konnte der Drill zugemutet werden, der für die taktischen Innovationen der Oranier erforderlich war.

Die spanische Armee war in Kompanien von 120 bis 150 Mann und Regimenter von 1200 bis 1500 Mann gegliedert. Taktische Einheit war der „Tercio" in Gestalt eines quadratischen Gewalthaufens von Spießträgern, dem an den Seiten oder den Ecken die Arkebusiere, die Büchsenschützen, beigegeben waren. Dieses Gebilde war schwer zu schlagen und nach allen Seiten gleichmäßig gedeckt, wegen seiner Schwerfälligkeit aber primär von defensivem Charakter. Außerdem konnte die unter Umständen beträchtliche Feuerkraft in dieser Aufstellung nicht voll ausgenutzt werden. Sie hatte aber den Vorteil, daß ungeübte Spießträger leicht zu integrieren waren. Es gab ja keine eigentliche Ausbildung, sowenig wie eine Uniform, doch hatten die Spanier seit ca. 1530 ein recht wirkungsvolles System zum Einfügen von Neuzugängen entwickelt: diese kamen zunächst in oberitalienische Garnisonen, die sog. „presidios", wo sie „sozialisiert" wurden, dann erst zum Feldheer, während Neulinge ihre Stelle in den Garnisonen einnahmen. In Verbindung mit der informellen Organisation der spanischen Truppe in „Kameradschaften" und der großen Kontinuität der Kriegserfahrung, da Spanien nie abrüstete, brachte dieses System die bis dahin besten Soldaten Europas hervor, obwohl sich die spanische Armee sonst nicht von den übrigen Heeren unterschied; vor allem war sie eine Söldnertruppe wie diese auch[8].

Dem suchten die Oranier kleinere und beweglichere Truppenkörper von Soldaten gegenüberzustellen, die durch eine vergleichsweise gründliche Ausbildung zu einer besseren Ausnutzung ihrer Zahl und Feuerkraft befähigt waren. Das Rezept dazu lautete „disciplina"; sie hatten es der antiken Literatur entnommen.

Moritz von Oranien und die nassauischen Brüder Wilhelm Ludwig und Johann waren hochgebildet und vielseitig interessiert; der überkommene Katalog der Bibliothek des Moritz legt davon Zeugnis ab. Die antiken Militärschriftsteller nehmen einen eindrucksvollen Platz darin ein[9].

6 Nickle (wie Anm. 1), 71–94, 296–316.
7 Parker (wie Anm. 1), 185–206.
8 Ebd., 33; ders., *The „Military Revolution" 1560–1660, a Myth?* Journal of Modern History 48 (1976), 195–214, hier 198; Nickle (wie Anm. 1), 50–69.
9 Hahlweg (wie Anm. 2), 15.

IVSTVS LIPSIVS natus est Iscano in municipio,
III. milliari à Bruxella, CIↃ.IↃ.XLVII. XV. Kal. Nouemb.
Obijt Louany CIↃ.IↃCVI. X. Kal. Aprilis.

IVSTVS LIPSIVS.

IVSTE, *decus patriæ, Latij sermonis ocelle,*
Vt Sophiâ præstas, sic Pietate nites.
MORIBVS ANTIQVIS *res vt Romana, virisque,*
Sic veteris per te stat decus imperij.

Abb. 3. Justus Lipsius. Stich von P. Galle (Rijksprentenkabinet Amsterdam, nach J. de Gheyn, Wapenhandelinghe, hg. v. J. B. Kist, 11)

Während seines Studiums in Leiden 1583–84 dürfte Moritz bei dem großen Philologen Justus Lipsius (1547–1606) unter anderem auch gelernt
haben, wie sich Probleme der Gegenwart nach den Lehren der Alten
bewältigen ließen. Moritz wie Wilhelm Ludwig sind ja Verehrer des
Lipsius geblieben[10]. Wir wissen heute, daß das Bild des überwiegend phi-
lologisch interessierten, auf Distanz zur Welt lebenden Gelehrten, das
Lipsius in seiner Autobiographie von sich entworfen hat, eine Verzeich-
nung der Wirklichkeit darstellt, die ihm nach seiner Rückkehr zum
Katholizismus und nach Löwen zweckmäßig zu sein schien. An der
Universität Leiden jedenfalls hat Lipsius 1579–91 nicht nur als Philologe,
sondern auch als Lehrer neustoischer Lebensweisheit gewirkt, die Politik
eingeschlossen. Sein ungeheuer einflußreiches Werk 'Politicorum sive
Civilis Doctrinae Libri Sex' von 1589 ist ein Beweis dafür[11].

Auf die stoische Weisheitslehre 'De Constantia' von 1584 folgt damit
eine politische Klugheitslehre: die „prudentia" steht im Mittelpunkt
dieses Werkes. Das fünfte Buch handelt von der „militaris prudentia" im
„bellum externum", die der Fürst benötigt[12]. Dabei können „Historici
magistri ad militiam" sein, schließlich hat auch Alexander der Große von
Homer gelernt. Demgemäß besteht das Werk aus unzähligen Klassiker-
zitaten, die Lipsius im Sinne seiner ramistisch geprägten Argumentation
ordnet und durch verbindende Texte zu einem Ganzen integriert. Den
Anfang bilden Erörterungen über den gerechten Krieg, den Schluß Ratschläge zum Verhalten nach der Schlacht und Mahnungen zum Frieden.
Dazwischen steht ein umfangreicher Hauptteil, der sich mit dem befaßt,
was zum Kriegführen benötigt wird, nämlich „apparatus, viri, consilia".
Der „apparatus" besteht aus Geld, Verpflegung und Waffen, die „consilia"
sind es, die „apparatus" und „viri" erst wirksam machen. Neun von zwanzig Kapiteln[13] aber werden den „viri", den Feldherrn und den Soldaten,

---

[10] G. Oestreich, *Der römische Stoizismus und die oranische Heeresreform,* in: ders., *Geist und
Gestalt des frühmodernen Staates.* Berlin 1969, 11–34, hier 16; W. Hahlweg, *Griechisches,
römisches und byzantinisches Erbe in den hinterlassenen Schriften des Markgrafen Georg Friedrich von Baden.* Zeitschrift für Geschichte des Oberrheins 98 (1950), 38–115, hier 58–62;
vgl. G. Delprat (Hg.), *Lettres inédites de Juste Lipse concernant ses relations avec les hommes
d'Etat des provinces unies des Pays-Bas, principalement pendant les années 1580–1597.* Amsterdam 1858, 42, 60.

[11] J. L. Saunders, *Justus Lipsius. The Philosophy of Renaissance Stoicism.* New York 1955, 18–45;
G. Oestreich, *Justus Lipsius als Theoretiker des neuzeitlichen Machtstaates,* in: ders., *Geist und
Gestalt* (wie Anm. 10), 35–79; ders., *Justus Lipsius in sua re,* ebd., 80–100.

[12] Iusti Lipsi *Politicorum sive Civilis Doctrinae Libri Sex. Qui ad Principatum maxime spectant.*
Antwerpen 1623, in: ders., *Opera,* Bd. 8, 143–203.

[13] Ebd., Liber 5, 7–15.

gewidmet. Sind Reiterei oder Fußvolk wichtiger? Nach Polybius, dem „peritus hercules in omni re bellica et civili scriptor", ist es die Reiterei, weil ihr Angriff in der Schlacht zur Entscheidung führt. Aber Lipsius ist Realist und weiß, daß seit dem Spätmittelalter längst die Infanterie den Ausschlag gibt. Also findet er Stellen bei Tacitus und Aristoteles, die belegen, daß Fußvolk zwar langsamer, aber um so sicherer den Sieg bringt, freilich nur „si idoneus illi ordo et arma: quod fit per disciplinam"[14]. Denn im Gegensatz zu „militia nostra coruptissima", die ausführlich geschildert wird, müssen durch richtige Auswahl und Disziplinierung gute Soldaten herangezogen werden[15].

Im 13. Kapitel behandelt Lipsius die Disziplin, „severam conformationem militis ad robur et virtutem"[16]. Sie besteht aus vier Bestandteilen, „exercitium, ordo, coerctio, exempla". „In omni proelio, non tam multitudo et virtus indocta, quam ars et exercitium solent praestare victoriam", heißt es in der 'Epitoma rei militaris' des Flavius Vegetius Renatus, des wichtigsten Gewährsmannes des Lipsius für die Waffen-, Marsch- und Schanzübungen. Darum müssen die Truppen reichlich üben, nicht nur an den Waffen, sondern auch „ambulare celeriter et aequaliter" im Marschtritt und den geordneten Aufzug zur Schlacht. Nach Xenophon empfiehlt Lipsius Prämien. Dort findet sich auch der Satz: „Est vero nihil tam utile aut decorum hominibus, quam ordo". Der Vorzug einer klaren Gliederung in Legionen, Kohorten, Centurien und Decurien sowie der entsprechenden Befehlshierarchie der Offiziere besteht in einer leicht zu lenkenden Schlachtordnung[17]. Die „coercito" dient der Bewahrung von „robur" und „ordo" durch „continentia ... in cibo et venere", durch „modestia ... in verbis, vestibus, factis" und durch „abstinentia", Verzicht auf Räuberei. Zu diesem Ziel sind „praemia" und „poenae" erforderlich – das versteht Lipsius unter „exempla". Die vollkommene militärische Disziplin ist beim römischen Volk zu lernen, „qui ex parvissimis finibus, imperium suum paene solis regionibus et mundi ipsius fine distendit", wie Vegetius geschrieben hat, „idque post Deum, hac una duce", wie Lipsius für Begriffsstutzige hinzufügt[18].

Was die Bereitstellung der demgemäß so wichtigen Texte der antiken Autoritäten angeht, hat Lipsius selbst einen gewichtigen Beitrag geleistet mit seinen 1595 veröffentlichten 'De Militia Romana Libri Quinque,

---

[14] Ebd., 155 f.
[15] Ebd., 157.
[16] Ebd., 169–176.
[17] Ebd., 171.
[18] Ebd., 175 f.

Commentarius ad Polybium'. Obwohl Lipsius inzwischen katholisch geworden war und das Werk dem spanischen Kronprinzen gewidmet hatte, verehrten die Generalstaaten alsbald ihrem Oberbefehlshaber Moritz ein Exemplar[19], das gerne gelesen und noch im selben Jahr in praktische Übungen umgesetzt wurde. Lipsius ist über die Nachricht erfreut, hegt aber Bedenken, ob Moritz das Wesen der römischen Taktik, mit mehreren zur gegenseitigen Unterstützung angeordneten Manipeln zu operieren, richtig begriffen hat[20]. Sein Kommentar behandelt ja die Kapitel 19 bis 42 im 6. Buch des Polybius, die das römische Heerwesen im Rahmen der römischen Verfassung schildern; der berühmte Vergleich der makedonischen Phalanx mit der römischen Schlachtordnung in Buch 18, 28–32[21], war ihm anscheinend noch unbekannt. In der 'Militia' jedenfalls entwickelt er die römische Schlachtordnung in mühsamer Exegese unklarer Livius-Passagen[22] mit Hilfe anderer Polybius-Stellen[23].

Aber die Oranier hatten gerade für diesen Gegenstand auch andere antike Quellen zur Verfügung, von denen sie vor allem zwei intensiv ausgewertet haben: die 'Taktik' des Aelian sowohl in der ersten lateinischen Übersetzung des Theodorus Gaza von 1487[24] als auch in derjenigen des Francesco Robortello von 1552, die einer griechischen Textausgabe beigegeben war[25], daneben die 'Taktik' Kaiser Leos III. von Byzanz (717–741) in der lateinischen Übersetzung des englischen Humanisten John Cheke von 1554[26]. Das Bedürfnis nach zuverlässigeren Ausgaben als Grundlage für ihre Reformtätigkeit könnte den Anlaß zu Impulsen für die Gräzistik und die entstehende Byzantinistik gegeben haben[27]. 1612 erschien in

[19] Oestreich, *Stoizismus* (wie Anm. 10), 16.

[20] *Sylloges Epistolarum a Viris Illustribus scriptarum Tomi quinque*, collecti et digesti per Petrum Burmannum. Leiden 1727, Bd. 1, 206, 744 f.; vgl. Mulder (wie Anm. 2), 634–663.

[21] Vgl. M. Jähns, *Geschichte der Kriegswissenschaften vornehmlich in Deutschland*, 2 Bde. München/Leipzig 1889–1890, Bd. 1, 11 f.

[22] Livius, *Ab urbe condita* 8, 8.

[23] *Iusti Lipsi de Militia Romana Libri Quinque, Commentarius ad Polybium*. Antwerpen 1598, 150–157.

[24] *Aeliani de instruendis aciebus opus ad divum Hadrianum* a Theodoro Thessalonicensi latinum factum. Rom 1487 (GW 310). Abgedruckt bei Hahlweg, *Heeresreform* (wie Anm. 2), 197–230; vgl. dazu ebd., 303 u. ders., *Griechisches* (wie Anm. 10), 44.

[25] *Aeliani de militaribus ordinibus instituendis more Graecorum liber* a Francisco Robortello Utinensi in latinum sermonem versus. Venedig 1552. Dazu Hahlweg, *Heeresreform* (wie Anm. 2), 303 u. ders., *Griechisches* (wie Anm. 10), 45.

[26] *Leonis Imperatoris de bellico apparatu liber* e graeco in latinum conversus Ioan. Checo Cantabrigiensi interpr. Basel 1554. Dazu Hahlweg, *Heeresreform* (wie Anm. 2), 306; ders., *Griechisches* (wie Anm. 10), 45.

[27] W. Hahlweg, *Die Heeresreform der Oranier. Das Kriegsbuch des Grafen Johann von Nassau-Siegen*. Wiesbaden 1973, 14.

Leiden die Editio princeps der Leonischen Taktik von Johannes Meursius, 1613 folgten Editionen des Aelian und bestimmter Teile des Polybius von Sixtus Arcerius in Franeker[28].

Am meisten schätzten die Oranier den Aelian, denn dieser bot ihnen, was sie am dringendsten benötigten, detaillierte antike Exerzieranweisungen, mit denen die Ratschläge des Lipsius in die Praxis des Truppenübungsplatzes umgesetzt werden konnten – einen Kasernenhof gab es noch nicht, denn es fehlte noch die Kaserne! Der erfindungsreichere von den Oraniern scheint Wilhelm Ludwig gewesen zu sein, der zunächst mit Bleisoldaten[29], dann seit 1589 mit seinen eigenen Truppen experimentierte. Die wohl wichtigste Quelle für die oranische Heeresreform dürfte der ausführliche Brief sein, in dem er am 8. Dezember 1594 aus Groningen an Moritz über seine Fortschritte berichtet[30]. Es geht darin hauptsächlich um die Elementarbewegungen und die dazu erforderlichen Kommandos. Aelian schildert die verschiedenen Aufstellungen und die dabei entstehenden Einheiten sowie die erforderlichen Bewegungsabläufe, wobei jede Einzelheit eine präzise begriffliche Bezeichnung bekommt. Eine Liste von 37 Kommandos steht am Ende seines Werkes. Dabei stellt bereits Aelian Überlegungen an, wie ein Kommando sprachlich aufgebaut sein muß, um unmißverständlich zu sein:

> „Non enim solum celeritate est opus verum et claritate vocabuli, ne alii hoc, alii illud et plerumque contrarium faciunt. Verbi gratia, si dixeris 'Declina!', verbo hoc audito possunt alii declinare in hastam, alii in scutum, quae res non parum inferet perturbationis. Cum itaque generis ac totius loco habeatur vocabulum illud 'Declina' adiungere debemus 'ad hastam' aut 'ad scutum', prout res exigit, et quidem ante, ut pars toti anteponatur hoc modo 'Ad hastam declina!'; ita enim omnes idem sine errore facient"[31].

Wilhelm Ludwig überträgt diese Einsichten in die niederländische Kommandosprache,

> „dat voor al in het gebieden het species moet voorgenoemt werden, om te mijden die confusie. Exempli gratia: Als ick segge: 'Keert u rechts om', sal die soldaet wegen het woort 'keren', so haest 'slinx om keren', aleer hij verstanden heft ofte verwacht heft te hooren het woort rechts om. Maer segge ik erst het species: 'Rechts

---

[28] Hahlweg, *Heeresreform* (wie Anm. 2), 46, 48; ders., *Griechisches* (wie Anm. 10), 45 f.

[29] Jähns (wie Anm. 21), Bd. 2, 881.

[30] Ediert bei Hahlweg, *Heeresreform* (wie Anm. 2), 255–264, u. erneut bei ders., *Kriegsbuch* (wie Anm. 27), 606–610.

[31] Hahlweg, *Heeresreform* (wie Anm. 2), 229.

om keert u', weet ende verstaet die soldaet, dat hij rechtsom wat doen sal ende verwachtet het bevel, het sij dan, dat hij sich keren, swencken off in die gleder off rijen treden sal ofte die gleder ofte rijen swencken sal"[32].

In diesem Sinn überträgt er die meisten der Kommandos des Aelian ins Niederländische und ergänzt sie um weitere. Das Kriegsbuch seines Bruders, des Grafen Johann VII. von Nassau-Siegen, in dem sich Entstehung und Ergebnisse der oranischen Reform gründlich spiegeln, enthält eine Synopse von 35 Kommandos in lateinischer, deutscher, niederländischer, französischer, englischer und schottischer Sprache[33] in Anlehnung an Aelian und Wilhelm Ludwig. Hier liegen nicht nur die Anfänge der modernen militärischen Kommandosprache, es sind auch verschiedene dieser Befehle heute noch im Gebrauch: „Ad hastam declina" – „Rechtsom" – „Rechts-um"[34], oder: „Restitue" – „Herstellt u" – „Herstellt", ein Befehl, der im österreichischen Heer noch heute heißt: die frühere Lage formlos und schnell wiederherstellen![35]

Mit diesen Kommandos hat Wilhelm Ludwig den ganzen Aelian im buchstäblichen Sinne „durchexerziert": Aufstellen in Gliedern und Reihen, Rechts- und Linkswendung, Rechts- und Links-Kehrtwendung, Viertel-, Halb- und Dreiviertelschwenkungen, Kontremärsche, Verdoppeln der Reihen oder Glieder, Öffnen und Schließen der Aufstellung. Höchst bezeichnend für die kreative Art der Rezeption ist der Gebrauch, den Wilhelm Ludwig dabei von den Kontremärschen macht. Kontremärsche dienen der Vertauschung der Stellungen; Aelian kennt drei Arten davon.

Abb. 4. Der Kontremarsch der Schützen. Originalzeichnung Wilhelm Ludwigs von Nassau in seinem Brief an Moritz von Oranien 1594 (nach W. Hahlweg, Kriegsbuch, 610)

Der Nassauer konnte sich allein mit dem sogenannten „persischen", auch „kretisch" oder „chorisch" genannten Typ befreunden, der so abläuft, „ut decurio de hasta mutatus decuriam antecedat, et ceteri omnes sequantur, dum ipse praefectus locum tergiductoris accipiat et tergiductor praefecti"[36]. Daraus macht Wilhelm Ludwig die Möglichkeit, ein Dauerfeuer zu unterhalten, indem diejenigen Schützen, die ihre Muskete abgefeuert haben, jeweils nach hinten durchmarschieren und dort wieder laden, bis sie sich schließlich wieder im ersten Glied befinden und erneut zum Schuß kommen.

> „Ich hebbe gevonden ex evolutionibus (= Kontremärschen) een maniere, om die musquettiers ende schutten nit allein int schieten te oefenen, maer holde daerfoir, dat man in ene slachtordenung ... seer bequaemelick, eende dat een elck seker ende bien à propos schieten conne, op dese wijs aff te voeren sijn, welckes een grootes in ene slachtordenung solde sijn, ja allene die victorie biswijlen geven conde ende sonder dit ick swaerlich gelove, dat beter middel solde gevonden werden. Als naemlick, dat so balde het erste gelidt te gelijck affgeschooten heft, per evolutionem et versum terugge trede. Het twede voor trede ofte stilstaende schiete to gelijck, daerna afftrede, het derde ende navolgende dergelijcken doe. Als aleer die leste gleder afgeschoeten hebben, het erste weder geladen heft, als dese navolgende figur anzeiget, ende sijn dese stippelckens die wech, den die gleder afftreden, so se geschoten hebben"[37].

Eine weitere Anpassung der antiken militärischen Überlieferung an die Bedürfnisse der Zeit betrifft die Übertragung des für die Einübung der Elementarbewegungen nach Aelian entwickelten Verfahrens auf den Umgang mit den beiden Hauptwaffen der Infanterie, der Pike und der Muskete. Unmittelbare antike Vorlagen fanden sich dabei nur rudimentär für den Spieß, der Rest ist Analogiebildung. Die Handhabung der betreffenden Waffe wurde methodisch in zahlreiche Einzelbewegungen zerlegt und diese nach entsprechenden Kommandos eingeübt, so daß am Schluß ein geregelter Bewegungsablauf entstanden war und nur noch wenige Schlüsselkommandos notwendig waren, um ihn in Gang zu setzen. Für

---

[32] Ebd., 259.
[33] Hahlweg, *Kriegsbuch* (wie Anm. 27), 120–125.
[34] Vgl. *Zentrale Dienstvorschrift 3/2 der Bundeswehr* 18, in: *Taschenbuch für Wehrausbildung*. Regensburg 1977.
[35] Hahlweg, *Kriegsbuch* (wie Anm. 27), 120, Anm. 3.
[36] Hahlweg, *Heeresreform* (wie Anm. 2), 217.
[37] Ebd., 261 f.

den Schützen gab es schließlich 43, für den Pikenier immerhin 23 Einzel-
phasen und -kommandos, die in den Dienstanweisungen mit hübschen
Bildern illustriert sind[38].

Zweck der Übungen, die übrigens auch für die Reiterei in entsprechen-
der Weise eingeführt wurden[39], war eine ebenfalls nach antiken Vorbildern gestaltete wirkungsvollere Schlachtordnung, die es sich dank der
durch Drill erreichten Lenkbarkeit der Soldaten leisten konnte, auf kleinere, beweglichere Truppenkörper zu setzen und die Feuerkraft durch
den geschilderten Kontremarsch besser auszunützen als bisher. Wilhelm
Ludwig stützte sich hierfür besonders auf das 18. Kapitel der 'Taktik' des
Kaisers Leo,

> „celuy, qui a recoeuili hors des anciens Romains ce que à nostre
> temps moderne est assez suffisant et nécessaire pour exercer les sol-
> dats, former des bataillons et ranger des batailles de façon qu'il me
> semble, qu'ayant esgard sur les armes propres à nos guerres présen-
> tes tant offensives que défensives, on doibt simplement suivre
> l'ordre et distribution des régiments et compaignies … et la forme
> de ranger une armée en bataille, comme V. E. verra in capite de
> divisione exercitus"[40].

Dort wird detailliert die Aufstellung einer Armee von 4000 Mann
entwickelt und durchgerechnet, die dann im Bedarfsfall bei gleicher Aufstellung einfach zahlenmäßig verdoppelt oder verdreifacht werden kann.
Grundlegend ist die Aufstellung in drei Treffen.

> „Prima sit acies, quae propugnatrix dicitur, virorum mille quin-
> gentorum et in tres partes eam divides, dextram, sinistram, mediam,
> ut singulae quingentorum virorum sint; ac ita prope se mutuo collo-
> cabis, ut vera acies esse videatur. Secundam aciem virorum mille
> facies, eamque in quatuor partes divides, unius sagittae iactu a se
> mutuo distantes, ut in unaquaque parte ducenti quinquaginta viri
> post primam aciem collocentur. Quod si primam aciem retrocedere
> contingat, in vacua interstitii loca recipiantur atque adeo una cum
> illis acies faciunt, in quae prima acies se recipiens ad secundam
> aciem aggregetur. Post hos tergistites instrues, homines quingentos,
> quos duas in partes a tergo divides, dextram et sinistram. Hos a tergo
> secundae aciei instrues, ac si tertia acies essent, ut unaquaeque pars

---

[38] Ebd., 34–39; ders., *Kriegsbuch* (wie Anm. 27), 126–199; zeitgenössische offiziöse Zusammenfassung: Jacob de Gheyn, *Wapenhandelinghe van roers, musquetten ende spiessen.*
Amsterdam 1607. Faksimileausgabe mit Einleitung von J. B. Kist. New York 1972.

[39] Hahlweg, *Heeresreform* (wie Anm. 2), 101–112.

[40] Ebd., 255 f.

ducentos quinquaginta viros habeat, ut si quando opportunum sit et ipsi ad secundam aciem adiuvandum progrediantur, quae iam primam receperat"[41].

Durch Adaptation dieser byzantinischen Schlachtordnung ließen sich Schwierigkeiten beheben, die bei unveränderter Übernahme der altrömischen Schachbrettaufstellung der Manipel nach Lipsius[42] und Polybius entstehen mußten. Die Byzantiner setzten nämlich wie die modernen Europäer Schußwaffen ein, während die römischen Manipel von 120 Mann vor allem auf den Nahkampf ausgerichtet waren. Weil sie sich aber gegen massive Reiterangriffe als zu schwach erwiesen, hatten die Römer sie zur Zeit des Marius zu Cohorten von 360 Mann zusammengefaßt[43]. Da auch die Niederländer eine optimale taktische Einheit brauchten, klein genug, um beweglich zu sein, groß genug, um Reiterattacken standzuhalten, kamen sie in Anlehnung an Kaiser Leo zu einem Truppenkörper von ca. 550 Mann, dem Batallion, das aus fünf Kompanien zu 113 Mann bestehen konnte[44], 250 Pikeniere in der Mitte, je 150 Schützen auf beiden Seiten, zehn Glieder tief, wie schon bei Leo. Diese Einheiten wurden nach antikem Muster in drei Treffen zusammengefaßt. Das heißt, ein spanisches Heer von 12 000 Mann bestand aus vier taktischen Einheiten, den Tercios oder „Gewalthaufen", ein niederländisches aus 24, die leichter in Reserve gehalten und nach Bedarf verschoben werden konnten. Die größere Empfindlichkeit gegen Flankenangriffe gegenüber dem

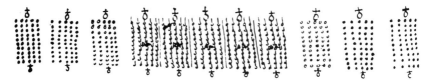

Abb. 5. Niederländisches Batallion in Schlachtordnung nach dem Kriegsbuch Johanns VII. von Nassau (dieß ⊙ bedeutet doppelsoldner [Pikenier], dieß ⊙ bedeutet befelchsleut, dieß ○ bedeutet musquetirer) (nach W. Hahlweg, Kriegsbuch, 264)

[41] Ebd., 250.
[42] Iusti Lipsi *de Militia* (wie Anm. 23), 154.
[43] Vgl. J. Kromayer/G. Veith, *Heerwesen und Kriegführung der Griechen und Römer.* München 1928 (Handbuch der Altertumswissenschaft IV 3,2). Ndr. 1963, bes. 377 f.
[44] Nickle (wie Anm. 1), 140–142.

Tercio galt es durch geschickte Aufstellung oder mittels der gut eingeübten Schwenkungen auszugleichen[45].

Drill und Taktik nach antiken Mustern machen allerdings nicht die ganze oranische Heeresreform aus. Organisatorische und logistische Innovationen gehören ebenso dazu[46] wie eine grundlegende Verbesserung des Belagerungskrieges. Gerade auf dem letztgenannten Gebiet waren Moritz von Oranien und sein Generalquartiermeister, der Mathematiker und Ingenieur Simon Stevinus, besonders kreativ[47], während die taktischen Neuerungen in erster Linie auf Wilhelm Ludwig zurückgehen. In beiden Bereichen konnte das antike Vorbild naturgemäß direkt keine große Rolle spielen[48]. Aber die neue „militaris disciplina" bildete das unbestrittene Herzstück der Reform; ohne sie wären die übrigen Leistungen sinn- und wirkungslos geblieben.

Obwohl sich die neue niederländische Armee nur in der Schlacht von Nieuport im Jahre 1600 im Felde einigermaßen bewährte[49] und der Rest ihrer Erfolge unter Moritz' Führung in erster Linie im Belagerungskrieg erzielt wurde, erregte sie rasch Aufsehen und wurde zum Vorbild der Heere ganz Europas, zunächst im protestantischen, schließlich auch im katholischen Bereich. Da Graf Johann VII. von Nassau zum Kreis ihrer Urheber gehörte, fand sie bei ihm und seinem Schwiegersohn Landgraf Moritz dem Gelehrten von Hessen-Kassel am frühesten Nachahmung[50]. Von dort verbreitete sie sich über das Reich, nicht zuletzt dank einer bedeutenden militärwissenschaftlichen Literatur[51].

In Frankreich scheinen vor allem Protestanten Schrittmacher gewesen zu sein; unter Turenne wurde bereits „niederländisch" gedrillt[52]. Gustav Adolf von Schweden hat die Reform rein empirisch selbständig weiterentwickelt, vor allem was die Reiterei, die Artillerie und den kombinierten Einsatz der drei Waffengattungen angeht[53]. Auf niederländischen und

[45] Hahlweg, *Griechisches* (wie Anm. 10), 82–100; M. Roberts, *Gustavus Adolphus,* 2 Bde. London 1958, Bd. 2, 184.
[46] Mulder (wie Anm. 2), Bd. 1, XXVI–CXXII, 4; Nickle (wie Anm. 1), passim.
[47] Nickle (wie Anm. 1), 162–175; S. Stevin, *Principal Works, Bd. 1: General Introduction. Mechanics,* hg. v. E. J. Dijksterhuis. Amsterdam 1955; *Bd. 4: The Art of War,* hg. v. W. H. Schukking. Amsterdam 1964; E. J. Dijksterhuis, *Simon Stevin.* Den Haag 1943.
[48] W. Hahlweg, *Aspekte und Probleme der Reform des niederländischen Kriegswesens unter Prinz Moritz von Oranien.* Bijdragen en Mededelingen betreffende de Geschiedenis der Nederlanden 86 (1971), 161–177, hier 169.
[49] Mulder (wie Anm. 2), Bd. 2, 665–679.
[50] Hahlweg, *Heeresreform* (wie Anm. 2), 140–152; ders., *Kriegsbuch* (wie Anm. 27), passim.
[51] Jähns (wie Anm. 21), Bd. 2, 882–933 passim.
[52] Hahlweg, *Heeresreform* (wie Anm. 2), 165–172.
[53] Roberts (wie Anm. 45), Bd. 2, 169–271.

schwedischen Erfahrungen fußt dann die „New Model Army" Oliver Cromwells[54]. In der Schweiz und in Spanien, den Ursprungsländern des „Gewalthaufens" und des Tercio, war man hingegen eher zurückhaltend[55]. Nicht ohne Grund, denn die neue Taktik war ja kein sicheres Rezept für den Sieg. Zumindest bis Rocroi 1643 bewährte sich auch die alte. Große Siege wurden mit Tercios erfochten, etwa bei Nördlingen vor 350 Jahren – wenn man den Darstellungen glauben darf und nicht annehmen will, daß ein Merian Tercios dargestellt hat, weil sie sich eindrucksvoller ausnehmen. Die „militärische Revolution" der Oranier ist ja weniger „revolutionär" gewesen, als die Forschung lange angenommen hat. Das Tercio war längst aufgelockert[56]; die Verwendung des Kontremarschs zur Verbesserung des Gewehrfeuers soll den Spaniern sogar bereits 1516 bekannt gewesen sein[57].

Aber die oranische Heeresreform ist eben keine rein militärtechnische Angelegenheit, sondern integrierender Bestandteil einer geistigen und politischen Wende in Europa. Der Neustoizismus, dessen maßgebender Verkündiger Justus Lipsius gewesen ist, ebnet dem modernen Machtstaat den Weg, der bekanntlich seine konsequenteste Verwirklichung in Preußen gefunden hat. Aus diesem Grund ist es eine Habilitationsschrift am einstigen Lehrstuhl für Kriegsgeschichte der Berliner Universität gewesen, die erstmals den Zusammenhang der oranischen Reformen mit der Antike erhellt hat[58]. Aus diesem Grund ist es der aus der Tradition preußischer Historie hervorgegangene Gerhard Oestreich gewesen, der die Bedeutung des Neustoizismus und des Justus Lipsius für diese Reformen, für Preußen, für die Moderne überhaupt herausgearbeitet hat[59]. Dank der

---

[54] Ch. H. Firth, *Cromwell's Army.* London 1902; vgl. Hahlweg, *Heeresreform* (wie Anm. 2), 173–183.

[55] Hahlweg, *Heeresreform* (wie Anm. 2), 186, 188.

[56] Parker, *Military Revolution* (wie Anm. 8).

[57] H. Delbrück, *Geschichte der Kriegskunst im Rahmen der politischen Geschichte,* 4 Bde. Berlin 1920–1923, ²1962–1966, Bd. 4, 172.

[58] Hahlweg, *Heeresreform* (wie Anm. 2).

[59] *Geist und Gestalt* (wie Anm. 10) sowie die teilweise noch von Oestreich veränderte englische Ausgabe dieser Sammlung; ders., *Neostoicism and the Early Modern State.* Cambridge 1982. Ausgangspunkt war die unveröffentlichte Berliner Habilitationsschrift, ders., *Antiker Geist und moderner Staat,* 1954. Die sattsam bekannte geschichtliche Bedeutung des Neu-Aristotelismus dank spanischer Spätscholastik und Melanchthon wird dadurch nicht in Frage gestellt, verhalten sich doch Neu-Aristotelismus und Neustoizismus wie Schulphilosophie und Weltanschauung zueinander, G. Abel, *Stoizismus und Frühe Neuzeit. Zur Entstehungsgeschichte modernen Denkens im Felde von Ethik und Politik.* Berlin 1978, zum Neustoizismus auch Saunders (wie Anm. 11); K. Siedschlag, *Der Einfluß der niederländisch-neustoischen Ethik in der politischen Theorie zur Zeit Sullys und*

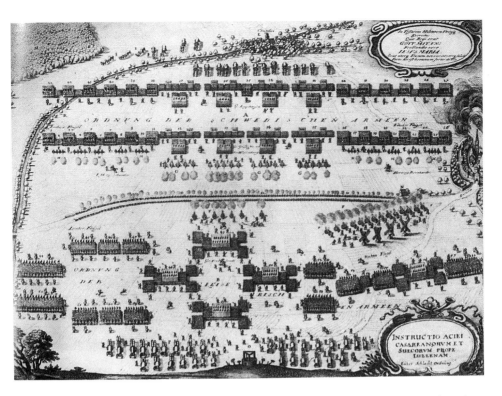

Abb. 6. Die Schlachtordnung bei Lützen 1632 – modifizierte spanische Tercios und niederländische Batallione stehen einander gegenüber (Kupferstich. Museum der Stadt Güstrow, nach H. Langer, Kulturgeschichte des 30jährigen Krieges. Stuttgart 1978, 139 Abb. 107)

guten Beziehungen der brandenburgischen Kurfürsten zu den Niederlanden lassen sich hier von Anfang an Einflüsse des Neustoizismus im allgemeinen[60] und der oranischen Heeresreform im besonderen nachweisen[61]. Vermutlich ist es weniger der westeuropäische Calvinismus

Richelieus. Berlin 1978; L. Zanta, *La renaissance du stoicisme au XVIe siècle.* Paris 1914. Nicht zugänglich waren mir die 1964 erschienenen *Actes* des Neustoizismus-Kongresses der Association Guillaume Budé von 1963.

[60] G. Oestreich, *Politischer Neustoizismus und Niederländische Bewegung in Europa und besonders in Brandenburg-Preußen,* in: *Geist und Gestalt* (wie Anm. 10), 101–156, hier 140 f.

[61] Ebd., 148; Hahlweg, *Heeresreform* (wie Anm. 2), 162–164.

gewesen, der den preußischen Staatsgedanken von seinen Anfängen an entscheidend geprägt hat[62], als vielmehr der niederländische Neustoizismus. Natürlich wechselt die Stärke dieses Einflusses, der auch nicht immer ausdrücklich wahrgenommen wurde. Friedrich II., bei dem die Verbindung von Stoa und Preußentum ihren Höhepunkt erreichte, wußte nicht mehr, daß er auf den Schultern des von ihm kritisch beurteilten Lipsius stand[63].

Neustoizismus als Fundamentalideologie des modernen Machtstaates und seines wichtigsten Machtinstrumentes, des „miles perpetuus"[64], die beide in Preußen ihre konsequenteste Verwirklichung finden – dieser Zusammenhang wird geradezu evident, wenn wir uns auf den Ausgangspunkt der oranischen Heeresreform besinnen, das Kapitel über die „militaris disciplina" bei Lipsius. „Moribus antiquis" war dessen Wahlspruch gewesen[65]. In Rom aber waren Heer und Bürgerschaft von Haus aus identisch und unterstanden insofern dem unbedingten „imperium" der Staatsorgane. Infolge mittelalterlicher Adelsherrschaft, städtischer Autonomie und des Dualismus zwischen Imperium und Sacerdotium hatte sich zu Beginn der Neuzeit eine kompliziertere Situation ergeben. Wir wissen aber heute, vor allem dank der Hinweise von Gerhard Oestreich[66], daß Disziplinierung der Untertanen in allen Lebensbereichen das politische Leitmotiv der werdenden Neuzeit war, auch und gerade im sittlichen und religiösen Bereich. So erklärt sich die merkwürdige Verwandtschaft der vom Jesuitenschüler Lipsius proklamierten militärischen Disziplin mit den Grundsätzen jenes Ordens[67], obwohl bezeichnenderweise auch die religiöse Disziplinierung gerade damals von

---

[62] O. Hintze, *Kalvinismus und Staatsräson in Brandenburg zu Beginn des 17. Jahrhunderts*, in: ders., *Regierung und Verwaltung. Gesammelte Abhandlungen*, Bd. 3, Göttingen ²1967, 255–312. Bezeichnenderweise bleibt J. A. Aho, *Religious Mythology and the Art of War. Comparative Religious Symbolisms of Military Violence.* London 1981, 194–217, auf dieser Linie, wenn er die niederländischen und schwedischen Militärreformen des frühen 17. Jahrhunderts nicht aus dem Neustoizismus, sondern aus dem Calvinismus herleitet: Es handle sich um eine Art von Säkularisat klösterlicher Diszplin oder die eines Ritterordens infolge des neuen protestantischen Weltverhältnisses.

[63] Oestreich, *Politischer Neustoizismus* (wie Anm. 60), 153 f.; ders., *Calvinismus, Neustoizismus und Preußentum. Eine Skizze.* Jahrbuch für Geschichte Mittel- und Ostdeutschlands 5 (1956), 157–181.

[64] Oestreich, *Politischer Neustoizismus* (wie Anm. 60), 112, legt nahe, daß auch dieser grundlegende Begriff von Lipsius stammt.

[65] Saunders (wie Anm. 11), 65.

[66] G. Oestreich, *Strukturprobleme des europäischen Absolutismus*, in: ders., *Geist und Gestalt* (wie Anm. 10), 179–197.

[67] Vgl. Oestreich, *Stoizismus* (wie Anm. 10), 21 f.

202

der „Staatsgewalt" in die Hand genommen wurde[68]. Einer Staatsgewalt, die dazu ansetzte, mit konzentrischen Disziplinierungsoperationen ihr Machtmonopol durchzusetzen und sich zu diesem Zweck als wichtigstes Machtmittel einen folgsamen „miles perpetuus" aufzubauen, mußte die Erneuerung des römischen Disziplingedankens durch den Neustoiker Lipsius wie gerufen kommen!

Zeitpunkt und Art der Rezeption erklären sich also aus dem generellen politischen und dem speziellen militärischen Bedarf. Das bedeutet aber, im Falle der oranischen Heeresreform stand die antike Überlieferung unter dem Druck, sich praktisch bewähren zu müssen. Daraus ergibt sich m.E. die bemerkenswerte Kreativität dieses Rezeptionsvorganges. Gewiß, die unbedingt überlegene Autorität der „Antiqui" wurde nicht in Frage gestellt. Hier blieb man gut humanistisch. Stimmten Text und Wirklichkeit nicht überein, wie sich bei den Versuchen Wilhelm Ludwigs, die Schlacht von Cannae nach Polybius auf dem Exerzierplatz zu rekonstruieren, herausstellte, dann wurde nicht der Text, sondern seine Überlieferung in Frage gestellt. Statt der bisher verwendeten lateinischen Übersetzung des Niccolò Perotti von 1473[69] ließ sich Wilhelm Ludwig daraufhin durch Volrat von Plessen eine neue Übertragung der einschlägigen Stelle aus dem Griechischen anfertigen[70]. Man zögerte aber nicht, das antike Modell den modernen Gegebenheiten anzupassen; das schlagende Beispiel ist sicherlich die Verwendung des antiken Kontremarschs, um ein kontinuierliches Schützenfeuer zu ermöglichen. Durch Kritik aus der Praxis wird der Rezeptionsvorgang schöpferisch.

An den praktischen Folgen erweist sich aber auch die Ambivalenz humanistischer Antike-Rezeption, und zwar nirgends so deutlich wie im Bereich von Krieg und Frieden. Sowohl Pazifismus wie Militarismus haben nämlich humanistische Wurzeln. Das moderne Militär, das sich aus der Antike-Rezeption der Oranier entwickelt, zeichnet sich gegenüber dem bisherigen Kriegsvolk durch Interdependenz von Disziplinierung und Professionalisierung aus. Damit gehört es in die Entfaltung der abendländischen Rationalität, die zum Signum der Neuzeit geworden ist.

---

[68] Vgl. W. Reinhard, *Gegenreformation als Modernisierung?* Archiv für Reformationsgeschichte 68 (1977), 226–251; ders., *Konfession und Konfessionalisierung in Europa*, in: ders., *Bekenntnis und Geschichte*. München 1981, 165–189; ders., *Zwang zur Konfessionalisierung?* Zeitschrift für Historische Forschung 10 (1983), 257–277.

[69] Polybii Megalopolitani *Historiarum Libri Quinque* Nicolao Perotto Sipontino interprete. Basel 1557.

[70] Hahlweg, *Kriegsbuch* (wie Anm. 27), 340–347; ders., *Wilhelm Ludwig von Nassau und das Cannae-Problem*. Nassauische Annalen 71 (1960), 237 ff.; ders., *Aspekte* (wie Anm. 48), 172–174.

Disziplinierung und Professionalisierung machen den Soldaten aber auch in einem bisher nicht vorstellbaren Maß zum Werkzeug eines fremden Willens, ein Zustand, der auch durch die spätere Fiktion eines nationalen Allgemeinwillens nur bedingt aufgehoben wird. Humanistische Rationalität kann also nicht nur bewirken, daß der Mensch ganz neuer Möglichkeiten zu seiner Entfaltung gewahr wird, sie vermag genausogut zum Verlust von Freiheit und Menschenwürde zu führen.

Index Nominum

Der Index Nominum enthält die Namen folgender Personengruppen: der zitierten Autoren und Künstler, der übrigen historischen Personen, der Verfasser von Forschungsliteratur. Nicht berücksichtigt sind: Namen innerhalb von Zitaten und in Buchtiteln; die Namen historischer Personen, die nur als Empfänger von Briefen genannt sind, ohne Gegenstand weiterer Hinweise zu sein; die Namen von Editoren, die einzig als solche auftreten. Die Verfasser von Forschungsliteratur sind grundsätzlich mit abgekürztem Vornamen aufgeführt.